우리말이 국어가 되기까지

대화로 읽는 국어 만들기의 역사

대 화 로 읽 는 국 어 만 들 기 의 역 사

우리말이 국어가 되기까지

김민수 구술
최경봉
김양진
이상혁
이봉원
오새내
지음

푸른역사

근현대 국어 만들기의
역사를 되짚어보다

근대 어문개혁으로부터 시작된 국어학 연구

"우리말 연구를 왜 하는 걸까요?"

"우리말의 발전을 위해서지요."

근대 국어학 연구의 일관된 목표는 '국어 만들기', 곧 '국어의 정립'이었다. 그러한 목표가 분명하던 시절, 우리말 연구를 왜 하느냐는 질문에 대한 모범적인 답은 '우리말의 발전을 위해서'였다. 이런 질문과 대답이 자연스러웠던 것은 근대 어문개혁 운동과 더불어 국어학 연구가 시작되었고 근대 어문 규범을 세우는 과정에서 국어학이 체계화되었기 때문이다.

근대 어문개혁은 '언문諺文'을 '국문國文'으로 삼는 것에서 시작되었다. 개혁의 요지는 속된 글로 취급받던 언문의 위상을 높여 한문을 대신하도록 한다는 것이었다. "법률·칙령은 모두 국문을 기본으로 하고 한문으로 번역을 붙이거나 혹은 국한문을 혼용한다"(칙령 제1호 공문식公文式·1894)는 원칙은 일견 단순했지만, 이 원칙을 지키기 위해 해야 할 일은 단순치 않았다. 국문 쓰는 법, 즉 한글 맞춤법을 정해야 했고, 공문서에 쓸 수 있는 공통의 말, 즉 표준어를 정해야 했고, 소통 가능한 문장을 쓰는 법, 즉 문법을 체계화해야 했다. 그리고 이러한 어문 규범화의 결과물을 모두가 공유하기 위한 사전을 편찬해야 했다. 근대 어문개혁과 더불어 시작된 국어 만들기는 맞춤법과 표준어를 정하고 문법을 체계화하고 우리말 사전을 편찬하는 일이었던 것이다.

근대 어문개혁이 우리말과 우리글을 새롭게 자리매김하는 것이라는 점에서, 그동안 지배적 문자였던 한자의 역할을 어느 선까지 인정해야 하는지가 국어 연구와 국어 정책의 중요한 논쟁거리가 되었다. 국문과 국한문을 동시에 인정하는 1894년의 칙령은 20세기 내내 이어진 논쟁의 시작이었다. 이런 상황에서 국어학 연구와 국어 정책은 떼려야 뗄 수 없는 관계에 놓이게 되었다.

좌절과 극복의 근대 어문개혁

격동의 근대사를 볼 때, 근대 어문개혁을 통한 국어 만들기가 순탄하게 진행되기는 어려웠다. 흔들리던 나라는 한일병합으로 무너졌고, 국어와 국문은 일본어와 일본글이 되었다. 근대 어문개혁은 좌초했고 중단된 국어 만들기는 조선총독부의 조선어 정책으로 대체되었다. 식민지 언어 정책에서 피지배 민족의 국어 만들기는 용납될 수 없는 일이었다. 국어 정립을 위한 연구와 정책은 비로소 해방 이후에야 재개

될 수 있었다.

1984년 설립된 국어연구소(현 국립국어원)의 초대 소장을 역임했던 국어학자 김형규는 자신이 저술한 《국어학개론》(1949)에서 해방의 의미를 이렇게 말했다. "일본 시대 우리말을 얼마나 국어라고 부르고 싶었으며 또 그런 때가 오기를 기다렸던가." 그의 말에서 일제강점기 우리말 연구와 정책의 단절에 대한 회한과 해방 후 우리말 연구와 정책에 대한 기대를 읽는 건 어렵지 않다.

1945년 8월 15일 이후 새로운 국가 건설에 대한 기대와 열망이 절정을 이루면서, 국어 만들기를 위한 정책과 연구가 본격적으로 이루어질 수 있었다. 해방 후 전 사회적 관심은 일제강점기의 상처를 치유하고 독립 국가의 기틀을 마련하는 데 모아졌다. 이러한 상황에서 '국어의 회복'과 '국어의 정체성 확립'과 '국어 미래의 설계'는 국어 만들기, 곧 국어 정립 활동의 목표가 되었다.

국어 회복을 위한 활동은 일제강점기에 훼손되었던 우리말을 되살리는 일이었다. 우리말 되살리기는 우리말 교육을 통해서만 이루어질 수 있는 일이었다. 국어 회복을 위한 국어학계의 활동은 우리말 교육의 기반을 닦는 데로 모아졌다. 맞춤법과 표준어 등 일제의 조선어 정책 안에서 우리말의 활로를 모색하며 이루었던 성과들을 독립 국가의 어문 규범으로 재정립했고, 일제의 탄압으로 중단되었던 우리말 사전 편찬 사업을 재개했다.

국어 정체성을 확립하기 위한 활동은 일제강점기 동안 누적된 식민 잔재를 청산하는 일이었다. 일본어의 잔재를 청산하는 언어 정화 운동이 있었고, 그 연장선에서 한자의 위상 문제에 대한 격렬한 토론이 있었다. 일본어 잔재의 청산과 한글의 위상 강화라는 대의는 부정된 적이 없었지만, 국어의 순수성을 추구하는 국수주의적 경향에 대한 비판이 제기되며 국어 정체성 논쟁이 격화되었다.

국어의 미래를 계획하는 활동은 해방 후 등장한 신세대 국어학자들의 주도로 국어 연구 및 정책의 방향을 모색하는 것이었다. 우리말 문법 연구가 양적·질적으로 성장하는 과정에서 규범문법의 틀로서 〈학교문법통일안〉(1963)을 제정했고, 합리적 국어 정책이 요구되는 상황에서 정책의 근거가 될 국어 사용 현황에 대한 조사 방안을 구체화했다. 그리고 대학 교육에서 국어학과 국어 교육의 전공 영역을 확정하면서, 국어학 연구와 교육 그리고 국어 정책을 이끌 후속세대를 키워냈다. 해방 직후 대학에 입학한 신세대 국어학자들은 국어국문학과에서 국어학을 체계적으로 공부한 세대라는 점에서 이전 세대와 구별되었다. 대학 교육을 통해 국어학 전공자로서의 정체성을 확립한 신세대 국어학자들은 국어의 미래를 계획하며 이를 뒷받침할 후속세대를 교육하는 역할을 맡았다.

근대 어문개혁의 전통을 잇고 새로운 전망을 연 세대의 출현

신세대 국어학자들은 대체로 1920년대 중반에 출생하여 일제의 식민지 교육을 온전히 받은 세대이면서, 해방 후 설립되기 시작한 국어국문학과에 입학한 첫 세대였다. 한국어보다 일본어 글쓰기에 익숙할 수밖에 없으면서도 한국어의 미래를 책임져야 했던 이들은 조선어학회나 경성제대 출신 국어학자들의 지도로 국어국문학의 기본 소양을 쌓았지만, 그들 스스로 연구 조직을 결성하며 구세대와 차별화를 꾀했다. 전통을 잇되 국어국문학의 새로운 전망을 세우기 위한 "학풍의 혁신"이 이들의 목표가 된 것이다.

대표적인 신세대 국어학자 김민수 선생은 당대의 국어학계 인물을 강박적이라 할 만큼 전공자와 비전공자로 구분해 평가했다. 대학에서 국어학을 체계적으로 공부한 국어학자와 그렇지 않은 국어학자는 연구와 정책의 관점이 다르다는 점을 강조하기 위함이었다. 여기에는 대학에서 국어학을 체계적으로 배운 첫 세대로서의 자부심이 담겨 있었다. 신세대 국어학자들이 자신들의 스승인 1세대 국어학자들을 겨냥해 "학풍의 혁신"을 천명할 수 있었던 것은 이러한 자부심이 있었기 때문일 것이다.

신세대 국어학자들이 조직한 국어국문학회와 국어학회에서는 국어학의 연구 방법론을 혁신하기 위한 연구와 토론을 진행하는 한편, 한국어의 미래를 위한 국어 정책의 방향을 적극적으로 제시했다. 이들은 구세대의 국어 연구 방법론과 차별화된 과학적인 연구 방법론을 수립하고 국어 정립이라는 시대적 과제를 완결해야 하는 이중의 과제를 기꺼이 떠안았다.

1957년 《큰사전》의 완성과 새로운 형식의 국어사전 편찬, 1963년 〈학교문법통일안〉의 제정과 새로운 교육 방법론에 따른 문법 교과서의 편찬, 선진 언어학 이론을 적용한 국어 문법의 체계화 등이 이들의 참여로 이룬 성과였다. 신세대 국어학자들은 근대 어문개혁을 완결하는 데 참여한 마지막 세대이자, 새로운 방법론에 따라 국어학 연구와 국어 정책에 임한 첫 세대였다.

신세대 국어학자의 정체성

국어학자 김민수는 신세대 국어학자를 대표하는 인물이었다. 그는 1946년에 서울대학교 국어국문학과 조교로 근무하면서 국어학자 이희승을 도와 국어국문학과의 설립과 관련한 행정 업무를 수행했고, 곧이어 대학에 입학해 국어학을 체계적으로 공부했다. 1950년대에는 학풍의 혁신을 주창하며 국어국문학회와 국어학회의 창립을 주도했고, 국어국문학회를 대표하여 문교부 심의위원으로 활동하며 〈학교 문법통일안〉(1963)을 세정하는 데 중추적 역할을 했다. 그는 국어국문학회를 대표하여 한글학회(조선어학회의 후신)의 주류와 대립하기도 했지만, 국어학자로서 그의 정체성은 조선어학회에서 형성되었다.

19세 청년 김민수는 해방되던 해인 1945년 조선어학회 간사장 이극로의 연설에 감화되어 조선어학회에 가입했고, 그해 조선어학회 국어강습회 강사로 국어 회복 활동에 참여했다. 그리고 《큰사전》(1947~1957)을 간행하던 시기에 편찬위원으로 참여하여 1957년 《큰사전》 완간까지 활동했다.

신세대 국어학자들은 국어 연구가 민족주의를 강화하는 수단으로 소비되는 것을 반대했다. 그러나 그들은 민족주의적 소명의식에 입각한 근대 어문개혁의 현장을 지켜보며 국어 연구의 목표를 세워야 했고, 숙명적으로 근대 어문개혁을 완결하는 과제를 떠안아야 했다. 이런 점에서 신세대 국어학자들의 삶과 철학을 아는 것은 근현대 국어학의 전개 맥락을 이해하는 데 필수적이다.

1960년대 중반까지의 역사를 되새겨야 할 이유

해방 이후 이루어진 국어 정립 활동과 국어학 연구의 전환 맥락을 볼 때, 근대 어문개혁에서 시작된 국어 만들기는 1960년대 중반에 완결되었다고 할 수 있다. 이후의 국어 정책은 1960년대 중반까지 이룬 성과를 바탕으로 진행되었고, 국어학 연구는 국어 만들기가 아닌 언어로서의 국어를 분석하고 정리하는 데 집중되었다. 이 책에서 국어 정립 활동의 시기를 해방 이후부터 1960년대 중후반까지로 설정한 것은 이 때문이다.

그런데 해방 이후 이루어진 국어 연구와 국어 정책 활동에 대한 기록은 사실을 나열한 연대기만 있을 뿐, 당시의 교육 및 어문 환경과 관련지어 활동의 계기와 양상을 파악하는 데 도움을 줄 수 있는 기록은 찾아보기 힘들다. 특히 해방 후 국어 관련 학회가 생성·확장되고 어문 정책에 대한 정치권의 개입이 본격화하면서 국어 정책의 핵심 사안이라고 할 수 있는 철자법, 한자어, 국어 순화, 표준어 등과 관련한 논쟁과 대립이 심화되었지만, 관련자들의 이해관계나 정치·사회·문화적 배경을 파악할 수 있는 기록은 눈에 띄지 않는다.

또한 해방 이후 국어국문학과 및 국어교육과가 설립되면서 국어학 연구가 본격화했지만, 각 대학의 학문적 교류가 어떻게 이루어졌으며 국어국문학 및 국어교육학의 상호보완적 관계가 어떻게 정립되었는지 등을 파악할 수 있는 기록도 찾기 힘들다.

1945년부터 1960년대까지의 활동을 통해 국어 정책과 국어 연구를 위한 기반이 완성된 만큼, 근현대 국어학과 국어 정책의 전개 맥락을 이해하기 위해서는 당시의 구체적인 상황을 파악하는 일이 중요하다. 따라서 당시 상황을 알 수 있는 인물 또는 대립과 갈등의 당사자인 인물의 구술로 기록의 빈칸을 메울 필요가 있다.

다만 구술은 구술자의 기억에 의존하여 이루어지기 때문에 고의성이 없더라도 사실을 왜곡할 가능성이 크다. 이런 점에서 구술자의 구술을 존중하되 다른 구술자의 구술이나 당대의 문헌 자료와 대조할 필요가 있다. 이러한 대조 과정을 거치면서 왜곡된 사실을 바로잡을 수도 있고, 같은 사실을 서로 달리 기억하게 된 맥락을 찾아 당대의 상황을 새롭게 해석해볼 수도 있을 것이다.

국어학자 김민수 선생과의 두 번의 대화

저자들은 2007년 김민수 선생(1926~2018)을 모시고 해방 이후 국어 정립을 위한 학술적·정책적 활동 양상과 관련한 증언을 들었다. 이것이 국사편찬위원회의 지원으로 이루어진 선생과의 첫 번째 대화이다.

선생의 증언은 구술 자료로서의 가치는 있었지만, 이 자료만으로 근현대 국어학사의 전개 맥락을 이해하는 것은 쉽지 않은 일이었다. 15년의 시간이 흐른 뒤 선생의 증언을 근현대 국어학사의 맥락에서 재서술할 계획을 세운 건 이 때문이다. 2021년 김민수 선생과의 두 번째 대화는 이렇게 시작되었다.

두 번째 대화는 안타깝게도 고인이 되신 선생과의 '대화'였다. 선생의 말씀을 더 이상 들을 수 없는 상황에서, 고인이 남긴 증언의 의미를 설명하기도 하고 객관적 자료를 근거로 증언의 오류를 지적하기도 했다. 국어학자이자 국어 정책 연구자였던 고인의 견해를 비판하거나 그러한 견해가 형성된 맥락을 살피면서 고인과의 대화를 이어나갔다.

김민수 선생과의 첫 번째 대화가 선생의 증언을 듣는 데 집중했다면, 두 번째 대화는 선생의 증언이 지닌 의미를 담아 질문을 만들고 선생의 증언에 대한 저자들의 견해를 밝히는 데 집중했다. 특히 선생의 개인적 인연과 경험에 기반하여 이루어진 인물평은 편파적일 가능성이 있는 만큼, 다른 관점에서의 평가를 함께 제시하여 역사 서술로서의 균형을 잡고자 했다.

이 과정에서 근현대 국어학사의 서술체계를 염두에 두고 질문을 재구성했으며, 이에 맞춰 15년 전 선생의 말씀을 재배치했다. 선생의 말씀은 그대로이지만 저자들이 재구성한 질문을 통해 증언의 맥락을 설명하거나 평가하며 국어 연구와 국어 정책의 흐름을 서술한 것이다. 이 책은 이렇게 이루어진 두 번째 대화의 결실이다.

V. 《큰사전》의 완간 그리고 국어 정책과 국어학의 전환
근대적 과제의 완결과 새로운 문제 제기 _264

I.
일제 말 조선인의 삶과 조선어 그리고 조선어학회

일제의 조선어 정책과 조선어 학계의 대응

한일병합 이후 조선총독부가 추진한 식민지 언어 정책의 목표는 '국어 상용화', 즉 '일본어를 일상적인 공용어로 만드는 것'이었다. 이에 따라 조선총독부의 행정력은 학교 현장에서는 조선어 교육을 축소하고 일본어 교육을 강화하는 데, 사회적으로는 일본어 사용 범위를 넓히는 데 초점이 맞춰졌다.

조선총독부의 국어 상용화 정책이 처음부터 급진적이고 강압적으로 추진되었던 건 아니다. 식민 지배 초기 조선총독부는 조선어와 일본어를 모두 허용하는 2개 언어 병용 정책을 채택했다. 학교에서 조선어 과목을 필수적으로 가르치게 했고, 일본인 관리와 경찰들에게도 조선어를 배울 것을 장려했다. 조선총독부가 〈보통학교용 언문 철자법〉(1912)을 제정하고 《조선어사전》(1920)을 편찬한 것은 이 때문이었다.

그러나 일본의 조선어 정책은 조선어를 한시적 공용어로 인정하는 선에서만 이루어졌다. 철자법에는 '보통학교용'이라는 단서가 달렸다. 총독부가 편찬한 《조선어사전》은 '조선어 표제어-일본어 뜻풀이'의 구조로 출판되었다. 조선어 교육을 허용하고 사전을 편찬해 조선어 교육의 기반을 조성하는 듯했지만 실상은 '국어 상용화'였다. 특히 《조선어사전》의 원고가 '조선어 표제어–조선어 뜻풀이–일본어 뜻풀이'의 구조였다가 '조선어 표제어–일본어 뜻풀이'의 구조로 출판되었다는 사실은 일본의 조선어 정책이 '국어 상용화'를 목표로 했던 것임을 상징적으로 보여준다.

식민지의 시간은 권력 언어 일본어의 힘이 무한정 확대되는 시간이었다. 조선어 과목의 교과서를 제외한 모든 교과서가 일본어로 쓰였고, 교실에서의 강의 언어는 일본어였다. 상급 학교에 진학하기 위해서는 그리고 그럴듯한 직장에 취업하기 위해서는 월등한 일본어 실력을 갖춰야 했다. 식민지 현실에서 권력 언어의 위력은 조선총독부의 행정력을 뛰어넘었다. 행정력을 동원한 강요 이전에 이미 일본어는 실질적 공용어로 자리잡았다. 식민 지배 초기 2개 언어 병용 정책은 결국 '국어 상용화'를 위한 준비 단계였던 것이다.

이 같은 상황에 조선어 학계는 어떻게 대응했을까? 조선어 학계의 대응은 두 방향으로 진행되었다. 첫째, 2개 언어 병용 정책의 상황을 활용하여 한글 강습 활동과 같은 대중 사업을 진행했다. 둘째, 철자법 및 표준어 제정, 조선어사전 편찬 등 조선어 규범화 사업에 매진했다.

첫째, 한글 강습 활동을 통한 대응을 살펴보자. 절대다수의 조선인이 교육의 혜택을 받지 못하고 문맹 상태에 있던 현실에서 한글 강습 활동은 조선어학회를 비롯한 민족계몽 운동 세력의 활동 영역을 넓혀주었다. 조선어학회가 주도하는 한글 강습 활동은 문맹자들이 문자를 해독할 수 있는 유일한 끈이었다. 한글 강습의 확대는 곧 조선어 문화의 확장이었다. 민족 운동 세력이 조선어학회를 주목한 건 이 때문이었다. 조선어학회의 열성적 활동 덕분에, 조선총독부의 일본어 보급 정책이 강화되는 상황에서도, 한글 강습을 통한 문맹 퇴치 운동은 활발하게 진행될 수 있었다. 《동아일보》와 《조선일보》 등 조선어 신문은 한글 강습 활동을 지원했고, 문학인들은 좌우를 막론하고 조선어학회의 어문 규범 확립 사업에 절대적인 지지를 보냈다. 1930년대 조선인들에게 조선어학회는 조선어 문화를 활성화할 수 있는 유일한 단체였다.

둘째, 조선어 규범화 사업을 통한 대응을 확인해보자. 철자법과 표준어의 제정, 조선어사전 편찬은 대한제국 시기의 국어 규범화 사업을 완결하는 의미를 띠고 있었다. 형태주의 표기법을 원칙으로 한 《한글 맞춤법 통일안》(1933)은 국문연구소(1907~1909)에서 시작한 철자법 논의를 잇는 것이었고, 《조선어 표준말 모음》(1936)은 우리말의 통일적 사용을 목표로 했던 근대적 어문개혁 운동을 잇는 것이었다. 이러한 규범화 사업은 조선어사전 편찬을 계획하면서부터 구체화되었다. 1929년 조선어사전편찬회의 결성에는 한일병합으로 유예되었던 조선어사전 편찬을 전 민족적 사업으로 새롭게 추진한다는 의미가 담겨 있었다. 조선어사전편찬회 결성 이전에 시도되었던 조선어사전 편찬 사업으로는 조선광문회朝鮮光文會에서 주시경과 김두봉이 주도했던 《말모이》(1914) 편찬 사업과 1927년 계명구락부에서 최남선이 주도했던 사전 편찬 사업이 있었지만, 모두 결실을 맺지 못했다.

1929년 재개한 조선어사전 편찬 사업을 계기로 본격화한 어문 규범 연구는 《한글 맞춤법 통일안》(1933)으로 귀결되었다. 그러나 조선어학회 중심의 규범화는 조선어 학계에 극심한 논쟁을 불러일으켰다. "밥을 먹으니 배가 부르다"로 쓰자는 《한글 맞춤법 통일안》의 형태 중심 표기법과 "밥을 머그니 배가 부르다"로 쓰자는 전통적인 소리 중심 표기법이 충돌했던 것이다. 역설적이게도 한글 맞춤법을 둘러싼 논쟁은 조선어 문법 연구가 활성화되는 계기가 되었다. 조선어학회의 기관지 《한글》과 조선어학회와 대립했던 조선어학연구회의 기관지 《정음》을 중심으로 문법 논의가 활발하게 전개되었고, 조선어학연구회를 이끌던 박승빈은 《조선어학》(1935)을, 조선어학회를 이끌던 최현배는 《우리말본》(1937)이라는 방대한 문법서를 출간했다. 특히 조선어 사전 편찬 과정에서 방언, 어원, 어휘 의미, 단어 형태 등의 언어 연구가 폭넓게 진행되었다. 문세영은 조선어학회의 사전 편찬이 결실을 맺기 전에 조선어학회의 한글 맞춤법과 표준말 모음을 기준으로 《조선어사전》(1938)을 편찬·간행하기도 했다.

이처럼 조선어 학계는 식민지 정책의 기조에 맞춰 조선어 연구를 심화하고 조선어의 보급을 확대했다. 그러나 일본어 상용화 정책을 추진하는 조선총독부와 조선어 문화를 유지하면서 발전을 모색하는 조선어 학계는 대립적일 수밖에 없었다. 대립은 일본이 전시체제를 강화하면서 노골화했다. 결국 조선총독부는 1938년 조선어를 필수가 아닌 수의 과목으로 하는 '3차 교육령'을 공포했고, 이후 조선총독부의 언어 정책은 강제적인 국어 상용 정책으로 전환되었다. 물론 한글 강습과 같은 대중 사업은 전면적으로 금지되었다.

조선총독부의 강제적인 국어 상용 정책이 추진되는 상황에서 조선어학회는 1940년 10월 《개정한 한글 맞춤법 통일안》을 발간했고, 1940년 6월 로마자 표기법과 외래어 표기법을 제정했고, 1941년 1월 이를 《외래어 표기법 통일안》으로 출판했다. 어문 규범화가 실질적으로 완결된 것이다. 그 사이 언어 규범화의 결정체라고 할 수 있는 《조선어사전》의 원고를 대부분 완성하고 조판을 시작했다.

이러한 조선어학회의 사업을 특별한 눈으로 보는 건 왜일까? 조선어학회의 규범화 사업이 1938년 2개 언어 병용 정책을 실질적으로 폐기한 시점에 진행되었기 때문이다. 2개 언어 병용 정책의 폐기는 곧 공적 영역에서 조선어 사용이 금지되는 단계로 나아간다는 것을 의미한다. 실제로 1941년 이후 공적 영역에서 조선어 사용은 전면 금지되었고, 일본어 보급을 위한 운동, 즉 '국어전해 운동國語全解運動'이 전국적으로 진행되었다.

이런 점에서 1938년 이후 진행된 조선어학회의 어문 정리 사업은 조선어의 존립 자체가 위기에 처하는 강압적인 상황에서도 조선어학회가 조선어 문화의 독자적인 발전이라는 목적의식을 버리지 않고 있었음을 보여주는 명백한 증거이다. 한글 강습 활동을 통해 문맹 타파 사업을 전개하고, 조선어 규범화 사업을 통해 조선어를 공용어의 위상에 걸맞게 만들고자 했던 조선어학회의 활동은 식민지라는 한계 속에서 이루어진 것이었다. 그럼에도 조선어학회는 조선총독부의 언어 정책과 길항작용을 하면서, 조선어 문화를 유지해야 함을 그리고 조선어 연구를 심화해야 함을 끊임없이 환기했다.

1.
조선인 '광김민수光金敏洙'의
학교생활

●●● 선생님께서는 1945년 해방되던 해에 조선어학회 파견 강사로 한글 보급 운동에 앞장섰고 한글학회 《큰사전》을 편찬하는 편찬위원으로도 활동하셨습니다. 1955년부터 고려대학교 국문과 교수로 재직하면서 국어학을 연구하셨고 국어 정책 관련 분야에서도 활발한 활동을 하셨지요. 그래서 선생님의 말씀은 해방 이후 국어 정립을 위한 학술적·정책적 활동 양상을 구체적으로 파악할 수 있는 중요한 자료가 될 것으로 생각합니다. 이와 관련한 말씀을 본격적으로 듣기 전에, 일제강점기 상황에 대한 이해도 넓힐 겸 해서 선생님의 어린 시절, 학교생활 이야기를 들었으면 합니다.

◆◆◆ 나는 1926년 음력 2월 6일에 강원도 홍천군 화천면 군업리 581번지에서 태어났습니다. 아버지 김영익金永益은 1874년생으로 1952

년에 돌아가셨고, 어머니 조영묵趙永黙은 1898년생이신데 1985년에 돌아가셨습니다. 나는 3남 2녀 중 둘째 아들인데 어려서 잔병치레가 많았던 관계로 늦게 1930년 3월부터 부친에 의해 가정에서 한문을 배우기 시작했습니다.

1935년 4월, 열 살 때 화천공립보통학교에 입학했습니다. 그때는 학교가 6년제여서 열여섯 살 때인 1941년 3월에 졸업을 했습니다. 졸업할 때에는 화천공립보통학교가 화천공립심상소학교로 이름이 바뀌었습니다. 제가 학교를 졸업하기 1년 전에 우리 집은 이미 모두 서울로 이사를 갔습니다. 서울 집 주소는 경성부 신설동, 그때는 신설정이라고 했습니다. 학교를 마치고 신설정 집으로 왔는데, 연로하신 부모 슬하에 살았던 관계로 집안에 수입이 거의 없었습니다. 그래서 나는 부득이 상급 학교 진학을 포기하고 종로 4가에 있는 담배 공장에 직공으로 취직했습니다.

공장에서 받은 임금을 근근이 모아 1943년 4월에 서울 아현동에 있는 경기공립공업학교 야간부에 입학했습니다. 그때는 제2전수과라고 했던 기계과에 입학을 했지요. 역시 주간에는 학교 매점에 점원으로 취직해서 돈을 벌었으니까 그야말로 주경야독을 했습니다. 고학이나마 그렇게 할 수 있었던 것은 당시 시대 상황으로 봤을 때 행운이라고 해야 옳을 겁니다.

●●● 선생님이 다니신 경기공립공업학교에 대해 알아보니 지금의 서울과학기술대학교더라고요. 이 학교가 해방 이후 경기공업고등학교, 경기공업전문학교, 서울산업대학교 등으로 교명을 변경했고, 2010년에 현재의 이름인 서울과학기술대학교로 교명을 바꿨네요. 선생님께

서는 주경야독을 하며 공업학교를 다니셨는데, 그 시절 어떤 목표를
세우셨는지요?

◆◆◆ 열여덟 살 소년이었던 내게 가장 큰 고민은 살아남는 것이었습
니다. 아시다시피 일제가 1941년에 태평양전쟁을 일으키고 그 전쟁
을 성전, 즉 성스러운 전쟁이라고 부르면서 젊은이들을 죽음의 길로
이끄는 징용, 징병제를 실시했기 때문입니다. 특히 일제는 당시 신풍
神風 특공대—신풍을 일본말로는 가미카제かみかぜ라고 그럽니다—
라고 소년 항공병 지원을 받았습니다. 말이 지원이지 거의 강제로 끌
려가는 상황이었지요. 17~18세 소년 항공병이 자폭해야 했던 때라
나도 소년병이나 노무자로 끌려간다면 개죽음당할 것이 뻔하다고 생
각했습니다.

일제는 1943년 10월에 식민지 조선에도 전쟁터에 학생을 투입하기
위한 학병제를 실시했습니다. 12월에는 징병 연령을 1년 낮추고 이른
바 총동원을 더욱 강화했습니다. 그래서 나는 궁리 끝에 학교 교원이
되기로 결심하고 을지로 남쪽에 있는 조선총독부 중앙도서관(지금 소
공동 롯데백화점이 있는 곳)에 매일같이 나가 '국민학교' 교사, 당시는
훈도訓導라고 하는 교사 검정 시험을 독학으로 준비했습니다. 일하면
서 모은 돈은 더욱 절약해 내핍으로 버텼지요.

1944년 8월에 당시 조선총독부에서 시행한 국민학교 교원 시험 제
2종 시험을 봤습니다. 시험에서는 묘하게도 미술 과목만 합격하고 낙
방했습니다. 그래서 한 단계 아래인 제3종 시험에 응시했는데 참 다
행스럽게도 합격했습니다. 합격자 명단에는 내 이름이 '광김민수光金
敏洙'라고 되어 있는데, 당시 창씨개명을 해서 성이 '광김光金'이었습

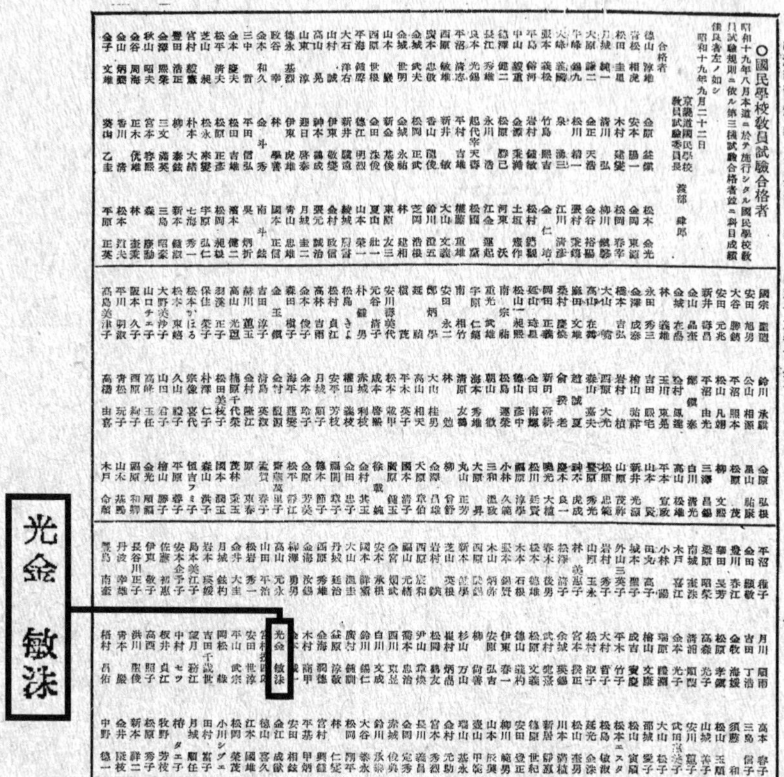

光金

敏洙

<그림 1>
조선총독부 《관보》 제5300호(1944년 10월 3일) 4면의 국민학교 교원 시험
합격자 명단 속 김민수 선생의 창씨명.

니다. 광산光山 김金가여서 '광김', 이름은 그대로입니다. '국민학교' 는 일제 말기가 되면서 바뀐 명칭입니다.

●●● 일제는 1941년 3월 1일 영국에 선전포고를 하고, 같은 날 〈국민 학교령〉을 공포했었죠. 〈국민학교령〉의 1조에서 국민학교제 시행의 목적을 "국민학교는 황국의 도에 준거해 초등보통교육을 실시하여 국민의 기초적 연성을 이루는 것으로써 목적으로 한다"라고 명시했 던 걸 보면, 일제는 전쟁을 확대하면서 황민화 정책을 강화할 목적으 로 국민학교제를 시행했던 것 같습니다. 내선일체의 원칙에 따라 조 선에서도 "충량유위忠良有爲한 황국신민의 자질을 연성"(조선총독부훈령 朝鮮總督府訓令 제30호, 1941년 4월 1일)한다는 목적 하에 '소학교'를 '국민 학교'로 바꿨고요. 그럼 '국민학교'에 이르기까지 일제의 학제가 바 뀌는 맥락을 설명해주셨으면 합니다.

◆◆◆ 일제가 1910년에 우리나라를 식민지화하면서 초등교육기관을 처음에는 '보통학교'라고 불렀습니다. 당시 보통학교는 4년제였습니 다. 식민지하에서 모두 살기가 어려우니까 자녀를 6년 동안 공부시키 기가 어려워서 4년제였지요. 그리고 1922년 〈개정 조선교육령〉에 의 해 6년제(지방에 따라 4~5년으로 단축 가능)가 됩니다. 이런 연유로(시골 이 좀 더 살기 어려워서) 시골에는 4년제가 많았고, 도시나 도시 가까운 데는 대부분 6년제였습니다.

그러다가 2차 세계대전이 나고 일본은 전쟁을 어떻게라도 이기려 는 마음에 이른바 '내선일체'라는 것을 했습니다. 내선일체에서 내內 는 내지, 즉 일본을 가리키고, 선鮮은 조선을 가리킵니다. 일체라는 말에는 차별이 없다는 뜻이 내포되어 있었지요. 일본은 이렇게 말로는 내선일체라고 부추기면서 착취를 했습니다. 그렇게 하면서 여러 가지 제도를 내지, 즉 일본 본토와 같이한다고 선전했지요. 그때 보통학교가 심상소학교尋常小學校 6년제로 바뀌었고 소학교 6년제를 마치고 다시 진급해서 2년을 다니면 그 2년을 고등소학교, 이렇게 했습니다. 그런데 일제 막바지에는 명칭이 모두 국민학교로 바뀌었습니다.

●●● '내선일체'는 조선을 전쟁에 소요되는 인적·물적 자원을 제공하는 병참기지로 재편하기 위한 것이었다고 할 수 있겠네요. 일제의 교육 정책이라는 것도 결국 충량한 '황국신민'을 육성하여 전쟁에 동원하기 위한 것이라 할 수 있을 것 같습니다. 창씨개명, 국어(일본어) 상용 정책 등도 다 이런 맥락에서 추진되었고요. 선생님께서는 이처럼 일제의 식민지배 체제가 공고화되는 시기에 일제의 식민지 교육을 받으셨습니다. 이때 학교생활과 관련하여 선생님께서 겪으신 일을 말씀해주실 수 있겠는지요?

◆◆◆ 서울 남산에 있는 조선신궁에 일본의 이른바 자기네들 국조國祖니 무슨 제1대 천황이니 뭐 이런 걸 모셨어요. 그래가지고서 일제 말기에 어떻게 했느냐 하면은 각 지방의 초등학교, 그땐 소학교지요. 소학교에서 공부 잘하는 우등생들을 추려서 정부에서 돈을 대서 서울로 불러다가 서울 구경시키고 거기(조선신궁) 참배하게 했어요. 그때 나도 거기 가서 참가하고 찍은 사진이 있어요. 이게 소학교 졸업할 때 사진인데, 졸업생 일동이라고 되어 있고, 이게 담임선생입니다. 일본 사람. 젊지요? 해방 후에 그러니까 1966년에 내가 일본에 갔을 때 만

나 뵌 적이 있습니다.

●●● 조선총독부의 보통학교 현황 통계(국가통계포털 참조)를 보니까 1934년 보통학교의 일본인 교원은 31퍼센트였네요. 전국 평균이 그러니까 지방의 일본인 교원 비율은 이보다 훨씬 떨어졌겠지요. 그런데 '내선일체'를 내세우기 시작한 1930년대 후반으로 가면서 일본인 교원 비율이 증가하고 산간벽지에도 일본인 교원이 파견되었네요. 선생님의 담임선생님이 젊은 일본인이었던 것도 이러한 흐름에서 이해할 수 있을 것 같습니다. 그런데 이 사진은 어디에서 찍은 사진인가요? 사진 밑에 숫자가 있는데, 1940년이라 적혀 있네요.

◆◆◆ 1940년 맞아요. 해방 후에 제가 사진에 촬영 일자를 적었을 겁니다. 소화 15년이니까 1940년이지요. 이게 조선신궁에 갔을 때 사진입니다. 여기 내가 있을 겁니다. 그리고 이 졸업 앨범은 소화 16년이니까 1941년이지요. 졸업 앨범에 '황국신민의 서사誓詞'가 있는데, 그땐 이것을 꼭 집어넣어야 했어요. 그리고 매일 외워야 했습니다, 매일. 우리의 '국기에 대한 맹세'하고 비슷해요. '국기에 대한 맹세'는 이걸 보고 만든 겁니다. 해방 후에. 지금은 없어졌지요?

●●● 저도 학교 다닐 때 국민의례 때마다 "나는 자랑스런 태극기 앞에 조국과 민족의 무궁한 영광을 위하여 몸과 마음을 바쳐 충성을 다할 것을 굳게 다짐합니다"라고 낭송했던 기억이 있습니다. 1968년부터 시행되었다고 하는데, 이 문안이 시대와 맞지 않고 문법에도 어긋난다는 비판이 나오면서 2007년 7월 27일에 수정안을 공포했다고 합

〈그림 2〉

1944년 당시 학생 복장

니다. 지금 문안은 "나는 자랑스러운 태극기 앞에 자유롭고 정의로운 대한민국의 무궁한 영광을 위하여 충성을 다할 것을 굳게 다짐합니다"입니다. 그런데 선생님, 이 사진은 당시 무슨 활동을 하는 사진 같은데요.

◆◆◆ 이 사진은 그 근로봉사 하는 장면이지요. 여자들은 가사 시간이고. 이건 칼 차고 검도하는 것. 전시니까 이걸 한 거지요, 검도를. 이 운동장이 아현동에 있던 경기공립공업학교인데, 이 모자를 보세요. 교복이 이렇게 군복으로 다 바뀌었어요. 이 사람이 교장인데 일본인입니다. 그때 기관의 장은 전부가 칼을 차고 있었어요.

●●● 학생들이 교복 대신 군복을 입고 다닐 정도면 학교생활은 어떠했을까요? 조선어 사용이 금지되고 군사 훈련을 시키는 학교에서의 생활이라는 게 어떠했을지요?

◆◆◆ 그때는 전시니까 적극적으로 교련을 가르쳤어요. 하루는 교련 시간이 되어서 줄을 서서 기다리고 있었지요. 그때 교련을 가르치던 사람은 일본군 예비역 군인이었습니다. 그렇게 기다리고 있는데 갑자기 교련 선생이 교정 숲속에서 튀어나와요. 그래서 그걸 보자마자 내가 외치기를 "적 내습!"이라고 소릴 쳤어요. "적 내습!" 물론 일본말이지요. 일본말로 적 내습, "데키라이슈!"라고 했는데, 자세히 보니까 육군 오장伍長인데, '오장'은 지금 계급으로는 '상사' 정도일 거예요. 이와이라는 그 육군 오장이 교련 선생이에요. 외치고 나서 생각해보니 큰일 났어요. 일본 군인을 적이라고 했으니. 아마도 내 뇌리에 그

런 의식이 있었던 거 같아요. 그런 말이 순간적으로 튀어나온 거니까. 그랬는데 묘한 게 동급생들이 다 들었는데도, 이 교련 선생이 누가 그런 소리했느냐고 소리를 치는데 입 딱 다물고 한 사람도 말을 안 해요. 그래서 벌을 서고 끝났어, 색출 못 하고.

그랬는데 가만히 생각을 해보니까 그거는 뭐 못 밝힐 게 없겠다는 생각이 들어요. 그래서 혼자 교련 선생 찾아가서 내가 했다고 했어요. "몰래 숲속에서 튀어나온 것은 지금 전쟁의 적인 영국이나 미국 군인 아니면 있겠느냐, 일본군엔 없다고 난 본다." 참 변명을 그렇게 하니까, 이 교련 선생이 듣더니 "아, 내가 잘못했다" 그래요. 이래 가지고 무사히 끝났어요. 그때도 운수가 나빴으면 교련 선생한테 두들겨 맞고 병신이 됐을 겁니다. 두들겨 패는 데 누가 이유를 댈 수 있겠어요?

●●● 선생님께서 당시 교련 선생에게 두들겨 맞을 걱정을 하신 걸 보면, 그리고 학생 체벌이 일제 교육의 잔재라는 말이 있는 걸 보면, 일제강점기의 학교에서는 학생들에 대한 체벌이 심했을 것 같아요.

◆◆◆ 일제하의 여러 가지 제도를 가만히 회고해보면, 물론 일본인들이 나쁜 점도 많이 있지만 개중에는 좋은 점도 있어요. 첫째 교원들은 거의 다 성실했어요. 성실하고 정말 진심으로 인생 교육을 했어요. 소학교 다닐 적에 담임선생이 일본사람이었어요. 그런데 나는 저녁형이라 어려서부터 밤에 공부하고 늦게 일어나니까 학교에 매일 지각을 했어요. 지각하면 교실에 들어가서 뒤에 서 있어야 했어요. 벌서느라고. 담임선생이 왜 늦었느냐고 물어요. 오다가 뒤가 마려워서 뒤를 보고 나니까 늦었다고 했더니, 이 일본 선생이 "네가 공부는 잘해서 좋

은데 그런 변명하면 아무 소용없다. 공부 잘해도 소용없어. 왜 변명해?"라고 했어요. 내가 지금 팔십 넘어서도 변명은 안 해요. 그 가르침 때문에. 그런 걸 보면 교육이 중요하잖아요. 일본인 선생이지만 이런 점은 훌륭하다고 해야 하지 않겠느냐는 생각이 들어요.

그런데 당시 제가 다닌 학교에서 학생을 매 때리는 방식으로 체벌하는 일은 거의 없었어요. 대신 벌을 세웠어요. 종아리 치는 일도 없었어요. 교육 부분에서 일본 식민이 되라고 하는 황국신민화 교육은 일본 정부가 교사들에게 시켜서 하는 거였기 때문에 문제가 있었지만, 그 부분 말고 인성 교육 같은 부분에서는 교육적이라고 볼 만한 점도 있었다고 생각합니다.

●●● 학교 분위기나 교사 성향에 따라 체벌의 정도는 다를 수 있을 것 같습니다. 극단적인 경우겠지만, 《조선일보》 기사를 검색해보니까 1936년 7월 15일과 1937년 12월 19일 자에 교사의 체벌로 사망한 학생의 사건과 함께 당시 학교에서의 체벌 문제가 심각하다는 내용의 기사가 실렸더라고요. 물론 선생님 말씀대로 일본 교사들의 교육철학에서 배울 점도 많을 것 같습니다. 황국신민화 교육과 인성 교육을 분리해서 봐야 한다는 선생님 말씀에도 공감합니다. 식민지 교육이라고 하더라도 인간으로서의 학생을 가르치는 것은 마찬가지일 테니까요.

2.
'마포국민학교' 조선인 교원의
수업과 조선인의 언어생활

●●● 선생님께서 1944년에 교원자격증을 땄다고 하셨는데, 그때는 선생님께서 공립공업학교를 다니셨을 때입니다. 그러면 언제 초등학교 교사로 부임하시게 된 건가요?

◆◆◆ 교원 자격을 획득하는 계획이 성공했으니까 그때 그 기쁨이야 어떻게 필설로 다할 수 없었습니다. 왜냐하면 죽음으로 가는 길을 면하게 될 수 있다는 가능성 때문에 그랬습니다. 그런데 그 자격 시험에 합격한 합격증만 가지고 있다고 해서 죽음의 길로 끌려가지 않는 건 아니었어요. 얼른 총독부의 발령을 받아서 취업해야 징용이나 징병을 유예받을 수 있었습니다.

그래서 생각하다가 당시 경기도 학무과를 찾아갔습니다. 장학관, 그때 일제시대에는 시학관이라고 그랬는데, 시학관을 만나서 합격증을 내보이면서 발령을 내달라고 부탁하고 계란 한 꾸러미를 내밀었습니다. 그 시학관은 일본사람인데 다행히도 미소를 지으면서 그 계란을 받더군요.

그 후 발령이 안 날까봐 걱정되었는데 드디어 정말 기쁜 소식이 왔습니다. 1945년 6월 12일에 경기도 학무과에서 서울 마포공립국민학교 훈도로 발령한다는 통지서가 왔습니다. "야, 이제는 살았구나" 하고 그 통지서를 가지고 마포국민학교를 찾아갔습니다. 마포국민학교 교장은 나이가 많은 일본인이었는데, 내가 나이 어려 보이고 또 처음이니까, 가르치기가 가장 쉽다는 4학년 여학생반 담임을 맡았습니다.

●●● 당시 학교에서 조선인 학생들의 언어생활은 어땠는지 궁금합니다. 수업이나 일상 대화에서 어느 정도까지 일본어를 썼는지, 정말로 우리말을 아예 쓸 수 없었는지요?

◆◆◆ 제가 교편을 잡고 4학년 담임으로 교단에서 매일 가르치는데 당시는 일본말로 가르칠 수밖에 없는 시대였습니다. 아마도 그때 학생들은 나를 일본인으로 알고 있었는지도 모르겠습니다. 그래도 한글은 가끔 사용했어요.

마포국민학교에서 일본말로 가르칠 때 일입니다. 생물 시간에 여러 이름이 나와요. 식물 이름도 나오고 곤충 이름도 나오고, 일본말로 다 나오는데 나도 잘 모르는 이름도 있었습니다. 그래서 아이들의 이해를 쉽게 하기 위해 흑판에다가 한글로 이름을 써서 알려준 적이 있습니다. 이것도 사실은 그때 제가 나이가 어려서 그렇지, 그런 게 장학관, 당시 시학관 눈에 띄면 당장 파면만 아니라 아마 잡아다가 가두었을 겁니다. 자기네 정책에 위배된다고. 요행히도 그렇게 되지는 않았지만, 그래도 제가 해방될 때까지 계속 일본말로 우리나라 여성들을 교육했다는 것이 친일 행위의 일종인 것은 분명하다고 스스로 생각합니다.

●●● 선생님께서 일본말로 학생을 가르친 것까지도 친일 행위의 일종이었다고 고백하신 말씀을 들으니, 자신에 대한 기준이 너무 엄격한 게 아닐까 하는 생각이 듭니다. 일본어로 수업하는 게 원칙인 상황에서, 일본어 수업을 교사 개인의 선택적 행위라고 할 수는 없으니까요. 그런 점에서 저는 수업 시간에 한글을 칠판에 쓰면서 학생들에게 한글을 보여주시고자 했던 행위에 더 의미를 부여하고 싶습니다.

그런데 선생님 말씀을 들으며 당시 학생들의 한글 해독 능력이 궁금해졌습니다. 선생님께서 소학교를 다니셨을 때, 그중 소학교 3학년 때인 1938년부터는 조선어 과목이 사실상 폐지되다시피 했었고, 국민학교 교사로 근무하셨을 때는 학교에서 조선어 사용과 교육이 금지되었으니, 당시 학생들은 한글을 배우기가 쉽지 않았을 것 같습니다. 선생님께서도 한글로 판서하는 게 좀 미숙하셨을 것 같고 학생들도 한글을 읽는 게 어려웠을 것 같은데요.

◆◆◆ 그 말씀은 옳습니다. 제가 보통학교에 입학해서 얼마 있다가 조선어 과목이 폐지되었거든요. 그래서 학교에서 안 가르쳤으니까 모르지요. 그런데 저는 원래 집에서 한문과 한글을 동시에 배웠습니다.

식민지시대의 서당 교육

일제강점기에도 서당 교육은 계속되었는데, 식민지 교육이 확대되면서 서당 학동 수가 줄어들기는 하지만 상당수 아동이 서당에서 기초 교육을 받은 것으로 보인다. 1912년에 서당의 학동 수는 16만 9,077명(인구 만 명당 116명)이었던 반면 보통학교의 학생 수는 4만 1,509명(인구 만 명당 28명)에 불과했다. 그런데 1943년이 되면 서당의 학동 수는 15만 3,784명(인구 만 명당 60명)이 된 반면, 국민학교의 학생 수는 208만 9,668명(인구 만 명당 809명)으로, 서당에 비해 압도적인 우위를 점하게 되었다. 그러나 주목해야 할 것은 서당이 식민지 말기에도 여전히 15만 명 정도의 취학 규모를 유지하고 있었다는 사실이다. 식민지시대 서당 교육 상황에 대한 논의는 오성철(2021)을 참조할 수 있다.

●●● 선생님 말씀을 들으니, 취학 전에 한문 교육을 받았던 학생들은 한글을 어느 정도 읽고 쓸 수 있었을 것 같아요. 전통적으로《동몽선습》과《소학》등 한문 기초 경전을 배우기 전에《천자문》이나《훈몽자회》등 한글로 음과 훈을 기록한 기초 한자학습서를 배우는 게 일반적이었잖아요. 따라서 가정이나 서당에서 한문을 배웠던 사람들은 한글을 읽고 쓰는 법을 함께 배웠겠지요. 이런 점을 볼 때, 학교나 관공서에서는 공식적으로 일본어만 써야 했겠지만 집안의 언어생활은 공식적인 언어생활과는 좀 달랐을 것 같습니다. 선생님 댁에서처럼 집안 아이들에게 한문과 한글을 동시에 가르친 경우도 있었으니까요. 당시 조선인 집안에서는 언어생활을 어떻게 했었나요?

◆◆◆ 당시 일본말을 할 줄 아는 조선인 비율이 통계로 있는데, 상당히 높습니다. 다만, 가정에서는 일본말을 쓰는 집도 있고 그렇지 않은 집도 있었습니다. 예를 하나 들까요? 해방 직후 춘천사범학교 교유敎

論(중등학교의 교원을 가리키는 말)로 발령 받고 갔을 때의 일입니다. 그때 교장 서리가 고정옥 선생이었습니다. 고정옥 선생은 경성제대 조선어문학과를 졸업했습니다. 졸업논문이 〈조선민요 연구〉였지요. 그분이 일제 때는 일본어, 일본 한문을 가르치셨던 모양인데, 해방 후에 만났을 때는 영어를 가르치고 있었습니다. 후에 서울대학교 사범대학 국어교육과 전임으로 왔다가 사변 때 월북을 하신 분이에요.

제가 춘천사범학교 교유로 부임을 했을 때, 고정옥 선생 자택은 서울에 있었어요. 해방 이듬해인 1946년 어떤 일로 서울의 고정옥 선생 댁을 방문한 적이 있었어요. 그런데 선생 댁에 가서 보고 놀랐어요. 집에 있는 옷이 전부 일본 옷이에요, 일본 옷. 다다미방에. 저와 대화는 우리말로 했는데 가족끼리는 어떻게 대화하는지는 듣지를 못했지만 그럴 정도라면 일제시대에는 가족이 전부 일본말을 했을 것이 아니냐는 생각이 들었습니다. 그때 '경성제국대학을 졸업하고 사범학교 교사를 하면서, 이건 완전히 일본사람으로 만들었구나!' 그런 것을 느꼈어요.

●●● 그 말씀을 들으면, 일제의 식민지 언어 정책이 치밀하게 진행되었고 그 정책이 당시 조선인들의 언어생활에 깊은 영향을 미친 것으로 보입니다. 그래도 고정옥 선생의 경우는 특별한 사례라고 할 수 있지 않을까요? 교육을 많이 받은 지식인이나 상류층 사람들이라야 일상생활을 일본어로 할 수 있지 않았을까 하는 생각이 듭니다.

◆◆◆ 일본제국의 식민지 정책이라는 게 애초부터 완전동화를 계획한 것으로 보여요. 그러니까 다시 말하면 '우리 조선 민족을 그냥 육체만 남기고 완전히 소멸시켜버리자'라는 정책인 거지요. 오늘날 평가한

다면 천인天人, 하늘과 사람이 함께 공노할 흉계이지요. 제가 일본의 지배를 받았던 민족이 일본어를 이해하는 비율을 조사한 적이 있었는데, 그때 식민지로는 타이완이 있었기 때문에 우리와 비교가 되지요.

일제 말기 타이완의 경우를 보니까 일본어 해득률이 85퍼센트예요. 이건 대단한 겁니다. 나머지 15퍼센트는 저 어디 오지에 사는 노동자나 농민이라고 생각하면 거의 다 일본어를 어느 정도 한다는 거예요. 당시 타이완의 상황을 유추할 수 있는 일을 실제로 겪었습니다.

1964년에 하버드대학에 초청 받아서 갔었는데, 그때 마침 초청 받아 온 타이완 학자와 함께 지내게 되었어요. 그런데 놀랍게도 부부 사이에 편지를 일본말로 써요. 그래서 물어봤더니 집에서 일본말을 한답니다. 나이는 나하고 비슷했지요.

타이완의 일본어 해득률이 85퍼센트였다는 것과 내가 미국에서 겪은 일을 관련지어 생각하면 일제 말기 우리의 언어생활이 어땠을지 짐작이 갈 겁니다. 그렇게 생각할 때, 해방이 한 20년만 늦어졌다면 어떻게 되었겠는가? 제가 《국어 정책론》에서 조금 언급한 것 같은데요, 일본어 해득률이 90퍼센트에 육박했을 겁니다. 그럼 국어 회복은 어렵지요.

여기서 하나 고백하고 싶은 게 아까 말한 대로 열 살에 소학교 들어가서 일본말로 교육 받고, 다들 짐작하다시피 작문은 늘 일본말로 썼습니다. 지금도 어떤 때는 일본말로 생각해요. 일본말로 사고를 해요. 그래서 글을 쓸 때마다 머릿속에서 우리말 어휘를 찾아야 해요. 어떤 때는 우리말 어휘를 찾을 수 없어서 일한사전 들출 때도 있습니다. 그렇게 해야 적절한 어휘를 찾을 때가 있어요. 자, 이 이야길 들으면 누구는 거짓말이라고 그럴 겁니다. 이렇게 이 문제가 중대한 문제예요.

⟨표 1⟩ 일본어 해득자 수의 증감 현황

연도 (일본 연호日年號)	조선 인구	해득자/해득률		증감률	타이완(%)
1920(大正 9)	16,916,078	367,365	2.20	+0.4	
1921(大正 10)	17,059,358	541,244	3.10	+0.9	
1922(大正 11)	17,208,139	563,029	3.30	+0.2	
(중략)					
1929(昭和 4)	18,784,437	1,440,623	7.70	+0.8	
1930(昭和 5)	19,685,587	1,627,136	8.30	+0.6	
1931(昭和 6)	19,710,168	1,724,209	8.80	+0.5	
1932(昭和 7)	20,037,273	1,542,443	7.70	−1.1	22.70
1933(昭和 8)	20,205,591	1,578,121	7.81	−1.0	24.50
1934(昭和 9)	20,513,804	1,690,880	8.20	−0.6	27.00
1935(昭和 10)	21,248,864	1,878,704	8.80	+0.0	29.70
1936(昭和 11)	21,373,572	2,103,962	9.90	+1.1	32.90
1937(昭和 12)	21,682,855	2,397,398	11.00	+1.1	37.80
1938(昭和 13)	21,950,716	2,717,807	12.38	+1.4	41.90
1939(昭和 14)	22,098,310	3,069,312	13.89	+1.5	45.59
1940(昭和 15)	22,954,563	3,573,338	15.57	+1.7	51.00
1941(昭和 16)	23,913,063	3,972,094	16.61	+1.0	
1942(昭和 17)	25,525,409	5,089,214	19.94	+3.3	
1943(昭和 18)	25,827,308	5,734,448	22.16	+2.2	62.70

* 일어해득률표日語解得率表(김민수 1973, 509).

●●● '일어 해득자'라고 판단하는 데에는 어느 정도 주관성이 개입할 수밖에 없다는 점, 당시 조선인들의 취학률도 높지 않았다는 점을 감안할 필요도 있지만, 시기별로 일어 해득률을 정리해 놓으니 그 증가 속도가 실감이 나네요.

이 표를 보며 선생님 말씀을 들으니 식민지시대에 일본어가 일상 언어가 되는 건 시간 문제였을 거란 생각이 듭니다. 지식인이나 상류층부터 먼저 일본어로 생활하겠지만 시간이 지나면 결국은 모두가 일본어로 말하게 될 테니까요. 그런 점에서 일제가 우리를 강점한 기간이 35년에 그친 건 정말 불행 중 다행이네요. 특히 글을 쓸 때 일본말로 먼저 생각하고 우리말 어휘를 찾는다는 말씀은 식민지 교육의 영향이 얼마나 오래 갈 수 있는지를 단적으로 보여주는 예라는 생각이 듭니다.

◆◆◆ 일제의 침략이라는 게 애초부터 그렇게 대단한 흉계였어요. 그런데 일제의 침략은 '한일합방' 이전부터 시작되었다고 봐야 할 거 같아요. 우선 1894년 갑오개혁이 일본의 수중에서 이루어졌어요. 일본 군대가 왕궁을 지키는 그러한 상황에서 갑오경장(갑오개혁)이 선포가 됐거든. 우리 역사에서는 그때부터 근대화를 시작한 거니까 그건 인정하자고 하지요. 그런데 일본 측에서 보면 갑오경장을 통해 근대화를 한다고 표방했지만 실제 내용은 내정 침투를 위장한 거란 말입니다. 이건 우리가 정확히 알아둬야 해요. 또 그 후에 1897년 대한제국이라는 국호를 선포했는데 그것은 독립국을 가장한 일본의 괴뢰정부 수립이란 말입니다. 그래서 왕이라고 하던 걸 황제라고 했고요.

그럼 일본의 의도는 뭐냐. 왕을 황제라고 하니까 그때 우리나라에서는 쌍수를 들어서 다 환영한 겁니다. 우리가 당시 청나라에 예속되어 있었잖아요. 그러니까 대한제국을 수립한 것은 청나라와 단절한다는 거예요. 단절했으면 어디로 가느냐? 일본 쪽으로 붙인 거예요, 자기네 괴뢰로. 근데 우리 역사책이나 역사가들 서술한 거 보면 안 그래. 다 찬양해요, 대한제국 위대하다고. 나는 그런 거 보면 당최 하도 실망스러워서 말이 안 나와요.

그다음에 마침내 '일한합병', 일본사람들은 '일한합병'이라는 명칭을 썼어요. 우리는 '한일합방'이라는데, '한일합방'이 왜 잘못된 말이냐면, '한일합방'은 우리나라가 일본을 합방해야 쓸 수 있는 말이에요. 그렇잖아? 그러니까 '일한합방'이 맞아요, 일본이 했으니까. 우리 사학에서 내가 보기에는 아주 참 제대로 안 해요.

●●● 갑오개혁 당시 우리나라에서 쌍수를 들어서 환영했다는 말씀을 들으니, 이윤재 선생의 〈천진天眞의 통쾌〉(《동광》 2-8, 1927)라는 글이 생각납니다. 제가 책을 쓸 때 인용했던 글이기도 한데요. 이윤재 선생이 여덟 살 때 글 가르치는 선생님으로부터 "조선도 지금부터 천자국이 되었다"라는 말을 듣고 어린 나이에도 절로 어깨춤이 나고 기쁨을 이기지 못했다는 내용이었어요. 갑오개혁을 추진한 일본의 의도는 조선 침략이었고 결과적으로 우리가 식민지로 전락하게 되었지만, 당시 민중들의 기대는 그것대로 의미가 있다고 봐야 하지 않을까요?

그리고 '한일합방'과 '일한합방'의 의미에 대한 선생님의 말씀은 예민한 지점을 건드리신 것 같습니다. 문법적으로만 보면 선생님 말씀이 맞는데, '한일'로 쓰느냐 '일한'으로 쓰느냐는 관점 혹은 감정의 문제라 문법적 해석을 내세워 결정하기는 쉽지 않을 것 같습니다. 그럼 다시 식민지 언어 현실 문제로 돌아와 좀 더 이야기를 해주셨으면 합니다.

◆◆◆ 식민지 언어 정책은 아까 언급했던 내선일체, 즉 식민지이지만 동등하다는 정책을 표방하면서 우리를 완전동화시켜 예속시키자는 민족어 말살 정책이라고 봐야 옳을 겁니다. 더군다나 간교한 것은 그

괴뢰의 국호를 한강 이남에만 산재했던 삼한三韓, 삼한이 경상도·전라도 쪽이잖아요? 삼한의 통칭이 한韓이거든요. 한국이거든요. 그걸 붙였어요. 해방이 된 다음에 대한민국의 국호도 사실은 대한제국을 계승한 거라 볼 수 있는 거지요.

이렇게 '합방'을 하고, 1911년 제1차 〈조선교육령〉을 시행하면서, 4년제 보통학교의 저학년에서는 24시간 중에 10시간을 일본말을 가르쳤어요. 그러니까 일본어 시간이 전체 수업 시간의 38퍼센트예요. 이건 교육과정을 분석해보면 아주 지나친 거지요. 그리고 고학년에 가면 조금 줄지만 37퍼센트. 아, 그것도 준 건 아니네요. 아주 조금 줄었구먼. 조선어는 저학년에서 6시간 23퍼센트, 고학년에서 19퍼센트 이렇게 점점 줄여서 배정했으니까 조선어는 형식적으로 놔둔 것으로 봐야지요. 그런데 1920년 〈개정 조선교육령〉에 보면 6년제 보통학교에서 일본어는 저학년에서 37퍼센트이고 고학년에서 31퍼센트인 반면, 조선어는 저학년에서 22퍼센트, 고학년에서 14퍼센트 비율로 배당해서 가르쳤어요. 이건 결국 조선어를 없애고 민족을 소멸시키자는 정책의 목표를 증명해주는 역사적 사실이었다고 생각합니다.

1935년 보통학교에 입학한 세대, 그러니까 저와 같은 세대가 경험한 예를 볼 것 같으면, 당시 요직은 모두 일본인이 장악하고 있었고, 일본어가 공용어인 것은 물론이고, 학교에서는 애초부터 일본어로 교육했습니다. 그 결과 특히 학생층에서는 일상생활에서 일본어로 대화하는 그러한 상황이었습니다.

학병제가 실시된 1943년 서울에서 실제 겪은 일도 기억납니다. 그때 전차라는 게 서울 시내 교통수단이었는데, 전차를 타고 학생들이 몰려 있는 데서 이렇게 들어보면 학생들의 대화는 전부 일본말이었어요. 그런데 여기서 참 놀랍다고 할까, 해방 직후에도 그랬어요. 전차를 타고 가면서 내가 겪은 거는, 해방 후인데도 학생들이 몰려 있는 데서 들리는 얘기는 전부 일본말이에요.

●●● 선생님, 전차 안에서 사람들이 일본말을 쓰는 상황은 언제까지 계속되었는지 혹시 기억하십니까? 그리고 그런 문제가 말하기에 국한된 문제인가요? 글쓰기는 어땠나요?

◆◆◆ 해방 후에 1945년, 1946년까지도 그런 걸 내가 겪었는데, 어느 시기까지인지는 잘 살피지 않아서 모르겠어요. 글쓰기는 잘 모르지만 말하기는 그랬어요. 그리고 각급 학교에서 국어 시간에 가르치는 내용이 해방 후에 다 똑같았으니까, 대학교나 국민학교나 중학교나 다 맞춤법 통일안으로 가르치고 받아쓰기를 했으니까, 꽤 긴 기간 동안 우리말이 서툴렀을 것으로 그렇게 생각이 돼요.

●●● 해방 후에도 아직 식민 지배를 받던 때의 습관이 남아 있는 데다가 우리말도 서툴렀으니까 그전에 썼던 일본어를 계속 쓰는 거겠죠. 그 정도면 일본어로 언어적 직관이 형성되어버렸다고 볼 수도 있겠네요.

◆◆◆ 학생들 중에는 실제로 우리말이 아주 서툰 사람이 있었을 것이기 때문에, 습관상 그런 면도 있었겠지만, 서로 지금까지 대화하던 말로 하는 게 편하니까 그랬던 것이 아니었을까 해요. 일본어로 말하면 방언 차이도 없고.

●●● 선생님 말씀을 들으며 검색해보니, 《자유신문》 1945년 10월 23일 자에 해방 후에도 전화 교환수가 일본어를 사용하여 업무를 보는 현실을 보도하는 기사가 실렸네요. 해방이 되었는데도 사람들은 이전 습관대로 전화 교환수에게 일본어로 요청을 하고, 전화 교환수도 일본어로 업무를 수행했던 모양입니다. 기사 내용이 "우리가 날마다 만나는 전화 교환수 양과의 용어가 아직도 왜말이라는 것은 매우 불쾌한 일이다. '난방에'. '모시모시 고센록백구록구주록구방'이라고 불러야 할 까닭이 어디 있는가? 하루바삐 전화 용어를 고쳐달라는 것이 일반의 여론"이라는 거예요. 해방 이듬해에 나온 《조선일보》(3월 20일 자)에도 "아직도 이곳저곳에서 왜말이 툭툭 튀어나오니 딱할 노릇"이라는 기사가 실렸고, 《조선일보》 1947년 1월 23일 자 기사에도 "거리에는 아직도 왜말로 쓴 간판이 걸리고", "왜말을 왜글을 쓰기를 주저하지 않으며 심지어는 학교에서 왜글로 박은 숙제를 내기까지 하고 있는 형편"이라는 내용이 실려 있습니다. 당시는 편한 면이 있어서 그런 습관이 유지되었겠지만 지금 눈으로 보면 참으로 놀라운 광경인 것 같아요.

◆◆◆ 이런 걸 생각하면 언어 문제가 사실 우리 전공 대상이기도 한데, 이 민족어 문제라는 게 보통 문제가 아니에요. 그래서 앞으로 '민족주의와 민족어의 관계', '민족주의를 어떻게 생각할 것인가' 등과 관련해서 생각을 좀 정리해야 되지 않겠는가 하는 생각이 듭니다. 덩달아 근래에 알 수 없는 건 특히 미국 대사가 부임하면 하나같이 그 충고가 민족주의를 버리라는 거거든요? 민족주의 버리면 민족어 버려라, 그러면 영어로 바꿔라, 그다음엔 어떻게 되는 건가요? 그런데 약소민족이지만 일제시대부터 지금까지 이렇게 뭔가 이어진 명맥 같

은 것이 있다면 역시 민족어지요. 그래서 민족주의와 민족어 문제는 장기적인 생각을 가지고 정리할 필요가 있다고 생각합니다.

●●● 미국 대사가 '민족주의를 버리라'고 한 말을 제가 직접 들어본 적은 없지만, 미국 대사가 그런 말을 했다면 한일 간의 과거사 문제나 세계화와 관련한 이야기의 맥락 안에서 하지 않았을까 하는 추측을 해봅니다. 미국 대사의 말을 떠나, 민족주의와 민족어에 대한 생각을 정리할 필요가 있다는 선생님의 말씀엔 깊이 공감합니다.

민족주의는 극복해야 할 대상이면서 동시에 그 의미를 살려나가야 하는 것이기도 한 것 같습니다. 민족어 문제와 관련지어 민족주의를 생각하면 더욱 그렇지요. 저는 민족주의를 혈통의 문제가 아닌 민주주의의 문제로 확장시켜 보는 게 중요하다고 생각합니다. 민주주의의 관점에서 민족과 민족어 문제에 접근한다면, 우리말의 역할과 위상에 대한 논의, 영어와 우리말의 관계에 대한 논의 등이 합리적으로 이루어질 것 같습니다. 선생님 말씀대로 이 문제는 장기적으로 깊은 토론이 필요할 것 같네요.

3.
강원도 홍천의 청년 김윤수와
조선어학회

●●● 선생님께서 청소년 시기에 관심을 가졌던 일은 무엇이었는지요? 그때부터 언어와 문법에 대한 관심이 많았었는지요?

◆◆◆ 제가 중학교 다니던 시기를 회상해보면 공업학교에 입학해서 즐겨하던 과목은 수학과 영어였습니다. 수학이 장기여서 수학 시간이 되면 나의 독무대이다시피 문제를 풀었고, 영어는 일제가 정책상 축소 제한을 가한 과목이었지만 언제나 만점을 받았기 때문입니다. 특히 제 관심이 쏠린 과목은 기계 설계였는데 문득문득 기상천외의 기발한 상상에 사로잡히곤 했습니다. 예를 들면 양전기 플러스 전기를 분리해서 공중에 송전하고 땅 지하에 음전기 마이너스 전기에 꽂으면 어디서나 무선 전등을 쓸 수가 있잖겠는가, 또 계산으로 생각하는 기계를 만드는 것과 같은 상상 말이죠.

●●● 선생님께서는 공업학교를 나오고 수학이나 영어, 특히 수학에 관심을 많이 갖고 계셨고, 과학기술자로서 발명하는 상상을 많이 하신 것 같은데, 그런 선생님께서 국어학을 연구하게 된 동기가 무척 궁금합니다. 일반적으로 보면 수학이나 공업학교는 국어학과는 거리가 먼 것 같은데 어떤 계기로 국어학을 연구하게 되셨는지요?

◆◆◆ 오직 공과를 지향하겠다는 그 큰 뜻은 그대로 유지되지 못하고 시대적 환경의 영향으로 일대 방향 전환을 하게 되었습니다. 여러 계기가 있었지만 첫째 계기는 일제하 1943년 초겨울 어느 날 밤 제게 우리말의 소중함을 일깨운 친형 김윤수金胤洙의 외침이었습니다. 두 번째 계기는 1945년 해방된 우리 세상에 갓 출옥한 조선어학회 간사장이었던 이극로 박사의 모국어 수호를 강조한 읍소, 눈물을 흘리면서 하시던 호소였습니다. 세 번째 계기는 1946년 가을 춘천사범학교에서 학생들에게 국어를 가르치면서 지식이 부족함을 알고 국어를 전공할 것을 절실히 느껴 다짐한 각오였습니다.

●●● 선생님께 우리말의 소중함을 일깨운 김윤수 선생, 그 형님 되시는 분은 조선어학회와 어떤 관련이 있었습니까? 당시 상황을 보면, 보통의 젊은이가 우리말에 특별한 관심을 가지고 우리말의 소중함을 자각하는 게 어려운 일이었을 텐데요.

◆◆◆ 형님은 제게 우리말의 소중함을 일깨워주었던 1943년보다 3년 전인 19세부터 조선어학회의 《한글》지를 읽고 학회와 교신하면서 우리말에 상당한 조예를 갖고 있었습니다. 저는 형님을 통해 조선어학

회의 《한글 맞춤법 통일안》과 《조선어 표준말 모음》 등을 접하고 설레기도 했지요. 1943년 집에서 친형에게 영향을 받고 비로소 그때 보고 또 그때 어느 정도 공부할 수 있었던 게 지금 생각하면 다행한 일이었었습니다.

●●● 선생님께서 보관하고 계신 이 자료가 《한글 맞춤법 통일안》과 《조선어 표준말 모음》인 것 같은데요. 이걸 그 당시에 보신 건가요?

◆◆◆ 1943년 겨울에 친형이 직접 호소하는 말을 들으면서 그때 보여주고 설명을 들은 책이 《한글 맞춤법 통일안》입니다. 요행히 그 책을 지금까지도 갖고 있습니다. 이게 《통일안》인데 1940년 개정판이고, 앞에는 '김윤수'라는 한글로 새긴 도장이 찍혀 있습니다. 여기 '묵성장서黙省藏書'라는 게 형님이 자신의 책에다가 찍던 도장입니다. 그리고 여길 보면 중간 중간 뭘 써 놓고 그랬어요. 이런 걸 보면 당시 형님이 전문가에 가까운 수준이 아니었을까, 그렇게 추측됩니다. 여기 《조선어 표준말 모음》에도 역시 '묵성장서'라는 형님 도장이 찍혀 있어요. '묵성'은 형님 호입니다. '묵묵히 반성한다' 그런 뜻이지요. 그러니까 선비로서는 아주 좋은 호입니다.

그리고 서문에 있는 '소화 11년'은 일본 연호를 쓴 건데, 옆에 서기로 '천구백삼십육년'이라고 고쳐 쓴 거는 요게 단순한 거지만 민족을 의식하고 어떻게 보면 독립을 갈망하는 모습으로 읽을 수도 있는 거지요.

●●● 김윤수 선생이 해방 전에 한글 맞춤법과 표준어 문제에 관심을 가

지고 있었던 걸 보면, 선생님 말씀대로 국어학에 대한 지식 수준이 상당했을 거라고 생각합니다. 국어학사에서 김윤수 선생은 전혀 알려져 있지 않은 인물인데, 김윤수 선생에 대해 구체적으로 듣고 싶습니다.

◆◆◆ 김윤수 선생은 국어학을 전공한 경력은 없지만 국어학에 뜻을 두고 순전히 가정에서 독학으로 연구했습니다. 그래서 그분이 남긴 연구 노트를 보면 이렇게 여러 가지를 연구했던 기록이 남아 있습니다.

6·25사변 중에 거제도 포로수용소에서 실종된 선생의 유적으로는 조선어를 연구하던 노트, 저서로 남긴 《최신 국한대사전》과 그 교정지가 있습니다. 그리고 해방 후에 박문출판사에서 일석 이희승 선생의 《국어사전》을 편찬하기 시작했는데, 그것은 결국 실패로 끝났습니다만, 그 시초의 국어사전 카드가 이렇게 유물로 남아 있습니다.

《최신 국한대사전》은 선생이 스스로 편찬한 것인데, 이건 당시 본인이 조판하면서 교정을 본 교정지입니다, 이 교정지가 이만큼 남아 있습니다. 그런데 김윤수 선생이 작고한 후에 어느 출판사에서 이를 출판했습니다. 제멋대로 《최신 국한대사전》(《최신 국한대사전》은 '사전편찬회' 편으로 1955년에 문연사에서 출판되었다)이라 이름을 붙이고 저자의 이름도 적지 않고 이걸 출판해서 시중에 판매했습니다. 바로 이것이 그 책인데 이 교정지하고 비교해 보면 똑같습니다,

그리고 또 하나 여기서 이제 좀 밝히고 싶은 것은 김윤수 선생이 박문출판사 국어사전 편찬부 편찬원으로 근무했는데 이게 당시의 사령장입니다. 김윤수 선생이 편찬에 종사했다는 실증자료이지요. 보시는 것처럼 김윤수 선생이 국어사전 편찬할 적에 작성했던 카드의 일부가 이렇게 남아 있습니다. 그런데 사변 때 선생이 작고하고 전쟁으로 여

러 가지가 달라지고 어려워져서 박문출판사에서 내고자 했던 이희승 교수의 《국어사전》은 이것으로 일단락이 됐다고 할까 그냥 미완성으로 끝났습니다. 그리고 그 후 민중서관에서 《국어대사전》이 다시 편찬되어 나오지요.

●●● 한자사전과 국어사전을 함께 편찬하셨군요. 특히 김윤수 선생이 이희승 선생님의 국어사전 편찬에 동참했다는 사실이 인상적인데요. 당시 편찬하고자 했던 국어사전은 결국 출판되지 않은 거지요? 그럼 미완성으로 끝난 박문출판사의 국어사전은 내용상 민중서관에서 이희승 선생님이 펴낸 국어사전과 관련이 있지 않을까요?

◆◆◆ 이 원고는 하나의 역사상의 흔적으로만 남은 거지요. 그리고 이 원고는 민중서관의 《국어사전》과 관련이 없을 거예요.

●●● 김윤수 선생께서 이처럼 해방 후에 곧바로 사전 편찬 작업에도 참여한 걸 보면, 해방 전에 선생께서 《한글》지를 받아 읽는 정도에 그치지 않고 조선어학회에서 어떤 활동을 하셨을 것 같기도 합니다. 혹시 이와 관련하여 선생의 활동 내력이 있는지 궁금합니다.

◆◆◆ 거기에 대한 구체적인 유물이 없어서 확실한 건 모르겠습니다. 그렇지만 조선어학회에 교신할 정도였으니까 아마 선생이 독학이었지만 상당한 수준 아니었을까 싶습니다. 그리고 선생이 그렇게 일찍 작고하지 않고 살았더라면 국어사전 편찬도 완료하고, 아마 학계에 어떤 기여도 했을 겁니다.

그런데 우리 국어학계의 해방 전후 상황을 보면 이런 사람이 참 많았습니다. 왜냐하면 우리 국어학을 정식으로 전공해서 공부하고 활동할 수 있는 제도적 장치가 오직 경성제국대학 문학부 조선어급조선문학 전공뿐이었기 때문입니다. 그러니까 거기에 가지 않은 사람은 거의 독학을 할 수밖에 없었지요. 아마 우리 국어학사를 들추면 그런 사람이 상당수 있을 거라 생각합니다.

지금 자료를 좀 살펴보고 이야기를 해야 하는데, 우선 생각나는 분으로, 월북한 유열은 완전히 독학했던 사람이지요. 또 남쪽에는 연세대 유창돈 교수가 있었는데 그 역시 독학으로 공부했던 분입니다. 유창돈 교수 생전에 직접 들은 말인데, 친형이 유창선 선생이에요. 유창선 선생은 일제 때 향가 해석 논문도 낸 사람이에요. 유창돈 교수는 일제 때 일본 가서 법과를 다녔는데, 친형의 영향으로 국어학으로 기울어져서 월남해서는 연세대 교수까지 했어요.

그리고 신영철이라고 있어요. 그도 해방 직후에 조선어학회에서 큰사전 편찬원을 지내면서 새로 신설된 중앙대학 전임으로 가서 거기 교수를 하다가 사변 때 월북을 했어요. 신영철의 친동생인 신기철과 신용철 둘이서 국어사전을 냈는데 이런 일을 하게 된 건 아마 형 신영철의 영향이 아니었을까 추측됩니다. 아마 그 외에도 꽤 많을 것으로 생각이 되는데, 이렇게 독학으로 공부한 국어학자가 많았던 것은 시대적인 여건과 상황 때문이라고 봐야 할 것 같습니다.

●●● 선생님의 친형인 김윤수 선생의 학창 시절은 어땠는지요? 김윤수 선생이 민족어 문제에 특별한 관심을 기울이게 된 게 누구의 영향이었는지도 궁금합니다. 그리고 이희승 선생님과 사전 편찬을 함께하

게 된 계기도 궁금합니다.

◆◆◆ 강원도 홍천 시골에서 나고 자랐기 때문에 학력은 초등과정 그러니까 보통학교를 졸업한 것이 전부입니다. 대개 그 시기만 해도 양반 집안에서는 어려서부터 한문을 가르치고 한문을 배우면서 초등학교를 다녔어요. 학교에서 공부 끝나고 집에 오면 한문 공부를 했거든요. 그래서 초등학교 졸업 후에도 계속 한문 공부를 했으니까 한문이 상당한 수준으로 능통했지요.

그런데 아까 말한 민족어 문제, 여기에 관심을 갖게 됐다고 하는 데 대해서 어떠한 계기와 어떠한 연유가 있었는지는 지금 전혀 알 길이 없어요. 단지 혼자 공부해서 상당한 수준에 이르렀다는 정도만 알고 있어요.

내가 서울대학교 문리과대학 국어국문학과에 다닐 때 은사인 일석 이희승 선생이 사전 편찬을 해야 되겠는데 사람이 없다고 합디다. 그래서 제가 "이러이러한 사람이 있는데 친형입니다. 한번 좀 써보시지요"라고 소개했더니 한번 좀 만나보자고 하셔서, 일석 선생이 형을 만났어요. 만나 가지고 아마 몇 시간 동안 사전 편찬에 대한 의견을 이야기한 모양입니다.

나중에 형에게서 들었지만 일석 선생이 물어보는 게 별거 아니었다는 거예요. 맞춤법 통일안에 대해 묻고, 표준말 모음에 대해 묻고. 한글 맞춤법이 어원 표시거든, 핵심이. 이 때문에 맞춤법이 어려워져서 이게 사실은 또 문제이기도 하지만, 하여튼 그 문제를 물어봤는데 잘 대답을 했다고 합디다. 그리고 약간 언어학에 대한 걸 물었는데, 그것에 대해서도 좔좔 나오더라고 그래요. 아까 형님이 혼자서 언어학 공부한 노트 보여줬잖아요. 그렇게 대답하니까 일석 선생이 오히려 '어이구 뭐 괜히 물어봤구나' 이런 거 같더래요, 표정이. 이렇게 사전 편찬을 시작했는데, 지금 내가 그 사전 카드를 들춰봐도 잘했어요. 이만한 사람이 드물었지. 대학 나오면 뭐해요? 이거보다 더 못하는데.

●●● 선생님과 이야기를 나누며, 김윤수라는 국어학자를 새로 알게되었습니다. 조선어문학을 공부할 수 있는 대학이 경성제대 하나뿐이었던 현실에서도, 식민지 젊은이들이 독학으로 우리말을 공부하면서 스스로 연구 주제를 정해 정진했다는 사실이 놀랍기만 합니다. 그런 분들이 있었기에 해방 직후 우리말 교육을 할 수가 있었고, 대학에 국어국문학과를 설립할 수 있었고, 많은 인력이 필요한 국어사전 편찬 사업을 무리 없이 진행할 수 있었을 겁니다. 국내뿐만 아니라 해외에서도 조선인 자치구가 있는 곳이면 학교를 세우고 우리말을 가르칠 수 있었던 것도 모두 독학으로 국어국문학을 연구했던 분들 덕분이라 할 수 있을 겁니다. 국어학사에서 이런 분들을 발굴하여 그 업적을 기리는 연구를 할 필요가 있겠다는 생각이 듭니다.

4.
한 청년의 삶을 바꾼
조선어학회와의 만남

●●● 앞서 선생님이 국어학자의 길로 들어서게 영향을 미친 분으로 이극로 선생을 언급하셨습니다. 이극로 선생은 1929년 조선어사전편 찬회를 조직하는 데 결정적인 기여를 하신 분으로 조선어학회의 핵심 인물인데, 어떤 계기로 이극로 선생을 알게 되셨는지 궁금합니다.

◆◆◆ 1945년 해방이 되자 조선어학회 사건으로 일제에 의해 투옥되 었던 조선어학회 간부들이 드디어 출옥하게 되었습니다. 당시 조선어 학회 간사장이던 고루 이극로 선생이 8월 17일에 석방되어 서울에 오 셔서 20일 서울 숙명고등여학교 운동장에서 강연회가 열렸습니다. 참 묘하게도 이걸 어떻게 알게 돼서 제가 거기에 참석했습니다. 강연 회에 모인 사람은 청장년 겨우 16~17명 정도였는데 거기서 고루 선 생은 눈물을 흘리면서 모국어의 소중함을 호소했습니다. 참석자들은

그 자리에서 눈시울이 붉어지는 등 감격의 도가니가 되었습니다. 나도 눈물을 머금고 영원한 민족어 수호를 다짐했습니다. 그때 제 각오는 우리말을 배우고 연구하겠다는 맹세, 그것이었습니다.

●●● 해방 직후에 이극로 선생의 강연을 들었다면, 젊은 청년으로서 가슴이 뛰지 않을 수 없었겠네요. 이극로 선생은 일제강점기인 1929년에 조선어사전편찬회를 결성해 조선어사전 편찬 사업을 진 민족적 사업으로 자리매김하는 데 결정적 역할을 하셨던 분이죠. 해방 후에는 조선어학회를 재건하고 《조선말 큰사전》 편찬과 전국적으로 진행된 한글강습회를 진두지휘하셨죠. 이극로 선생의 열정적 강연과 선생님 친형으로부터의 영향이 상승 작용을 일으켜 선생님을 국어학의 길로 이끈 게 아닐까 생각해봅니다. 그러면 선생님이 국어학에 첫발을 들인 것은 언제라고 할 수 있을까요?

◆◆◆ 해방되고 조선어학회가 재건돼서 9월에 국어강습회가 열렸습니다. 저는 거기서 제1회 강습회의 수강생이 되었습니다. 강습회가 끝나고 조선어학회에서 국어 강사 자격 검정 시험이라는 것을 시행했는데, 제가 그 시험에 요행히 합격을 했어요. 그래서 즉시 해방 직후에 시급하고 필요한 국어 회복 활동에 투신하게 됐습니다.

여기에 대해서는 좀 더 조사해서 나중에 자세한 말씀을 드려야 되겠습니다. 일단 조선어학회 지시에 의한 국어 회복 활동이 거의 마무리되고 저는 1945년 12월에 춘천 관립사범학교 교유로 부임하게 됐습니다. 일제 치하에서는 교사를 교유라 그랬습니다.

불과 19세의 참 미숙한 사람이 국어 회복 활동에 직접 투신할 수 있었던 것은 순전히 조선어학회의 국어 강사 자격 검정 시험을 통해 얻은 자격증, 국어 강사 자격증의 힘 덕분이었습니다. 그것으로 미루어 보아 해방 직후에 조선어학회의 위상이 얼마큼 컸던가는 짐작하고도 남음이 있습니다.

●●● 해방 이후 조선어학회의 국어강습회에서 수업을 듣고, 나중에 조선어학회 파견 강사로 나갔던 분들이 어떻게 보면 해방 이후 국어 정립 활동에서 결정적 역할을 하신 분들이라 볼 수 있겠습니다. 선생님과 같이 파견 강사로 나갔던 분 중에 기억나는 인물들이 있으신가요?

◆◆◆ 제1회 국어강습회는 600~700명이 대강당에서 수강을 했는데 국어 강사 자격 검정 시험을 치러 합격한 사람은 불과 39명이었어요. 제 합격증 번호가 39호였던 걸 보면 아마 끝으로 겨우 합격했던 것 같아요.

그때 합격한 사람이 누구고 활동한 사람이 누구인지는 조선어학회 기관지인 《한글》지에 자세히 보고가 되어 있어야 하는데 그저 일부 기록만 있어요. 뭐, 우선 제가 강습회에 참여한 사실도 거기에 전혀 기록이 없어요. 기록에 아주 소홀했던 거지요. 개인이 합격증을 보관하고 있지 않은 이상, 이것은 앞으로도 알아낼 방법이 없지 않을까 생각합니다. 6·25사변으로 조선어학회 문서도 다 사라지고 말았으니까요.

그래도 지금 문득 생각나는 게 고려대학교 국문학과 교수였던 박성의 선생이에요. 《한글》지에 국어 강사로 파견된 사람의 명단이 한 5~6명 나오는데, 그 명단 중에 있었어요. 박성의 선생이 저처럼 강습회 수강하고 합격했으니까 파견 강사로 갔던 거 같아요. 그 외에는 제

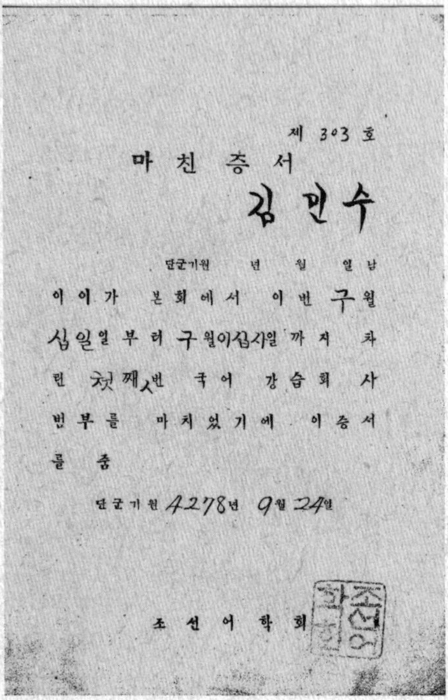

제 303 호

마친 증서

김민수

단군기원 년 월 일 남

이이가 본회에서 이번 구월
십일부터 구월이십사일까지 차
련 첫째ㅅ번 국어 강습회 사
범부를 마치었기에 이 증서
를 줌

단군기원 4278년 9월 24일

조선어학회

〈그림 3〉
제1회 국어강습회 수료증

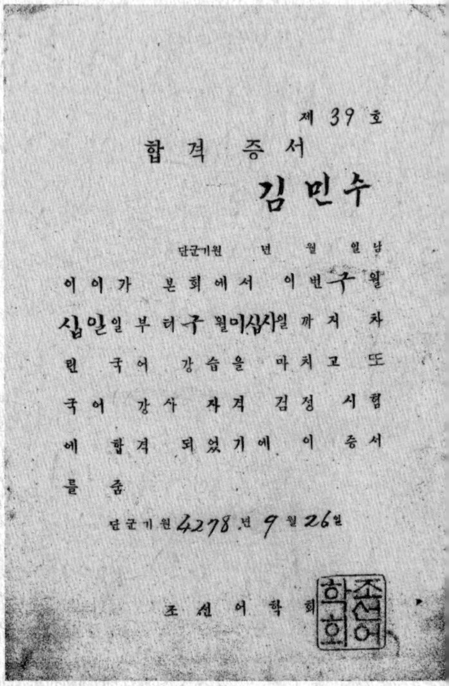

제 39 호

합격 증서

김민수

단군기원 년 월 일 남

이이가 본회에서 이번 구월
십일부터 구월이십사일까지 차
련 국어 강습을 마치고 또
국어 강사 자격 검정 시험
에 합격 되었기에 이 증서
를 줌

단군기원 4278년 9월 26일

조선어학회

〈그림 4〉
조선어학회 국어 강사 자격 검정 시험 합격증

친구가 몇 명 있었습니다. 한 사람이 전인재, 후에 국어 교사를 했지요. 들춰보면 한두 명 더 기억이 날지 모르겠지만 지금은 그 정도만 생각납니다.

당시 조선어학회 국어 강사 자격 검정 시험 합격자는 중고등학교 교사로 가는 것이 당연한 일이었습니다. 사실 모셔갈 정도로 수가 모자랐지요. 또 교수로 채용할 적격자가 없는 상황이어서 그때 국어 강사 자격 검정 시험 합격자들이 대학에도 진출했어요.

●●● 한글학회가 2010년에 발표한 《한글학회 100년의 줄거리》 168~169쪽을 보니, 조선어학회 주최 '국어과 지도자 양성 강습회'의 일정과 과목명, 강사 명단과 1945년 9월 25일 숙명여중에서 찍은 제1회 사범부 수강생 일동의 사진이 실려 있네요. 기록에 따르면 선생님께서 이수한 제1회 강습회는 1945년 9월 11일부터 9월 24일, 2주간 진행되었고, 수료자는 사범부 659명, 고등부 515명이었어요. 그리고 제1회 강습회의 과목은 '성음학, 문자사, 문법, 국어개론, 교수법, 한자어, 표준어, 약어, 외래어, 응용 연습'이고 강사는 이희승, 김윤경, 최현배, 정열모, 김병제, 방종현, 이호성, 이강래, 정인승, 장지영 등이었네요.

국어강습회 수료생 수를 보니 강사 자격 시험 경쟁률이 대단했다는 걸 알겠고, 수업 과목과 강사 이름을 보니 수업 내용이 당시로서는 상당히 수준이 높았을 것으로 짐작됩니다. 그러면 조선어학회에서 합격자에게 합격증을 줄 때 간사장이 직접 수여하셨나요?

◆◆◆ 그건 지금 오래되어서 전혀 기억이 안 나는데, 다만 시험을 치

고 나서 게시판 발표를 죽 본 기억은 납니다. 맨 끝에 내 이름이 있으니까 '아! 합격했구나!' 하는 생각을 했었죠. 그래서 학회 사무실에 가서 합격증을 받아왔지요. 학회 내에서 간사장 이극로 선생은 전체를 총괄하셨고, 경리는 최현배 간사가, 국어강습회에 대한 것은 교양부 간사가 맡았죠. 그때 서울대학교 교수이셨던 일석 이희승 선생이 교양부 간사였습니다. 그러니까 이 강습회나 그 시험을 시행하는 거나 또 강사를 파견하는 거나 이런 것 모두 일석 이희승 교수의 소관이었습니다. 1945년 12월 이후에도 한글강습회와 강사 양성을 이희승 선생이 주관하는 한글문화보급회에서 주도했습니다.

●●● 한글문화보급회는 해방 이후 한글 보급을 목적으로 만들어진 조선어학회의 하부조직이었죠. 조선어학회가 한자 폐지 문제로 내부 갈등을 겪으면서, 이희승 선생은 한자 폐지 반대를 명분으로 홍기문, 유응호 등과 국어문화보급회를 결성하여 한글문화보급회와 대립했지만, 해방 직후에는 이희승 선생이 한글문화보급회를 주관하셨었군요.

해방 직후 상황을 볼 때, 한글문화보급회에서 가장 중요하고 시급했던 일은 자격을 갖춘 강사를 양성하고 필요한 곳에 배치하는 것이었겠네요. 그러면 강사를 파견할 때 어느 지역으로 가라는 것도 이희승 선생이 직접 지시한 것인가요?

◆◆◆ 그렇지요. 내가 강습회 강사로 파견될 때는 모두 집에 전화가 없으니까 거의 다 엽서로 '학회 사무실로 나오라'는 식으로 알려줬어요. "어디 어디 강습회를 가라" 그러면 "네" 하고 가는 그런 식이었지요.

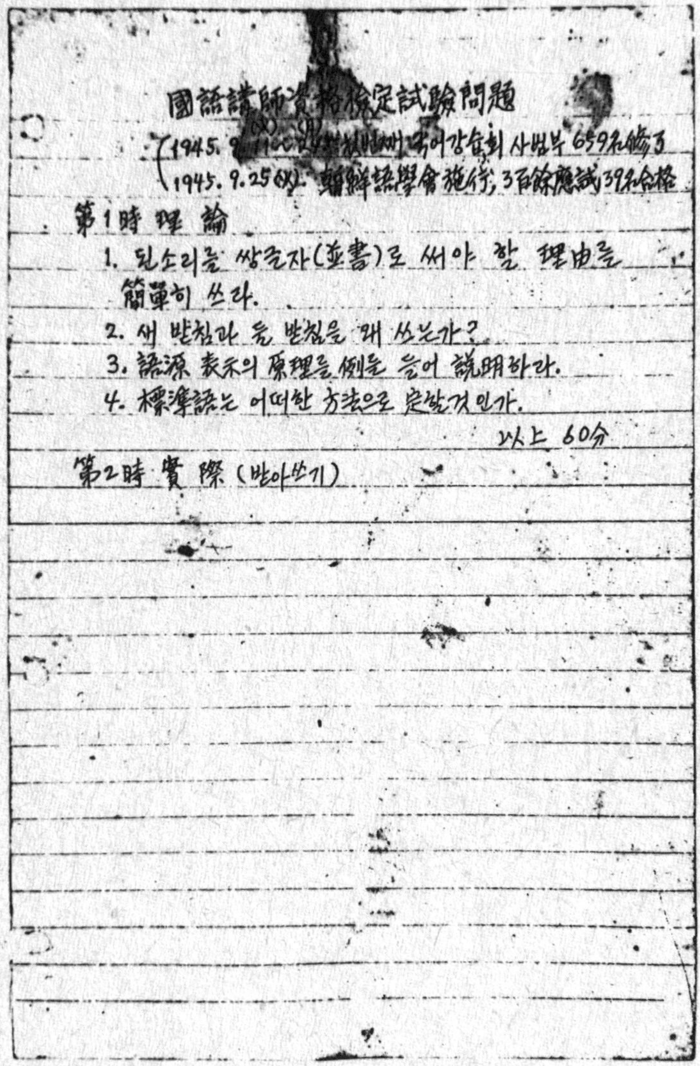

國語講師資格檢定試驗問題

(1945. 9. 12 ~ ? (朝鮮語學會)國語講習會 師範部 659名修了
1945. 9. 25 (火). 朝鮮語學會 施行, 3百餘名應試 39名合格

第1時 理論

1. 된소리는 쌍글자(並書)로 써야 할 理由를 簡單히 쓰라.
2. ㅆ 받침과 ㅎ 받침을 왜 쓰는가?
3. 語源 表示의 原理를 例를 들어 說明하라.
4. 標準語는 어떠한 方法으로 定할 것인가.

以上 60分

第2時 實際 (받아쓰기)

〈그림 5〉 김민수 선생이 메모한 국어 강사 자격 검정 시험 문제
'이론'에는 맞춤법의 원리 및 표준어 제정의 방법과 관련한 문제가,
'실제'에는 받아쓰기 문제가 나왔다.

●●● 국어강습회를 할 때 필요한 것이 교재였을 텐데 어떤 교재를 사용했었는지요? 그리고 해방 직후 상황에서 우리말 교육에 쓸 수 있는 교재가 마땅치 않았을 텐데, 강의 교재는 조선어학회에서 따로 제작을 했었는지요? 강의 교재를 어떤 내용으로 구성했는지도 궁금합니다.

◆◆◆ 그때 조선어학회 국어강습회도 결국은 《한글 맞춤법 통일안》을 중심으로 그걸 가르치는 방식이었습니다. 《통일안》을 강사가 음성에 관한 부분, 또 띄어쓰기에 관한 부분, 한자음 표기에 관한 부분 이런 식으로 세분해서 가르쳤습니다. 그리고 강의가 끝나면 받아쓰기를 해서 틀린 것을 고치게 하는 식이었습니다. 당시 국어 강사로 파견돼서도 그 방법을 그대로 모방해서 강습했습니다. 그러니까 어떻게 보면 조선어학회가 주장하는 《통일안》을 보급하는 행위였다고도 할 수 있을 겁니다.

●●● 선생님 말씀을 정리하면, 국어 강사를 양성하기 위한 국어강습회는 《한글 맞춤법 통일안》의 원리를 세분해서 가르치는 데 중점을 두었고, 그렇게 양성된 국어 강사들이 전국에서 열린 강습회에서 가르쳤던 것도 《한글 맞춤법 통일안》이었던 거네요. 그러니까 선생님 말씀대로 해방 이후 한글 보급을 위한 강습회의 활동은 모두 《통일안》을 보급하는 일이었다고 할 수 있겠네요. 이 점이 당시 조선어학회 주최 강습회의 성격을 잘 말해주는 것 같습니다.

선생님께서는 조선어학회의 한글 보급 활동을 마치고, 1945년 12월에 춘천 관립사범학교 교유로 부임하게 되었다는 말씀을 앞에 잠깐 하셨습니다. 춘천사범학교는 지금의 춘천교육대학인데, 그 사범학교 교사생활에 대해 이야기를 해주셨으면 합니다. 선생님께서 가르치신 과목에 대한 이야기도 포함해서요.

◆◆◆ 하루는 조선어학회에서 통지가 와서 갔더니 교양부 이희승 간사가 제게 춘천사범학교 교유로 가라고 지시를 하셨어요. 당시 나이로나 또 경력으로나 내가 사범학교 교유가 된다는 것은 정말 꿈에도 생각 못 한 일이라 아주 놀랐습니다. 사범학교는 일제강점기 중등학교에 속하지만 당시 사범학교라면 그 위상이 대단했습니다. 그래도 하여간 이희승 간사의 지시니까 우선은 따라야 하겠고, '해보자' 이런 생각으로 정식 발령을 받고 부임했습니다.

춘천사범학교에서는 1학년부터 5학년까지 국어 과목을 가르쳤지요. 물론 일제시대 국어는 일본말이었는데, 가서 부임을 해보니까 제가 최초의 국어과 교유였습니다. 일제시대에는 조선어를 가르치지 않았기 때문에, 처음에는 각급 학교 차이가 없고 거의 다 한글을 몰랐어요. 그러니까 학년 차이 학교 차이도 없이 우선 한글을 가르쳐야 했고 맞춤법을 가르쳐야 했습니다.

춘천사범학교에서는 5학년 학생들이 "선생님, 〈용비어천가〉를 배웠으면 좋겠습니다" 이렇게 희망을 해요. 그래서 가르치겠다고 했습니다. 당시 나이가 어리니까 용감했지요. 제가 〈용비어천가〉를 어디서 배웠겠어요? 중세어를 알기나 해요? 그런데 '그래 그거 공부하자' 탁 아주 그냥 즉석에서 쾌하게 답을 하고서 〈용비어천가〉를 가르쳤던 겁니다.

저는 그냥 아는 대로 가르쳤는데 사실 그 〈용비어천가〉 가사의 내용이 역사적인 배경이 많거든요. 그걸 모르면 가사의 의미가 이해가 안 돼요. 이해가 안 되니까 자꾸 질문을 해요. 그런데 제가 알아야지 그걸. 그래서 인제 대답을 못 하고 모르겠다고 그리고 가만히 생각을 해봤죠. '이래가지고는 내가 안 되겠다. 아무래도 국어학 전공을 해야 되겠다' 그래서 국어학을 전공하기로 결정했습니다.

●●● 사범학교 교사로 〈용비어천가〉를 가르치면서 국어학을 이론적으로 공부할 필요성을 절감했고, 그런 절박감으로 서울대학교 국어국문학과에 입학하셨겠군요. 서울대학교 국어국문학과와 관련한 이야기는 뒤에 나누기로 하고, 춘천사범학교 이야기를 좀 더 하죠. 지금의 관점에서 무엇보다 흥미로운 것은 19세 어린 나이에 사범학교 교사가 되신 거예요. 사범학교 학생들은 졸업하자마자 교사가 될 사람들이었으니, 선생님과 학생들의 나이 차이도 많지 않았을 텐데, 이 때문에 생긴 에피소드도 많았을 것 같습니다.

◆◆◆ 거기서 한 가지 아주 기상천외의 묘한 사건이 있었습니다. 5학년 클래스 첫 시간에 들어가서 가르쳤는데, 수업이 끝나고 숙소에 돌아오니까 5학년 학생이 찾아왔어요. 학생 얼굴을 쳐다보니 화천 보통, 아니 화천 공립심상소학교에서 저하고 같은 반 동급생이었던 친구인 거예요. 그런데 이 친구가 딱 방에 들어오자마자 절을 해요. 그래서 내가 "이 사람아 무슨 친구 사이에 절을 해." 그랬더니 "옛날에는 동급생이지만 지금은 선생님하고 제자 아니냐!" 그래요. 그 친구도 그런 것을 구별했던 걸 보면 참 훌륭한 친구였다고 생각합니다. 해방 후 혼란기니까 그런 기상천외의 사건이 생기지 지금은 뭐 상상도 못 할 겁니다.

●●● 선생님과 조선어학회의 인연, 선생님께서 국어학의 길로 들어서게 된 계기 등에 대한 이야기를 듣다보니, 이야기가 해방 후 국어교육과 국어 회복 활동에까지 이르렀네요. 해방 후 이야기는 나중에 좀 더 자세히 듣기로 하고, 다시 일제강점기 조선어학회 활동으로 화제를 옮겨보지요.

5.
일제강점기
조선어학회의 위상

●●● 선생님의 말씀을 듣다보니까, 조선어학회와 선생님의 인연이 참 깊었다는 생각이 듭니다. 17세 때 친형인 김윤수 선생을 통해 조선어학회의 《한글 맞춤법 통일안》과 《조선어 표준말 모음》을 보면서 우리말의 소중함을 느끼셨고, 해방 직후에는 이극로 선생의 강의를 듣고 국어 회복 활동에 투신하셨으니까요. 선생님께서 국어학 연구에 발을 디디게 된 이야기를 들으니, 선생님의 민족관이 조선어학회의 어문민족주의와 맞닿아 있다는 생각을 했습니다.

앞에서 해방 후 조선어학회의 위상을 잠깐 말씀하셨는데, 결국 해방 후 조선어학회의 위상은 일제강점기 때의 활동에서 비롯한 거라고 볼 수 있습니다. 그렇다면 조선어학회기 일제강점기 당시 조선인들에게 어느 정도 인식이 되었고 어떤 영향을 미쳤는지 선생님께서 아시는 범위 내에서 말씀해주셨으면 합니다.

◆◆◆ 조선어학회는 1921년에 조선어연구회라는 명칭으로 창립됐습니다. 그 후 1931년 1월에 이 학회가 개편되면서 고루 이극로 선생이 직접 조선어학회를 주도해서 여러 가지 사업이 시작됩니다. 조선어학회의 활동으로 이루어진 결실은 크게 세 가지로 요약할 수 있습니다. 첫째는 우리말 표기의 통일입니다. 이것은 말할 것도 없이 《한글 맞춤법 통일안》이 1933년 10월에 학회 안으로 제정된 것이지요. 1941년 1월에 외래어 표기법 통일안을 제정한 것도 우리말 표기 통일의 한 요소였습니다. 둘째는 언어의 통일입니다. 이것은 바로 사정查定한 조선어, 《조선어 표준말 모음》이죠. 1936년 10월에 발표됐죠. 셋째는 언어 규범의 종합입니다. 이것은 《조선어 대사전》을 1942년 10월에 편찬한 것을 가리킵니다. 이 세 가지로 민족어 확립은 일단 역사적으로 완결되었다고 평가해야 되겠습니다.

●●● 조선어학회 활동과 그 의미를 큰 틀에서 말씀해주셨습니다. 선생님 말씀대로 1942년 10월에 《조선어 대사전》을 편찬한 것은 민족어 규범화 사업이 일단락되었다는 의미가 있었습니다. 물론 1942년 10월에 일어난 조선어학회 사건으로 《조선어 대사전》의 원고가 일본 경찰에 압수되며 출판되지 못했지만, 해방 후인 1947년 《조선말 큰사전》이라는 이름으로 첫째 권이 나오고, 1957년 《큰사전》이라는 이름으로 여섯째 권이 나오면서 사전 출판이 완결되었죠.

그런데 《한글 맞춤법 통일안》이나 《조선어 표준말 모음》이 나온 때는 선생님께서 소학교 다니던 시절입니다. 선생님께서는 소학교 졸업 후인 1943년에야 친형을 통해 그것을 접하셨다고 말씀하셨지요. 그렇다면 이렇게 접한 조선어학회의 규범안은 선생님의 언어생활에 어떤 영향을 미쳤는지요?

◆◆◆ 그거는 아까 잠깐 언급을 했지만, 《한글 맞춤법 통일안》이나 《조선어 표준말 모음》에 무언가 있는 것 같은 느낌이 들었는데, 이것이 아주 묘한 부분입니다. 여기에도 보면 간간이 자기 의견을 써넣은 게 여기저기 나옵니다. 그리고 맨 끝에 가면 색인이 있는데 색인에 한글 풀어쓰기가 되어 있지요. 이게 아마 역사상 규범 안에 풀어쓰기가 쓰인 최초의 기록일 겁니다. 내가 그때 여기에 흥미를 느끼고 학생으로서 이것을 써본 적이 있었습니다. 들키면 그냥 큰일 날 짓을 한 거지요.

●●● 1943년 공업학교를 다니셨을 당시 이렇게 한글 풀어쓰기를 써보시고 그러셨다는 거지요? 그런 점에서 보면 조선어학회의 규범안들이 한글에 대한 관심을 불러일으키는 데 일정한 역할을 했다고 볼 수 있네요.

◆◆◆ 그래서 학회에 대한 걸 조금 더 정리를 해본다면요. 첫째, 그 업적으로서 《한글 맞춤법 통일안》은 사실 우리나라 역사상 한글 창제 이후 최초로 제정된 표기법이라고 봐야 됩니다. 이게 민간단체지만 그런 것이 과거에 없었기 때문에 이 통일안이 역사상 최초의 규범이라는 건 분명합니다. 잘못된 내용에 대한 비판은 평가의 영역이니까 다른 문제고. 그다음에 둘째로 표준어는 6,000여 개의 어휘에 불과하지만 70여 명으로 구성된 사정위원회에서 일일이 사정했다는 점에서 역시 최초의 기본 표준어로 평가해야 합니다. 셋째, 규범의 종합은 이게 대단히

필요한 건데 실은 통일안이 있고 표준어를 모은 책이 따로 있지만 구체적인 문제에서 의문이 생기면 찾아봐야 할 텐데 그게 국어사전입니다. 이것은 말하자면 조선어학회 업적에 대한 종합이라 볼 수 있고, 또 구체적인 부분에 대한 것을 다 명시했다는 점에서 가치가 있습니다.

●●● 당시 한글 맞춤법을 둘러싼 논쟁이 거셌고 표준어 규정도 여러 비판에 직면했었죠. 앞서 잠깐 언급했지만, 대표적으로 박승빈 선생은 조선어학회의 형태주의 표기법을 비판하며 음소주의에 기반한 표기법을 제안했었고, 홍기문 선생은 서울의 중류계층 언어를 표준어로 한다는 규정에 문제 제기를 했었죠. 그런데 이후 맞춤법과 표준어를 둘러싼 논쟁이 원리와 규정 중심으로 흘러가면서 정작 실제 어문생활을 편리하게 만드는 데에는 별다른 역할을 하지 못했던 것 같아요. 이런 논쟁이 부각되면서 사전의 역할이 부각되지 못한 측면도 있었죠. 국어사전 편찬이 좀 더 빨리 완결되어 일반 사람들이 맞춤법과 표준어 규정이 아니라 사전을 기준으로 규범을 확인하는 습관이 일찍 자리잡았더라면 어땠을까 하는 아쉬움도 있습니다.

◆◆◆ 그렇게 생각을 할 적에 셋째 업적으로 봐야 할 사전의 경우, 종합된 사전 편찬이라는 선례가 있긴 있었습니다. 그렇지만 이 사전은 전제된 규범이 분명치 않은 문제가 있었습니다. 따라서 규범의 종합이라는 차원에서 볼 때, 조선어학회에서 편찬한 사전은 역사적 가치가 매우 크다고 평가해야 합니다. 그런데 그 사전이 매듭을 일찍감치 짓지 못하고 그것이 해방 후에도 지지부진했다가 1957년에 《큰사전》이라는 명칭으로 여섯 권으로 비로소 완간된 것은 다행이기는 하지만

너무 늦은 감이 있어서 업적에 비해서는 그 효과가 아주 미미하지 않았나 이런 생각조차 듭니다.

그러면 이러한 사업이 민족적으로 대단하다고 할 수 있는가? 어떤 점에서 평가해야 되는가? 사전 편찬을 높이 평가해야 하는 이유는 한 마디로 일제의 식민 지배 아래에서 일제가 탄압하는 사업이었기 때문입니다. 더구나 미약한 민간단체에서 혼신의 노력으로 이룩한 만큼 더욱 높이 평가할 대상입니다. 언어의 통일은, 특히 식민 지배를 받는 상황에서는, 민족적 단결, 즉 민족적 결속에 의한 항일투쟁을 뜻하기 마련이지요. 그래서 일제는 1942년 10월 태평양전쟁의 승리를 독려하면서 민족의식이 농후하다는 이유로 저들의 장애물인 조선어학회의 활동에 대해 엄벌하고 학회를 없애버리기까지 했던 것입니다.

●●● 선생님, 1942년 일어난 조선어학회 사건은 근대 국어학사에서 큰 사건으로 기록되고 있습니다. 조선어학회 사건이 일어날 당시 선생님께서는 16세 학생이셨을 텐데, 조선어학회 사건이 일어났다는 걸 알고 계셨는지요? 이 사건이 일반인들에게는 어느 정도 알려져 있었는지요?

◆◆◆ 나는 1943년에 집에서 형님에게 자극을 받고 알게 되었어요. 그렇지만 일제하에서는 이 사건이 일종의 민족 분리 운동 사건이었기 때문에 거의 보도가 안 되었죠. 게다가 관련자들이 비밀리에 사상범으로 처리가 되었으니까 일반인들은 잘 몰랐던 것으로 기억이 됩니다.

●●● 선생님께서 조선어학회 사건에 대해 알게 된 경위를 간단히 말

씀을 하셨는데, 역사적 사건을 정리해본다는 의미에서 조선어학회 사건이 일어난 계기와 조선어학회 사건에 대한 평가 등에 대한 말씀을 해주셨으면 합니다.

◆◆◆ 조선어학회 사건은 1942년 10월에 일어났어요. 그 사건은 함흥에 있는 영생고등여학교에서 시작하는데, 영생고등여학교 학생의 편지 내용에 어떤 꼬투리가 있어 가지고서, 일본 경찰이 그 학생을 잡아다가 문초를 하니까, 당시 교사였던 정태진 선생 이야기가 나왔어요. 정태진 선생은 영생고등여학교 교사를 하다가 1941년 11월에 사임하고는 서울로 와서 조선어학회 사전편찬원으로 일하고 있었죠. 그런데

조선어학회 사건의 발단에 대하여

조선어학회 사건의 발단에 대해서는 크게 김윤경의 회고담과 정인승 회고담, 이희승 회고담이 서로 다른 기억을 담고 있다. 김윤경의 회고담은 함흥 지역 여고생들의 연애편지를 검열하는 과정에 조선어학회 사건이 불거졌다는 취지의 내용이고, 정인승 회고담은 기차에서 불온한 대화를 하던 여학생들에 대한 불심 검문의 파장이 조선어학회로 미쳤다는 것이며, 이희승 회고담은 박병엽의 조카 박영희의 일기 속 문구의 불온성이 발단이 되어 조선어학회 사건이 벌어졌다는 것이다.

이 회고담들은 《서울신문》이나 《조선일보》, 《대한매일신보》 등의 언론 보도들과 뒤섞이면서 다양한 모습으로 당시를 기록하고 있다. 대화에서 김민수 선생이 언급한 '편지'는 김윤경의 회고담에 기초한 내용으로 이해된다.

다만 네이버 백과사전 등 대중적인 인지도가 높은 기록물들에서는 정인승의 회고담에 기초한 것이 가장 많다. 학술적인 관점에서 볼 때는 당사자인 박영희 등과의 면담을 기초로 조선어학회 사건을 구체화한 이희승의 회고담이 설득력이 있다. 조선어학회 사건의 발단과 관련한 민족 서사화의 과정에 대해서는 장신(2015)이 상세히 정리한 바 있다.

정태진 선생이 교사를 할 때 수업 시간 중에 조선어학회 얘길 했던 모양이에요. 한글 맞춤법 통일안을 만들고, 표준말을 사정하고, 사전을 편찬하고, 이렇게 해서 민족적인 어떤 토대, 기초를 만들었다 이런 식의 얘길 했는데, 아마 그중에 한 여학생이 그 이야기에 감동해서 그걸 편지에 썼던 모양입니다.

자세한 내용은 잘 모르겠지만 경찰이 편지를 보다가 "야, 이거 이상하다" 이렇게 생각한 거예요. 거기에 무슨 민족이고 뭐고 이런 게 나오고 하니까. 그래서 여학생을 문초했고 그 진술에 따라 서울 조선어학회에 가서 정태진을 잡아다가 문초를 했던 거죠. 그리고 조선어학회가 학술단체인데 그 사업에 무슨 민족 운동을 하는 측면이 보이니까, 관련자를 잡아가기 시작한 거예요. 그 여학생이 사는 고장이 함경남도 홍원이어서 홍원경찰서에서 다섯 차례에 걸쳐서 28명을 체포했다고 기록에 나와 있어요.

체포된 28명 중 12명은 석방하고 남은 16명은 기소하는 사건으로 크게 번졌는데, 애석하게도 주림과 추위에 떨다가 이윤재 선생과 한징 선생이 감옥에서 옥사하는 일이 발생하고 말았어요. 옥사 두 명, 그다음에 기소를 면제받은 두 사람을 빼고 1944년 9월 공판에 회부가 된 12명은 일제 경찰의 말대로 어문 운동이 민족 독립 운동의 점진적 형태라는 이유로 이른바 일제의 치안유지법 위반죄가 적용되어서 당시로서는 아주 중형이 선고됐어요. 간사장 이극로 6년 징역, 간사 최현배 4년 징역, 간사 이희승 3년 6개월, 간사 정인승 2년, 편찬원 정태진 2년, 그리고 김양수와 이우식이라는 분이 간사장 이극로 신생의 설득으로 학회에 많은 돈을 낸 출연자出捐者인데, 이 분들이 징역 2년. 1945년 1월에 이러한 판결이 났어요.

판결 후 상고를 하니 고등법원에서 이유 없다고 기각을 했는데, 그때가 1945년 8월 13일, 그러니까 해방되기 이틀 전에 고등법원에서 선고가 되고 확정이 됐죠. 이틀 후에 해방이 되었으니까 결과적으로 그 징역을 다 산 건 아니고 바로 석방되었지만, 어쨌든 그런 판결이 났죠. 물론 일제하라고 하지만 단순한 학술 활동임에 틀림이 없는데, 가만히 생각해보면, 그것에 대한 형벌로서는 지나친 중벌이었다고 해야 하겠습니다.

●●● 당시 법원이 조선어학회 사건 관련사들에게 유죄를 선고하며, "어문 운동은 문화적 민족 운동임과 동시에 가장 심모원려深謀遠慮를 함축하는 민족 독립 운동"이라고 했다고 하니, 판결의 논리가 무척 궁색했다고 볼 수 있습니다. 이런 점에서 조선어학회 사건은 '조선어 연구 및 조선어사전 편찬 활동의 금지'보다는 '전시동원체제의 강화'에 방점을 두고 기획한 사건으로 봐야 할 것 같습니다. 선생님 말씀대로 지나치다 싶을 정도의 중벌을 내린 것은 어쩌면 당시 일제가 조선의 민족 운동 세력에 대해 경고한 것은 아니었을까 하는 생각이 듭니다.

앞에서 선생님께서는 조선어학회 사건에 대해 알게 된 것이 형님인 김윤수 선생의 영향이라고 말씀하셨습니다. 그럼 당시 선생님께서 조선어학회 사건에 대해 알고 난 후 어떤 생각을 하셨는지 궁금합니다.

◆◆◆ 1942년에 조선어학회는 해산되고 없어졌지만, 1943년에 내가 형에게 영향을 받아 조선어학회를 관심을 갖고 보게 된 것은, 조선어학회의 간행물이나 업적들이 여기저기 잔존해 있었으니까 가능했던 거죠. 그걸 통해서 나는 학생으로서 《한글 맞춤법 통일안》을 읽고 이

해하려고 공부도 했고 또 《조선어 표준말 모음》도 보면서 '아, 표준어가 이런 거로구나' 이런 생각을 했었지요.

이 《한글 맞춤법 통일안》과 《조선어 표준말 모음》은 당시 민족의 빛나는 상징이자 물적 증거로서 일제 억압 하에서 민족을 의식화하는 데 큰 영향을 끼쳤다, 이렇게 봐야 하겠습니다. 언어는 원래 민족을 구별하는 징표이기 때문에 한글이 민족의 상징이 된 것은 당연한 일입니다.

여기서 내가 직접 받은 영향은 《조선어 표준말 모음》 색인에 사용된 한글 가로 풀어쓰기를 모방한 걸 들 수 있어요. 당시 경기공립공업학교에 다닐 때 학교 친구들과 백운대 등산을 했는데, 그때 찍은 사진에다가 한글 풀어쓰기로 투명지에다가 붓글씨를 썼어요. 이걸 사진관에 맡겨 현상을 해서 지금도 그 글씨가 사진에 있어요. 사진 밑에다가 '1943년 11월 5일'이라는 날짜를 썼어요. 서기西紀 사용은 일제하에선 절대 금기였어요. 자기네 연호가 있는데 왜 서기를 썼느냐고 다그칠 수 있는 거지요. 그런데도 썼어요. 그때 들키지 않길 다행이지 만일에 들켰다면 잡혀가서 고문도 받고 죽었을 수도 있겠지요.

●●● 조선어학회 사건에 대해 듣고 조선어학회에 관심을 가지게 되면서 조선어학회의 간행물이나 업적들을 살펴보게 되신 거군요. 그러면서 한글 풀어쓰기도 알게 되었고요. 사진에 풀어쓰기로 "백운대 탐승 기념"이라고 쓰여 있네요. 그 밑에 "천구백사십사년 십일월 오일"이라고 쓰여 있고요. 해방을 전후한 시기에 찍은 사진 중에서 이처럼 한글 풀어쓰기로 사진에 대한 설명을 쓴 걸 본 적이 있습니다. 어찌 보면 영어 알파벳처럼 쓰거나 자신들만의 기호를 써서 멋을 부리려는

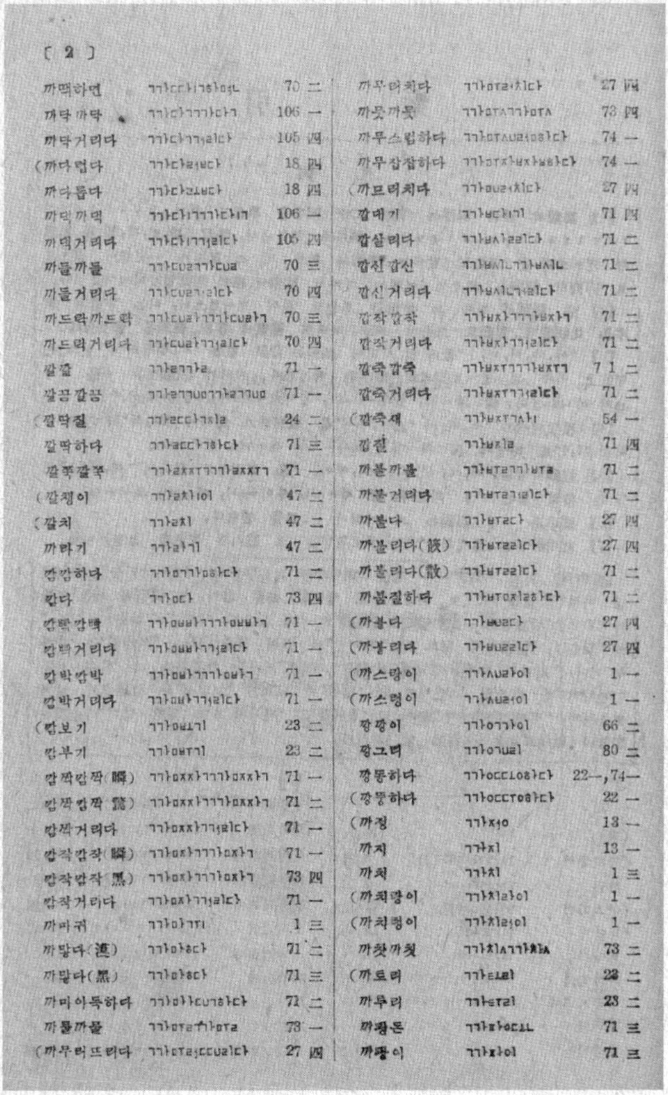

[2]

까땍하면	ㄱㄱㅏㄷㄷㅏㅣㄱㅎㅏㅁㅕㄴ	70	二
까닥까닥	ㄱㄱㅏㄷㅏㄱㄱㄱㅏㄷㅏㄱ	106	一
까닥거리다	ㄱㄱㅏㄷㅏㄱㄱㅓㄹㅣㄷㅏ	105	四
(까다럽다	ㄱㄱㅏㄷㅏㄹㅓㅂㄷㅏ	18	四
까다롭다	ㄱㄱㅏㄷㅏㄹㅗㅂㄷㅏ	18	四
까댁까댁	ㄱㄱㅏㄷㅏㅣㄱㄱㄱㅏㄷㅏㅣㄱ	106	一
까댁거리다	ㄱㄱㅏㄷㅏㅣㄱㄱㅓㄹㅣㄷㅏ	105	四
까들까들	ㄱㄱㅏㄷㅡㄹㄱㄱㅏㄷㅡㄹ	70	三
까들거리다	ㄱㄱㅏㄷㅡㄹㄱㅓㄹㅣㄷㅏ	70	四
까드락까드락	ㄱㄱㅏㄷㅡㄹㅏㄱㄱㄱㅏㄷㅡㄹㅏㄱ	70	三
까드락거리다	ㄱㄱㅏㄷㅡㄹㅏㄱㄱㅓㄹㅣㄷㅏ	70	四
깔깔	ㄱㄱㅏㄹㄱㄱㅏㄹ	71	一
깔끔깔끔	ㄱㄱㅏㄹㄱㄱㅡㅁㄱㄱㅏㄹㄱㄱㅡㅁ	71	一
(깔딱질	ㄱㄱㅏㄹㄷㄷㅏㄱㅈㅣㄹ	24	二
깔딱하다	ㄱㄱㅏㄹㄷㄷㅏㄱㅎㅏㄷㅏ	71	三
깔쭉깔쭉	ㄱㄱㅏㄹㅈㅈㅜㄱㄱㄱㅏㄹㅈㅈㅜㄱ	71	一
(깔챙이	ㄱㄱㅏㄹㅊㅏㅣㅇㅇㅣ	47	二
(깔치	ㄱㄱㅏㄹㅊㅣ	47	二
까라기	ㄱㄱㅏㄹㅏㄱㅣ	47	二
깜깜하다	ㄱㄱㅏㅁㄱㄱㅏㅁㅎㅏㄷㅏ	71	二
깜다	ㄱㄱㅏㅁㄷㅏ	73	四
깜빡깜빡	ㄱㄱㅏㅁㅂㅂㅏㄱㄱㄱㅏㅁㅂㅂㅏㄱ	71	一
깜빡거리다	ㄱㄱㅏㅁㅂㅂㅏㄱㄱㅓㄹㅣㄷㅏ	71	一
깜박깜박	ㄱㄱㅏㅁㅂㅏㄱㄱㄱㅏㅁㅂㅏㄱ	71	一
깜박거리다	ㄱㄱㅏㅁㅂㅏㄱㄱㅓㄹㅣㄷㅏ	71	一
(깜보기	ㄱㄱㅏㅁㅂㅗㄱㅣ	23	二
깜부기	ㄱㄱㅏㅁㅂㅜㄱㅣ	23	二
깜짝깜짝(瞬)	ㄱㄱㅏㅁㅈㅈㅏㄱㄱㄱㅏㅁㅈㅈㅏㄱ	71	一
깜짝깜짝(驚)	ㄱㄱㅏㅁㅈㅈㅏㄱㄱㄱㅏㅁㅈㅈㅏㄱ	71	二
깜짝거리다	ㄱㄱㅏㅁㅈㅈㅏㄱㄱㅓㄹㅣㄷㅏ	71	一
깜작깜작(瞬)	ㄱㄱㅏㅁㅈㅏㄱㄱㄱㅏㅁㅈㅏㄱ	71	一
깜작깜작(黑)	ㄱㄱㅏㅁㅈㅏㄱㄱㄱㅏㅁㅈㅏㄱ	73	四
깜작거리다	ㄱㄱㅏㅁㅈㅏㄱㄱㅓㄹㅣㄷㅏ	71	一
까마귀	ㄱㄱㅏㅁㅏㄱㅜㅣ	1	三
까맣다(遠)	ㄱㄱㅏㅁㅏㅎㄷㅏ	71	二
까맣다(黑)	ㄱㄱㅏㅁㅏㅎㄷㅏ	71	三
까마아득하다	ㄱㄱㅏㅁㅏㅏㄷㅡㄱㅎㅏㄷㅏ	71	二
까물까물	ㄱㄱㅏㅁㅜㄹㄱㄱㅏㅁㅜㄹ	73	一
(까무러뜨리다	ㄱㄱㅏㅁㅜㄹㅓㄷㄷㅡㄹㅣㄷㅏ	27	四
까무러치다	ㄱㄱㅏㅁㅜㄹㅓㅊㅣㄷㅏ	27	四
까뭇까뭇	ㄱㄱㅏㅁㅜㅅㄱㄱㅏㅁㅜㅅ	73	四
까무스럽하다	ㄱㄱㅏㅁㅜㅅㅡㄹㅓㅂㅎㅏㄷㅏ	74	一
까무잡잡하다	ㄱㄱㅏㅁㅜㅈㅏㅂㅈㅏㅂㅎㅏㄷㅏ	74	一
(까므러치다	ㄱㄱㅏㅁㅡㄹㅓㅊㅣㄷㅏ	27	四
깝대기	ㄱㄱㅏㅂㄷㅏㅣㄱㅣ	71	四
깝살리다	ㄱㄱㅏㅂㅅㅏㄹㄹㅣㄷㅏ	71	二
깝신깝신	ㄱㄱㅏㅂㅅㅣㄴㄱㄱㅏㅂㅅㅣㄴ	71	二
깝신거리다	ㄱㄱㅏㅂㅅㅣㄴㄱㅓㄹㅣㄷㅏ	71	二
깝작깝작	ㄱㄱㅏㅂㅈㅏㄱㄱㄱㅏㅂㅈㅏㄱ	71	二
깝작거리다	ㄱㄱㅏㅂㅈㅏㄱㄱㅓㄹㅣㄷㅏ	71	二
깝죽깝죽	ㄱㄱㅏㅂㅈㅜㄱㄱㄱㅏㅂㅈㅜㄱ	7 1	二
깝죽거리다	ㄱㄱㅏㅂㅈㅜㄱㄱㅓㄹㅣㄷㅏ	71	二
(깝죽새	ㄱㄱㅏㅂㅈㅜㄱㅅㅏㅣ	54	一
깝질	ㄱㄱㅏㅂㅈㅣㄹ	71	四
까불까불	ㄱㄱㅏㅂㅜㄹㄱㄱㅏㅂㅜㄹ	71	二
까불거리다	ㄱㄱㅏㅂㅜㄹㄱㅓㄹㅣㄷㅏ	71	二
까불다	ㄱㄱㅏㅂㅜㄹㄷㅏ	27	四
까불리다(簸)	ㄱㄱㅏㅂㅜㄹㄹㅣㄷㅏ	27	四
까불리다(散)	ㄱㄱㅏㅂㅜㄹㄹㅣㄷㅏ	71	二
까불질하다	ㄱㄱㅏㅂㅜㄹㅈㅣㄹㅎㅏㄷㅏ	71	二
(까블다	ㄱㄱㅏㅂㅡㄹㄷㅏ	27	四
(까블리다	ㄱㄱㅏㅂㅡㄹㄹㅣㄷㅏ	27	四
(까스랑이	ㄱㄱㅏㅅㅡㄹㅏㅇㅇㅣ	1	一
(까스렁이	ㄱㄱㅏㅅㅡㄹㅓㅇㅇㅣ	1	一
깡깡이	ㄱㄱㅏㅇㄱㄱㅏㅇㅇㅣ	66	二
깡그리	ㄱㄱㅏㅇㄱㅡㄹㅣ	80	二
깡똥하다	ㄱㄱㅏㅇㄷㄷㅗㅇㅎㅏㄷㅏ	22一,74	一
(깡뚱하다	ㄱㄱㅏㅇㄷㄷㅜㅇㅎㅏㄷㅏ	22	一
(까징	ㄱㄱㅏㅈㅣㅇ	13	一
까지	ㄱㄱㅏㅈㅣ	13	一
까치	ㄱㄱㅏㅊㅣ	1	三
(까치랑이	ㄱㄱㅏㅊㅣㄹㅏㅇㅇㅣ	1	一
(까치렁이	ㄱㄱㅏㅊㅣㄹㅓㅇㅇㅣ	1	一
까칫까칫	ㄱㄱㅏㅊㅣㅅㄱㄱㅏㅊㅣㅅ	73	二
(까토리	ㄱㄱㅏㅌㅗㄹㅣ	23	二
까투리	ㄱㄱㅏㅌㅜㄹㅣ	23	二
까팡돈	ㄱㄱㅏㅍㅏㅇㄷㅗㄴ	71	三
까팡이	ㄱㄱㅏㅍㅏㅇㅇㅣ	71	三

〈그림 6〉《조선어 표준말 모음》 색인

풀어쓰기 표기가 나오는 《조선어 표준말 모음》의 색인.

의도도 있었을 것 같습니다. 물론 그렇게 멋을 부리는 일이 불온한 일로 지적될 수 있었던 게 일제 말기의 상황이기도 했지만요.

◆◆◆ 그래요. 이 사진이 가령 헌병이나 경찰들의 수중에 들어갔어 봐요. 사진을 보면 알겠지만, 이때는 일제 말기 1944년이니 교복을 거의 다 군복으로 바꾸고 군사훈련을 하던 때니까. 여학생도 군사훈련을 시켰어요. 전문학교나 대학도 똑같았어요. 그런 시절에 철이 없었으니까 이걸 했지, 좀 철이 있었으면 이런 일을 안 했을 거예요. 죽을 걸 왜 하겠어요.

●●● 조선어학회가 《한글 맞춤법 통일안》과 《조선어 표준말 모음》을 제정한 것은 궁극적으로 조선어사전을 편찬하기 위함이었습니다. 그런 점에서 조선어학회가 이룬 가장 큰 업적은 조선어사전의 편찬이라고 생각합니다. 그런데 궁금한 것은 조선어학회에서 사전 편찬 작업이 한창일 때, 해방 이전에는 문세영 선생이 《조선어사전》을 편찬했었고, 해방 후에는 이윤재 선생과 김병제 선생이 《표준 조선말 사전》을 편찬했다는 것입니다. 그리고 완성되지는 못했지만 이희승 선생이 박문관에서 출판하려 했던 국어사전도 있었고요. 조선어학회에서 사전 편찬 사업을 벌이고 있는데 이처럼 조선어학회 출신 선생님들이 개별적으로 국어사전을 편찬하게 된 계기 혹은 이유는 무엇이었는지 말씀해주실 수 있는지요?

◆◆◆ 일제강점기에 조선어사전, 우리 국어사전 상황을 보면 1880년대까지 올라가요. 1880년대에는 주로 선교사들이 사전을 편찬했는데,

1920년에 오면 조선총독부, 즉 식민지 당국에서 《조선어사전》을 냈어요. 이런 편찬 사업들이 계속되고 그 후에는 문세영이 《조선어사전》을 편찬했어요. 그런데 이 사전들은 어휘의 의미를 설명하는 정도지 우리말 규범에 대한 전제가 없었어요. 규범이라고 하면 맞춤법과 표준어이고, 그다음에 발음에서는 장단 문제, 된소리 발음 문제 등이 있는데, 이런 것들에 대한 규범이 없으니까 사전에서의 기술이 들쭉날쭉이고 또 믿을 수가 없는 거예요. 이처럼 규범적으로 확실치가 않으니까 그때까지 국어사전은 어휘의 의미를 찾아보는 것으로 끝났지요.

그래서 조선어학회의 조선어 대사전, 즉 《조선말 큰사전》은 국어 규범을 전제로 편찬했다는 면에서 역사적 가치가 있는 것인데, 실제로 이것이 출판된 게 1957년이었어요. 6권으로 완간된 때가. 그러니까 1957년 전까지는 국어 규범을 제시하는 사전이 없었던 거예요. 그런 목적에 소용되는 사전이 없으니까 너도나도 사전을 편찬해야 되겠다는 생각을 갖게 된 거죠. 6·25사변 전에 박문출판사에서 시작한 일석(이희승)의 국어사전도 그러한 목적에서 편찬했던 겁니다.

일석의 국어사전처럼 해방 후에 편찬한 국어사전은 《한글 맞춤법 통일안》의 수정 부분을 반영할 목적이 컸죠. 해방 직후에 맞춤법 일부를 수정했었으니까, 맞춤법을 포함해서 국어 규범을 사전에 반영하는 문제가 있었어요. 표제어뿐만 아니라 그 주석의 풀이말도 개정 맞춤법에 따라 써야 했던 거지요.

맞춤법 다음에 중요한 게 표준말을 보여주는 거였어요. 조선어학회에서 정한 표준말은 사실 7,000개가 안 됐기 때문에, 그 외의 단어들이 표준어인지는 판단할 수가 없었어요. 더군다나 일반인들은 더 몰라요. 그러면 사전을 편찬할 적에 그걸 다 해결해놔야 해요. 그래서 사전 편찬에서 표제어의 표준어 여부를 판단하는 업무가 부가된 거예요. 표준말에 없는 것은 어떤 것이 표준말이냐를 정해야 했지요. 그러면 편찬자는 《조선어 표준말 모음》에서의 표준말 기준을 보고 "이 기준으로 봐서 이 단어는 표준어로 삼았을 거다", "그래야 앞뒤가 맞다" 등과 같은 판단을 하는 거지요. 그러니까 이전의 국어사전 편찬원처럼 어휘 풀이에 그치는 게 아니라 규범의 종합적인 판단까지도 하는 것이라고 할 수가 있지요.

1947년 해방 후에 나온 이윤재의 《표준 조선말 사전》은 수록 어휘 수도 적고 조그만 사전인데, 그것은 사실 이윤재 선생이 일제시대에 개인적으로 편찬하던 사전이었어요. 그러다가 다 알려진 바와 같이 1942년에 조선어학회 사건으로 옥사하면서 편찬을 이어가지 못하셨죠. 그 원고를 연희전문학교를 나와 조선어학회에서 사전을 편찬하던 김병제 선생이 모아놨었어요. 김병제 선생이 이윤재 선생의 사위인데, 장인을 추모하는 뜻에서 거의 편찬하다시피 해서 남은 원고를 살린 셈이지요. 국어 규범에 관한 것을 거의 다 손질했으니까요. 이 사전의 내용이 아주 간결하고 꽤 괜찮았어요. 그래서 그런지 요즘 말로 하면 베스트셀러가 돼서 상당히 많이 팔렸습니다. 중등학교 학생은 거의 다 사다시피 했으니까 인기가 있었던 거죠. 《표준 조선말 사전》은 이윤재와 김병제 옹서翁婿의 합작품으로 아주 훌륭한 출판물이었다고 생각합니다.

●●● 《표준 조선말 사전》은 김병제 선생님의 손이 많이 간 사전이었군요. 10여 년 전에 한글학회에서 이 사전을 영인해 출판을 했더라고요. 원본은 지금 처음 봅니다. 김병제 선생은 이 사전을 출판한 후 월

북을 하셨죠. 월북해서 북한에서도 사전 편찬 사업을 주도하여 1962년에 6권으로 된 《조선말 사전》을 내놓았고요. 그럼 당시 《표준 조선말 사전》의 편찬은 어떤 의미가 있었을까요?

◆◆◆ 《표준 조선말 사전》을 들추면 이렇게 내지에 '표준 조선말 사전'이라는 제목이 나오고, 편저자 이름이 '이윤재 지음 김병제 엮음'으로 되어 있죠. '아문각'이라는 출판사에서 나왔는데 출판일이 1947년 12월이라고 되어 있습니다. 이건 초판인데 당시 굉장히 많이 팔렸어요. 조금 전에 이야기한 것과 같은 성격의 사전, 해방 후의 국어 규범을 보여주는 사전은 이것밖에 없었던 거지요. 근데 《표준 조선말 사전》으로 당시 사전에 대한 요구가 충족이 된 건 아니에요. 사전의 규모가 너무 작아 찾아도 안 나오는 어휘가 많았거든요. 이희승 선생이 《국어사전》과 같이 좀 큰 사전을 내려고 했던 건 당시 상황에서는 당연한 움직임이었죠. 그래서 출판사에서도 자금을 투자해서라도 상당히 의욕적으로 사전을 편찬하려고 했던 거였고요.

●●● 조선어학회와 관련한 내용은 국어학사를 공부하면서 책을 통해 많이 접했고, 저희들 또한 여러 글에서 조선어학회와 관련한 내용을 많이 이야기했었습니다. 그런데 선생님이 기억하시는 일제강점기의 조선어학회와 조선어학회 사건 이야기를 직접 들으니, 당시 조선어학회의 위상이 현실감 있게 느껴집니다. 해방 이후 사용되었던 국어사전에 대한 평가는 당시 학생으로서 그리고 국어 교육을 담당하는 일원으로서의 평가이기도 해서 당시 국어사전의 사용 실태를 파악하는 데 도움이 될 것 같습니다.

II.
해방 그리고
'국어'가 된 조선어

해방 직후 국어 회복 운동의 방향성과 갈등 양상

해방 직후 우리 민족의 최대 과제는 잃어버린 민족적 자존감을 되찾는 일이었다. 이 시기 국어 회복 운동은 이러한 자존감 되찾기의 가장 중요한 움직임이었다. 국어 회복 운동은 먼저 조선어학회 사건으로 뿔뿔이 흩어져버린 조선어학회 회원들을 모아 무너진 학회를 재건하고 중단된 사전을 새로이 편찬하는 것으로부터 시작되었다.

재건된 조선어학회는 전국적으로 한글 강습을 재개했다. 국어강습회를 새로 열고 국어 강사 자격 검정 시험을 실시해 젊고 유능한 국어 강사를 키워내서 전국에 파견했다. 이들 강사는 전 국민을 대상으로 한글을 강습하여 국어 규범을 널리 알리고 문맹을 퇴치하기 위해 애썼다. 조선어학회는 이를 통해 잃어버린 국어 능력을 살리고 민족정기를 되찾고자 했다. 일제강점기에 치열한 논쟁 끝에 정립한 《한글 맞춤법 통일안》은 새로운 나라의 인재를 길러내기 위한 밑거름으로 충분한 것이어서 해방 직후 조선어학회에서 주도한 국어 규범안의 기초가 되었다.

해방 직후 조선어학회가 중심이 된 국어 정책은 크게 '한자 폐지,

한글 전용화'와 '일제 잔재를 일소하는 국어 정화'의 두 가지 방향으로 전개되었다. 해방 후 모든 교육에서 한글만 쓰는 것이 원칙이 되었고 미군정 문교부에서는 《한자 안 쓰기의 이론》(1948)을 출간했다. 그리고 대한민국 정부 수립 후 법률 제6호로 〈한글 전용법〉(1948. 10)을 선포하며 한글 전용을 시행했다. 일본식 용어의 철폐와 우리말 도로 찾기를 목표로 이루어진 국어 정화 운동은 국어 정화의 지침으로서 《우리말 도로 찾기》(1948. 6)를 펴내며 본격화했다. 그러나 실제 언어생활에서는 여전히 한자 병용의 글쓰기가 계속되고 있었고, 국어 정화 지침 역시 성글게 이루어지면서 정확하지 않은 정보를 퍼뜨리는 문제가 남아 있었다.

해방 직후 조선어학회 중심의 국어 정책은 일제 치하부터 이어진 군국주의 혹은 국수주의의 영향 아래 이루어진 측면도 있었다. 정부 수립과 함께 좀 더 깊이 있는 국어 정책이 가능했음에도, 민족 혹은 민족의 순수성이 지나치게 강조되면서 한글 전용이나 순우리말 쓰기 등과 같은 정책이 맹목적으로 시행된 것이다. 한편 《한글 맞춤법 통일안》은 해방 후에도 일제강점기에 제정된 내용에서 큰 수정 없이 자리를 잡았지만, 어법에 맞춰 적도록 하는 형태주의 표기법이 일반 대중에게는 매우 어렵다는 문제의식이 팽배했고, 이는 한국전쟁 이후 한글 간소화 정책이라는 강력한 반작용으로 나타나기도 했다.

이러한 문제들은 한글 맞춤법이나 표준어 규정이 국가의 권위가 아닌 조선어학회의 권위에 기대어 어문 규범의 역할을 해온 데 따른 것이었다. 한편 조선어학회는 규범화를 주도하면서 한글 풀어쓰기와 같은 조선어학회 일부 연구자 특유의 주장을 규범화하려고 했다. 이처럼 일방적인 행태는 합리적이고 체계적으로 국어 규범을 정립하고자 했던 연구자들이나 일반 대중들에게 실망을 안겨주었고 해방 직후 국어 정책을 펼쳐가는 데 커다란 갈등 요인이 되었다.

이런 점을 볼 때, 해방 직후 조선어학회 중심의 국어 정책은 학회에 대한 존경과 공감에 근거하여 일사천리로 진행된 측면이 있지만 그에 비례하여 성글게 진행되는 과정상의 문제점도 많았다. 다만 해방과 함께 분단이 되면서 조선어학회의 일부 인사가 월북하여 북의 어문 정책 수립 과정에 참여했고, 이로 인해 남과 북의 국어 규범이《한글 맞춤법 통일안》을 바탕에 두고 제정된 것은 불행 중 다행이라 할 수 있다.《한글 맞춤법 통일안》이 남북 어문 규범의 바탕이 됨으로써, 분단 상황에서도 남북의 언어가 공통성을 유지할 수 있게 되었기 때문이다.

1.
해방 직후의
국어 회복 활동

1-1. 조선어학회의 재건 활동

●●● 해방 직후 우리 민족이 당면한 최대의 과제는 나라 잃은 민족으로서의 잃어버린 자존감을 되찾는 길이었을 텐데요. 이 시기 국어 회복은 이러한 자존감 되찾기의 가장 중요한 요건이었을 것으로 짐작됩니다. 이런 점에서 해방 직후 국어 회복 운동을 가장 활발하게 진행한 조선어학회의 활동은 매우 중요하다고 보는데, 조선어학회의 해방 후 첫 번째 활동은 무엇이었나요?

◆◆◆ 1945년 8월 15일 해방의 와중에 복역 중이던 조선어학회 간부는 8월 17일 석방되자마자 바로 19일 학회 재건회의를 열었고 25일에는 임시총회를 열어서 새로운 임원진을 구성하고 당면한 사업 등을

결정했습니다. 당시 총독부 학무국에 있던 김영세라는 분은 자기가 가지고 있던 헌금 82만 엔을 학회에 기증하기도 했지요. 학회에서 이 돈을 받은 최현배 경리 간사는 당시 시급했던 《한글갈》이라는 책과 《우리말본》이라는 책 등을 복간했습니다.

●●● 조선어학회에서 최현배 선생님의 직책이 경리 간사였다는 말씀을 하셨는데, 조선어학회에서 재건회의나 임시총회를 열었을 때 그 임원진 구성에 대해 먼저 말씀해주세요.

◆◆◆ 새로 출옥한 조선어학회 중진들이 거의 그대로 일을 맡았는데 종전과 같이 간사장에 이극로 선생, 그리고 또 경리 간사에 최현배, 교양 간사에 이희승, 그 밖에 출판 간사에 정인승, 도서 간사에 김병제 선생, 그렇게 기억이 됩니다.

●●● 82만 엔이라면 당시 기준으로 상당히 큰돈인데 그 돈이 어떤 계기로 조선어학회에 기부됐는지요? 총독부 학무국 김영세 씨가 그 일을 대표적으로 주도했다고 볼 수 있는 건가요.

◆◆◆ 거기에 대해서는 기록은 별로 없는 거 같고, 내가 당시 들었던 이야기로는 일제시대에 조선총독부에 우리나라 사람인 관리가 있었는데, 일본인들이 다 철수한 후 그 조선사람 관리들이, 말하자면 일제 하에서 복무한 것에 대한 속죄의 뜻으로 독립단체에다가 기부를 하려고 돈을 모았다고 합니다. 어떤 사유인지는 몰라도 김영세라는 사람이 그 돈을 보관하고 있었는데 마침 조선어학회의 중진들이 석방되어

나오고 또 해방의 감격 속에 그분들을 민족 운동가로서 모두 존경하고 숭앙했던 터라 선뜻 기부를 하게 된 것으로 짐작됩니다.

●●● 선생님께서는 조선총독부에서 일하던 한국인 관리들이 속죄의 뜻으로 해방 후 돈을 모은 것으로 말씀하셨는데, 한글학회 측 기록에 따르면 "이 돈은 조선총독부의 조선인 관리들이 일본에 바치기로 되어 있던 '국방헌금' 82만 원이었다"고 되어 있습니다. 그렇다면 선생님이 당시 들으셨던 "속죄의 뜻으로 돈을 모았다"는 말은 일제에 국방헌금으로 기부했다는 것 자체를 언급하고 싶지 않았던 데에서 만들어진 말은 아니었을까 하는 생각이 듭니다. 다만 그 돈이 조선어학회에 기부된 계기는 선생님 말씀대로 조선어학회에 대한 대중적 신망이 컸기 때문이라고 볼 수 있을 것 같습니다. 그런데 여기서 드는 의문은 해방 이후 시급한 일들이 많았을 텐데, 《한글갈》과 《우리말본》이라는 책이 당시 어떤 용도로 쓰였기에 이렇게 기증받은 돈으로 맨 먼저 이 책들을 발간하게 되었을까요? 이 두 책 모두 최현배 선생께서 저술한 것으로, 《한글갈》은 1942년에 간행한 훈민정음 연구서이고, 《우리말본》은 1937년에 간행한 문법서였는데요. 그만큼 당시 최현배 선생님의 위상이 높았기 때문이라고 이해하면 될까요?

◆◆◆ 이 책들은 일제 말기에 자비 출판 형식으로 출판됐는데, 책이 두껍고 또 디럭스판이어서 책 모양만 봐도 일제 때로서는 아주 묘하고 귀한 책이었죠. 해방이 되니까 모두들 그걸 보려고 하고 심지어 사다가 집안에 장식품처럼 꽂아 놓는 사람도 많고, 또 나도 이런 걸 가지고 있다 하고 자랑도 할 겸 해서 이 책들에 대한 수요가 상당히 많

앉던 거 같아요. 그러니까 최현배 선생 개인을 보고 샀다기보다는—
그때 최현배 선생 개인에 대해 그렇게 많은 사람들이 알지는 못했어
요—책 모양을 보고 샀다고 해야겠죠. 책들의 내용이 꼭 필요했기 때
문이라기보다는, 당시 그런 류의 책이 없었으니까, 모두들 그렇게 반
기고 즐겨 찾았던 것으로 생각됩니다.

근데 먼저 하나 밝힐 것은 《한글갈》이나 《우리말본》 책은 조선어학
회에서 낸 책이 아니고, 최현배 선생이 등록한 '정음사'라는 출판사
에서 최현배 개인이 낸 책이라는 것입니다. 조선어학회 책이라고 하
면 《한글 맞춤법 통일안》이나 《조선어 표준말 모음》이 대표적인 건데
그것은 해방 후에 상당히 많이 보급됐죠. 또 그걸 기초로 해서 가르치
고 그런 상황이었습니다.

●●● 해방 이후에 조선어학회 또는 조선어학회 관련 인물이 낸 책을
많은 사람이 사고, 심지어 필요 없는 사람도 사고, 선물로도 사고, 이
런 정도로 붐을 일으켰는데 그건 아마도 조선어학회 사건이 계기가
되어 조선어학회가 사람들한테 강한 인상을 심어주었기 때문일 것 같
다는 생각이 듭니다.

1-2. 조선어학회의 국어 강습 활동

●●● 선생님께서는 앞서 1942년 조선어학회 사건이 날 당시를 회고
하시면서, 그 사건이 거의 보도가 안 되어서 일반인들은 잘 몰랐던 것
으로 기억된다고 말씀하셨지요? 그런 점에서 볼 때, 조선어학회 관련

인사들이 심각한 고초를 겪었던 사실들이 널리 알려지게 된 것은 해방 이후였으리라 생각됩니다. 해방을 맞이하여 감옥에서 석방되었다는 사실 자체가 감동을 불러일으켰을 것이고, 일제강점기 내내 이어진 조선어학회의 활동도 민족적 자긍심을 높이는 데 크게 기여했을 것이고요. 언론도 그런 점을 집중 부각했지요. 당연히 조선어학회의 권위는 대단했을 텐데요. 그러면 해방 후에 조선어학회가 그런 권위를 바탕으로 해서 어떤 활동을 했는지요?

◆◆◆ '조선어학회는 해방이 되자, 재건되어 당시 긴급한 국어 회복에 지대한 중책을 다했다', 이렇게 평가해야 할 것 같아요. 당시 실정을 보면, 국민학교부터 대학에 이르기까지 각급 학교의 학생들은 한글은 물론 우리말도 거의 자유롭게 구사하지 못했던 그런 시기였기 때문에, 학회가 서둘러 전개한 국어강습회, 또 검정 시험을 통한 국어 강사 양성은 시기적으로 봐서 아주 시급한 과업이었어요. 이런 사업은 보통 기관에서는 해내기가 어려운 것인데 이것을 조선어학회에서 조기에 완수했던 거지요. 그런 점에서 '학회가 참 훌륭한 일을 했고, 불행 중 다행이다'라는 생각을 합니다.

●●● 해방 직후, 미군정 치하에서 아직 국가적 정비가 어려웠던 시절에 민간 학술단체인 조선어학회에서 국어강습회나 검정 시험을 통해 국어 강사를 양성하는 일을 했다는 것은 참 놀랍습니다. 앞서 이야기를 나누면서, 선생님께서 조선어학회의 제1회 강습회가 끝나고 시행된 국어 강사 자격 검정 시험에 합격하여 국어 강사로 활동하신 이야기를 해주셨는데요, 선생님께서 경험하신 국어강습회는 어떻게 진행

되었었나요?

◆◆◆ 당시 일석 이희승, 조선어학회 교양 간사가 주관해서 이런 강습회를 열었는데 제1회 국어강습회는 숙명고등여학교 강당에서 했습니다. 큰 강당이 자리가 없을 정도로 꽉 차서 수강생들이 서서 들어야 하는 참 대단한 강습회였습니다.

이제 전국적으로 국어 회복 운동을 해야 되니까, 학회에서 지역마다 국어강습회를 열었어요. 학교에서 아이들을 가르치려면 일단 국민학교 교사들을 강습시켜야 하니까, 각처에서 교사 대상 국어강습회가 계속 열렸죠. 제게도 학회에서 연락이 와서 갔더니 "김포에 가라"고 지시를 해서 김포에 갔습니다. 김포 군청이 있는 바로 그 근처 김포국민학교에 딱 갔는데, 거기 강습을 받겠다고 모인 사람들이 국민학교 교장, 교감, 교사 등 전부 나이 많은 분들이에요. 어떤 분은 교장이니까, 노인이어서 돋보기를 쓰고 앉아 있었어요. 그때 열아홉 살 먹은 게 거기 가서 일주일을, 강사라고 나서 강습을 시켰는데, 지금 생각해도 무얼 강습을 시켰는지 기억이 안 나요. 그래도 다 소중하게 듣는 그분들의 태도를 보고, 우리나라의 앞날이 아주 희망적이다, 이런 생각을 했죠.

●●● 조선어학회에서 강사를 파견할 때, 서울과 수도권 지역의 경우는 손쉽게 강사를 구할 수도 있었겠지만, 지방의 경우는 쉽지 않았을 거라 생각합니다. 앞서 선생님께서 1회 국어 강사에 선발될 때 39명이 합격했다고 하셨는데, 전국을 대상지로 볼 때 39명이면 그다지 많은 수는 아닌 것 같습니다. 이런 상황이면 조선어학회에서 강사를 파견할

때, 서울과 수도권 지역의 경우는 손쉽게 대상자를 구할 수도 있었겠지만, 수도권에서 멀리 떨어진 지방의 경우는 강사 파견이 쉽지 않았을 것 같아요. 당시 지방으로의 강사 파견은 어떤 식으로 이루어졌나요?

◆◆◆ 김포에서의 강습회가 끝나갈 때쯤, 또 학회에서 불러서 가니까, 이번엔 "백양사에 가라, 가서 강습해라" 해서 전남 장성에 있는 백양사에 가게 됐어요. 후에 조계종 종정을 했던 서옹 스님(속명은 이상순)이 조선어학회에 강사를 초빙하러 왔더라고요. 학회에서 만나 인사를 하고 기차를 타고 백양사로 갔지요. 해방 후니까 아주 혼란기에요. 지금 사람들은 잘 모르겠지만 기차로 서울에서 광주까지 가려면 3, 4일 걸렸거든요. 가다가 서고, 또 가다가 서고. 근데 그때 백양사까지 구체적으로 어떻게 갔는지 그게 전혀 기록이 없어서 알 수가 없고, 기억도 안 나네요. 어쨌든 그 호남선에 백양사역이라는 역이 있는데 거기서 내려서, 걸어서 백양사를 찾아갔어요. 인사를 했더니, 한 스님의 안내로 주지한테 갔는데 그때 주지가 만암 스님입니다. 스님한테 가서 인사하고 이야기를 들어보니 그 만암 스님이 현 동국대학교의 전신인 중앙불교전문학교 초대 교장을 지낸 사람이에요. 지금으로 보면 대학 총장을 지낸 셈인데 스님이 상당한 소양이 있고, 또 전문학교지만 대학 운영 경험도 있고. 그래서 지방으로선 일찌감치 얼른 국어 회복에 나서야 되겠다고 생각해서 서둘러 국어강습회를 열었던 것 같아요. 제가 가니 거기서 국어강습회를 공고하고 수강생을 모집했어요.

하루는 거기 스님이 전라남도 도청에 함께 가자고 해요. 그래서 도청 학무국에 가서 여기 국어강습회에 조선어학회 파견 강사로 왔다고

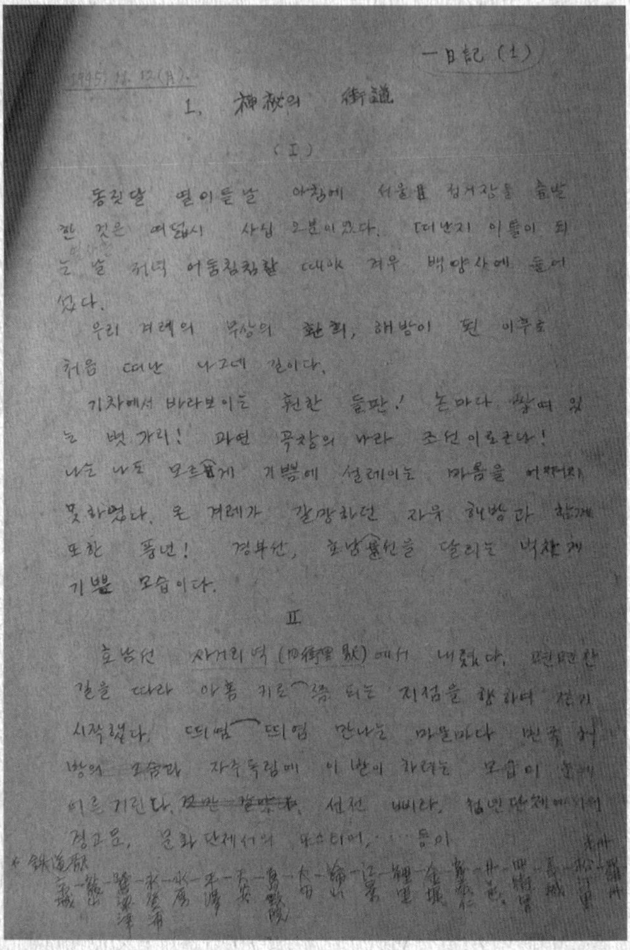

一日記 (1)

1945. 11. 12(月).

1. 神秘의 街道

(I)

동짓달 열이튿날 아침에 서울 정거장을 출발한 것은 여덟시 사십 오분이었다. 떠난지 이틀이 되는 날 저녁 어둠침침할 때야 겨우 백양사에 들어섰다.

우리 겨레의 부상의 환희, 해방이 된 이후로 처음 떠난 나그네 길이다.

기차에서 바라보이는 훤한 들판! 논마다 쌓여 있는 볏가리! 과연 풍창의 나라 조선이로구나! 나는 나도 모르게 기쁨에 설레이는 마음을 어찌하지 못하였다. 온 겨레가 갈망하던 자유 해방과 함께 또한 풍년! 경부선, 호남선을 달리는 벅찬 기쁨 모습이다.

II

호남선 사거리역 (四街里驛)에서 내렸다. 꼬불꼬불한 길을 따라 아홉 키로쯤 되는 지점을 향하여 걷기 시작했다. 띄엄띄엄 만나는 마을마다 번쩍 해방의 모습과 자주독립에 이바지하려는 모습이 눈에 띄곤 한다. 선전 삐라, 청년단체에서의 경고문, 문화단체서의 포스터, …… 등이

〈그림 7〉 백양사 일기
김민수 선생이 전라남도 장성에 있는 백양사에서
국어강습회(1945년 11월 12일~12월 11일)를 하며 남긴
'백양사 일기'는 《현대불교신문》 1998년 10월 21일 자
194호부터 8회에 걸쳐 연재되었다.

인사하니 과장이 "뭐든지 전적으로 협조하겠습니다" 하더라고요. 그때는 도청이 미군정청에 속한 기관이었는데, 제가 요구했어요. "여기제 강습을 수료한 사람들에게는 제 이름으로 수료증을 다 주겠다, 이사람들은 전라남도에서 국민학교 교사가 되겠다면 발령해줘라." 그러니까 학무국에서 "예, 하겠습니다" 하더라고. 이 정도였으니까, 당시 조선어학회 국어강습회의 위상이 어땠는지 짐작이 갈 겁니다.

●●● 그때 선생님 나이가 19세라고 하셨는데, 아직 대학을 졸업하신 것도 아니고 그저 조선어학회의 자격 검정 시험을 통과한 파견 강사일 뿐인데 전라남도에 국민학교 교사를 선생님 이름으로 임명하실 정도라면 선생님 힘이 대단하셨던 거네요.

◆◆◆ 그때 그거는 조선어학회의 힘이지요. 그래서 거기서 강습회를 열고 기념사진도 찍고 했는데, 가만히 보면 몇몇 스님이 강습을 받았지만 스님뿐만 아니라 좀 멀리 사는 사람은 절에 와서 자면서 강습을 받았어요. 수강생 중에 김동철이라고 보성전문학교 법과 2학년생이 있었는데 나중에 상지전문대학의 학장이 되었어요. 해방 후 보성전문학교가 고려대학이 된 후에, 고려대학교 경제과를 나왔다고 해요. 이화여대 교수를 하다가 상지대학에서 퇴임한 모양입니다. 근데 그 후 다시 연결이 되어서 이분이 원주 상지전문대학 학장으로 있을 적에 한 번 찾아가서 만나 1945년 강습 때 얘기를 하니까, 그때 일을 아주 다 기억하고 있더라고요. 그때 배운 거 가지고 지금까지도 잘 쓰고 있다고. 그런 걸 보면 제가 나이는 어렸지만 제법 잘한 거 같아요. 당시 전문학교 2학년이었으니까 아마 나보다 두어 살 많거나 비슷했을 거

같습니다.

●●● 그럼 김포 강습회 같은 경우는 교원을 대상으로 강습을 했고 백양사의 경우는 아주 일반인을 대상으로 강습을 하신 거죠? 김동철 학장 이야기도 하셨지만 그때 수강생들의 분위기라든지 혹은 수강생 중에 여러 계층의 사람들이 있었을 텐데 특별히 기억나시는 분이나 기억나는 일화가 더 있을까요?

◆◆◆ 요 근래(1999년 6월) 백양사에 갔다가 만나서 알았는데 그때 수강생 중에 정문학이라는 스님이 있었어요. 이야기를 들으니까 일제 말기에 시조를 썼던 모양입니다. 《조선일보》에서 가람 이병기 선생이 시조 추천을 하셨는데, 이 정문학 스님이 신문을 스크랩한 것을 보여주면서, 가람 선생의 추천을 받아서 신문에 시조를 발표했다고 해요. 당시 그런 분도 내 강습 수강생의 한 명이었다, 이렇게 기억이 돼요.

그리고 그때 여성들도 일부 수강을 했는데, 수강한 여성들 중에는 비구니가 있었고. 또 일제시대부터 해방 후에도 이른바 대처승도 공공연히 공존했던 시대라 스님의 가족, 거기다가 일반인들, 그다음에 일부 교원, 또 일부 학생층, 이런 분들 중에 여성 수강생들도 꽤 있었던 것으로 생각돼요.

●●● 참, 선생님께서 직접 전라남도 도청 학무국에 가서 과장에게 강습회 수료생에게 선생님 이름으로 수료증을 주고 그 사람을 국민학교 교사로 임명하라고 지시하셨다고 하셨는데 그럼 강습회의 수료증은 선생님 이름으로 나간 겁니까? 조선어학회의 이름이 아니고요?

◆◆◆ 거기다가는 '조선어학회 파견 강사 김민수' 이렇게 쓰고 내 도장을 탁 찍어서 나갔지요. 그러니까 조선어학회 당시에 파견 강사의 위력이 대단했다고 할 수 있죠.

●●● 예를 들어서 교사를 양성할 때는, 일단 교사들은 기본적으로 한글은 다 알고 있을 테니, 한글 맞춤법이나 표준어 문제와 관련된 것을 가르쳤을 것 같아요. 그런데 백양사로 가면 거기에는 아마 한글이 까막눈이었던 사람들도 있었을 것 같은데요. 거기서는 한글 자모부터 가르친다든지 하는 그런 학습 순서가 있었겠지요?

◆◆◆ 그렇지요. 한글 자모 가르치는 것은 아주 쉬우니까요. 논리적으로 문자구조가 체계적이니 웬만큼 똑똑한 사람들은 들으면 금방 압니다. 그래서 그거는 첫 수업 시간에 한 번 하면 다 끝나고, 그다음에 각자 돌아가서 익혔습니다. 그리고 나서는 맞춤법에 대해 설명했던 것 같아요, 그리고 나서는 표준어에 대해 설명했고요. 끝에 받아쓰기 연습을 한 거는 확실해요. 내가 강습 받을 때에도 그렇게 했으니까요.

〈그림 8〉 백양사 국어강습회 수료증
한글문화보급회(한글문화보급회 백양사분회),
조선어학회 파견 강사 김민수,
대본산 백양사 등의 도장이 찍혀 있다.
파견 강사 김민수의 도장은
풀어쓰기로 되어 있다.

받아쓰기 연습이 뭐냐 하면 이제 "원고용지 준비해오라"고 미리 일 러두었다가, 받아쓰기 시간이 되면 일정한 글을 준비한 거를 읽으면서 "받아써라" 그러면서 "받침이며 띄어쓰기를 다 생각해서 옳게 해라" 고 한 뒤, 준비된 글을 불러준 다음에 다시 한번 더 불러주면서 "내가 (다시) 읽을 테니까 고쳐라" 이랬지요. 그런 다음에 그걸 다 거둬서 채 점해서 "낙제다, 합격이다" 그랬어요. 백양사에서는 그렇게 시험을 쳐 서 합격한 사람에게는 '마침 증서'를 제가 다 나눠주었어요. 근데 그 후에 도청 학무국에서 교사 발령을 했는지 그것까지는 확인할 길이 없 어서 모릅니다. 언약을 했으니까 아마 발령했을 것 같아요.

●●● 거기서 강의는 기간을 어느 정도 잡고 진행하셨나요? 그리고 교 재는 선생님이 직접 만들어 가지고 가신 겁니까? 아니면 조선어학회 에서 일정한 교재를 만들어서 파견 강사들한테 준 겁니까? 종이가 귀 할 때이긴 한데…….

◆◆◆ 강습은, 김포 교원 국어강습회는 일주일, 그리고 백양사에서는 이 주일, 주로 맞춤법을 가르쳤지요. 그러니까 텍스트를 만들거나 하 는 것은 당시 상황으로 봐서는 어렵고 불가능한 일이었지요. 그래서 기본이 되는 텍스트라고 하면 조선어학회 맞춤법인 《한글 맞춤법 통 일안》, 그다음에 표준말, 즉 《조선어 표준말 모음》, 그게 기본 텍스트 고. 그걸 가지고 제가 설명을 더 보탠다든가 이렇게 했죠. 백양사에서 쓰던 텍스트는 아직도 갖고 있어요.

●●● 선생님은 그때 마포국민학교 교사를 하셨을 때 아닌가요? 교사

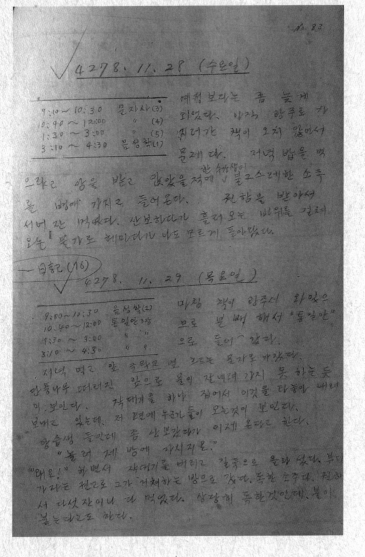

〈그림 9〉 백양사 국어강습회 시간표
김민수 선생의 〈백양사 일기〉에 기록된 국어강습회 시간표.

신분으로 조선어학회 파견 강사로 가게 된 계기나 파견 강사로 나가실 때 있었던 특이한 경험을 말씀해주세요.

◆◆◆ 8월 15일 해방이 될 때, 나는 서울 마포국민학교 훈도, 교사였어요. 그런데 9월에는 조선어학회 국어강습회 출석을 해서 매일 아침서부터 종일 강습을 받아야 했고, 그 후 김포 교원강습회를 할 적에는 또 거기 가서 일주일 동안 종일 강의를 해야 했어요. 마포국민학교 교장한테 "내가 이러이러한 사유로 결근하겠다"고 하면 무조건 "좋다" 그렇게 승낙을 해줘서 강습회에 갈 수 있었지요. 당시는 그거 반대 못 했어요. 교원 수가 워낙 모자라니까. "백양사에 강습 간다" 하고 거기에 한 달 가 있었어요. 학교 쪽 승낙을 받아서. 마포국민학교 교원직을 그만둔 게 1945년 12월 31일이었거든요.

백양사 강습이 끝난 후에 또 조선어학회에서 연락이 와서 갔더니 이희승 교양 간사가 춘천사범학교 교장 서리로 있던 고정옥 선생을 소개해요. 고정옥 교장 서리가 저 보고는 춘천사범학교에 '곧 부임해주시길 바란다'고 애원하다시피 부탁을 해요. 나로서야 열아홉 살 먹은 게 어떻게 거길 갈 수가 있어, 일제시대 같으면 사범학교 교유라는 건 말도 안 되지요. 사범학교 하면 일제 때 상당히 우대, 존중하고 중점을 두던 학교거든? 다행히 당시는 국어 교사 자격이 따로 없을 때니까, 그래서 갔더니 1945년 12월 31일 자로 발령이 났어요. 정식 춘천사범학교 교유, 이런 발령이 났어요. 그래 거기서 이제 겨울방학이니까, 1946년이 되면서, 개학이 되면서 즉시 교단에 서게 된 거죠.

●●● 앞서 고정옥 선생이 경성제대 조선어문학과를 졸업하고 〈조선

민요 연구〉로 졸업논문을 제출했다는 사실과 함께, 고정옥 선생의 집이 완전히 일본식이었고 해방이 되었는데도 집에서 일본 옷을 입고 있었다고 하시면서 일본의 동화 정책에 대해 말씀하셨지요. 그러면 춘천사범학교에서 교유로 활동하실 때 보셨던 고정옥 선생은 어떤 분이셨나요?

◆◆◆ 고정옥 선생을 그때서야 비로소 인사를 하고 알게 되었는데, 교유로 부임하면서 동료가 된 셈입니다. 고정옥 선생은 그때 사범학교에서 영어를 가르치고 있더라고요. 그러니까 경성제대 문학과 조선어와 조선문학 전공이면 조선어 교사 자격증일 텐데, 근데 이상하게 조선어 과목을 안 가르치고 나를 초빙해갔거든요? 앞서 내가 〈용비어천가〉 강의했다고 한 데가 거기예요.

●●● 고정옥 선생은 본래 경성제대에 입학 당시에는 영문과로 입학했다가 제적 후 재입학할 때 조선어문학과로 전과한 것으로 알려져 있습니다(신동흔 1995상, 288). 아마 그런 연유로 영어를 가르쳤을 것 같네요.

그리고 선생님의 기억처럼 고정옥 선생이 춘천사범에 재직하던 무렵에 일제에 순응하는 태도를 보였다는 내용은 고정옥의 삶과 학문세계를 종합 정리한 신동흔의 연구(1995 상, 289)에도 보입니다. 이 책에서는 그 근거로 '심악 이숭녕 선생이 당시 고정옥을 보고 와서는 한번 혼나더니 사람이 달라졌더라는 얘기를 했다'는 김형규 선생의 회고나 '춘천사범을 나온 동료가 고정옥을 친일파라고 흠잡는 것을 들었다'는 이두현·이응백 선생의 회고를 소개하고 있습니다. 그러면서도 신동흔의 연구에서는 그것만 가지고는 당시 고정옥의 처신이나 내면세계에 대해 확실한 언급을 할 수는 없다면서 그가 이전의 사회주의 경력 때문에 일제시대에 처신을 더 신중하게 해야 하는 입장에 있었으리라고 추정한 바 있습니다. 어쨌든 고정옥 선생은 해방 직후 춘천사범학교 교장 서리를 하다가 그 후 서울사대 교수로 가셨고 한국전쟁 중에 월북하신 거지요?

◆◆◆ 해방 후에 서울대학교가 생기고, 거기 사범대학에 경성사범학교를 개편한 국어교육과가 생기면서 그분이 국어교육과 교수로 갔습니다. 그때 국문학과 계통의 교수 자격자는 경성제국대학 조선어문학과 출신인데, 이게 제한된 인원이라 고정옥 같은 자격자를 대학에서 맞이하는 건 참으로 어려운 일이었지요. 그래서 거의 초빙되다시피 가지 않았을까 이렇게 추측이 됩니다. 거기서 교수로 있다가 6·25사변이 나면서 북쪽으로 갔습니다.

북쪽으로 간 거는 참 그 기묘한 것이 일제시대에 그렇게 친일로 일관한 것도 묘하지만, 해방이 되자 국문학과 계통의 교수가 된 것도 또 묘하고. 또 6·25사변이 나니까 북으로 간 것도 묘한데, 북으로 간 것은 평양사범학교 출신인 김하명이라는 사람과 관계가 있는 것 같아요.

김하명은 서울로 유학을 와서 경성사범학교, 그러니까 서울대학이 되기 직전인 1948년에 경성사범학교 국어교육과를 졸업한 사람입니다. 사변 전에 우연한 기회에 김하명을 알게 되었는데요, 그도 술을 좋아하고 나도 술을 좋아해서 참 여러 번 만났습니다. 그 사람이 술을 먹고서는 실토를 해요. 자기는 북로당에서 파견해서 왔다고 하면서 경성사범학교 남로당 세포 책임자라고 하더군요. 그걸 보면 아마도 북에서 일찌감치 손을 뻗친 것 같아요. 그 대표적인 인물 중 한 사람이 김하명이 아니었을까. 그리고 일찌감치 사범학교에 손을 뻗친 게, 일제시대에 사범학교를 우대해서 수재들만 모아놨으니까 그 수재들을 전부 다 세뇌하면 효과가 있겠다 그런 것 같아요. 내 추측인데, 경성사범학교뿐이었겠나, 각 도마다 사범학교가 있었는데 거기에 전부 그런 프락치가 있었지 않았을까 추측이 돼요.

그런데 난 만나지 못하고 들은 얘기인데 김하명이 사변이 나자, 서울에 왔다는 거예요. 서울을 점령했을 당시에 왔다고 그러니까 그 북쪽으로 철수할 때 김하명이 다 데리고 간 거 같아요. 고징옥 선생도. 사범대학에 정학모 선생도 있었지요. 그 외에 여러 분이 갔어요. 김하명이가 자기 스승이고 또 알고 하니까 사변 때 와서 "선생님, 저 따라가시죠" 하니까 그때 난리 중에 살기 위해서 따라갔던 것 아닐까, 내 추측입니다.[1]

●●● 그럼 조선어학회 파견 강사 이야기로 다시 돌아가서 말씀을 좀 더 들도록 하지요. 조선어학회에서 이렇게 전국 각지에 다 파견 강사를 보냈을 텐데 거기에 자금이 상당히 들었을 것 같아요. 선생님께서는 백양사나 김포를 가실 때 뭔가 출장비를 받으셨거나, 강의 수당을 받으셨는지요? 강의료를 받으셨다면, 그런 것들이 조선어학회 회비나 재정만으로 가능했을지, 이러한 강습회가 재정적으로 어떻게 운영되었을지 그런 것들도 궁금합니다.

◆◆◆ 그때 학회에서는 무슨 수당이나 보수 같은 건 전혀 없었습니다. 학회는 그냥 강사에게 지시하는, 말하자면 소개하는 그런 역할만 했

고, 현지에서 강습이 끝나면 강사에게 사례금을 주는 식이었죠. 아마도 주최 측에서 수강생한테서 걷었는지 그건 모르지만 강사료는 주최 측에서 마련한 것을 받았습니다. 가령 백양사 갔을 때에는 절에서 먹여주고 재워주고, 강습이 끝나니까 강사료로 상당한 거액을 주더라고요. 그러한 강습을 한다는 게 그때는 절대로 필요했을 때였으니까 나도 거기에 그만큼 기여했다고 자부해도 될 것 같아요.

1-3. 국어 규범 정립 활동

●●● 조선어학회의 활동은 주로 교육 활동이거나 국어의 회복 활동 이런 걸 해왔을 텐데, 아마 정책 활동도 상당히 많았을 것 같습니다. 해방 직후의 조선어학회의 정책 활동에 대해서, 예를 들어 미군정기에 미군정청이 주도한 공용어 정책과의 관계는 어떠했는지, 혹은 조선어학회가 일제시대에 만든 《한글 맞춤법 통일안》은 해방 이후 어떻게 되었는지, 이와 같은 문제들에 대해 좀 더 말씀해주십시오.

◆◆◆ 그러니까 다 짐작하다시피, 일제시대의 공용어는 일본어였죠. 당시 공용어가 일본어라고 하는 것은 어느 기관에 가든지 일본말로 해야 되고, 또 일본말로 신고를 해야 되고, 문서도 일본말로 작성해야 한다는 뜻이죠.

　그러다가 미군정이 시작되면서 "영어를 공용어로 한다"고 선포했어요. 미군정 기간이 1945~1948년인데, 이 기간 동안 공용어가 일본어에서 영어로 대치됐어요. 이런 사실을 잘 아는 사람이 드문 것 같은

데 그거는 미군 사령부의 포고령에 나오니까 확실합니다. 다만 학교에서의 교훈 용어, 즉 학생들에게 가르치는 말은 "조선어로 한다", 이렇게 돼 있었어요. "모든 학교에서 영어로 가르쳐라"가 아니었으니까 일반 사람이 공용어 문제에 대해서 잘 모르는 건 아마 그런 점 때문인 것 같아요.

〈맥아더 포고령 제1호〉 5조 언어에 대한 규정(1945년 9월)

Proclamation No. 1 / To the people of Korea : Article Ⅴ / For all purposes during the military control, English will be the official language. In event of any ambiguity or diversity of interpretation or definition between any English and Korean or Japanese text, the English text shall prevail(군사적 관리를 하는 동안에 모든 목적을 위한 공식 언어는 영어이다. 영어 원문과 조선어 혹은 일본어 원문 사이에 해석 혹은 정의에 관한 모호함과 부동한 점이 있을 때는 영어 원문에 따른다).

미군 사령부 포고령에 보면 조선어로 가르치되 조선어로 된 교재가 없어서 일본말로 된 교재를 계속 사용할 경우에는 외국어로 해도 무방하다고 되어 있는데, 그 얘기는 우리말 교과서가 나올 때까지 일본어로 가르쳐도 좋다는 거예요. 이런 과도적인 상황에 대해 미군정청 법령 6호에는 "이러한 과업의 긴급성이 감소되는 것은 아니다", 즉 "부득이한 일이었다"라고 되어 있었지요.

규범 정책을 보면, 1930년대에 논쟁이 치열했던 한글파의 조선어학회 '어원 표기 맞춤법'과 정음파 혹은 박승빈파라고도 하는 조선어학연구회의 '표음주의 표기법' 사이의 논의는 조선어학회의 위력에 의해 없던 일처럼 되었어요. 검토의 여지도 없이 당당해진 조선어학회의 안으로 결정되었던 거예요. 오늘날 맞춤법이 어려운데, 이것을 좀 쉽게 가공할 기회를 잃어버린 것은 지금 생각해도 참 아쉬운 일이 아닌가 이렇게 생각합니다.

한글 맞춤법(《한글 맞춤법 통일안》을 말함)이라는 게 조선어학회가 일제시대에 만든 건데, 어원 표시를 해요. 이 어원 표시라는 게 일정한 기준이 있는 게 아닙니다. 예를 들면 '얼음' 하면 '얼다'에서 왔으니까 'ㄹ' 받침을 해서 '얼음'이라고 쓰고, 밭에 주는 '거름'은 '거'하고 '름'으로 소리 나는 대로 써요. 그것도 '걸다'에서 왔는데 '거름'이라고 할 적에는 정신 바짝 차려서 'ㄹ' 받침을 쓰면 안 되고 소리 나는 대로 '름'으로 써야 되거든요. 우리 같은 전공자는 이런 거 다 문제없이 찾아보거나 다 가려서 쓸 수 있는데, 일반 사람은 '얼음'은 'ㄹ' 받침을 밝혀 적고, '거름'은 소리 나는 대로 쓴다, 이걸 외워야 되니까, 참 이게 문제거든요.

물론 이 표기법이 두 종류가 있어서 학문용, 학자용이 따로 있으면 아무 상관없는데, 일반인들에게는 얼마나 부담이 되겠어요? 여기에 대해 검토할 기회가 싹 없어져서 그게 아쉽다, 그런 얘기지요. 앞으로 우리가 국어 문제에서 해야 될 것은 맞춤법을 어떻게 하면 쉽게 하는가 하는 것인데, 이거는 어디까지나 전공자하고는 무관한 거예요.

●●● "조선어학회의 '어원 표기 맞춤법'과 조선어학연구회의 '표음주의 표기법' 간의 논의가 민족 운동 단체로 숭앙받던 조선어학회의 위력에 의해 없던 일이 되었다"는 말씀은 혹시 조선어학연구회의 박승빈 선생이 제시했던 견해가 조선어학회의 위력에 의해 정치적으로 눌렸다는 뜻인가요? 아니면 학술적으로 조선어학연구회 측의 주장이

조선어학회 측의 주장에 비해 부족했다고 생각하시는 건지요?

◆◆◆ 조선어학회가 민족 운동 단체로서, 또 시대적 상황에 따라서 당당하고, 보통 사람들은 내용도 잘 모르지만 그냥 그야말로 참 존경하다 못해 숭상하는 대상이었는데, 그런 시대에 박승빈파, 즉 정음파인 조선어학연구회에서도 표기법을 제안했습니다. 표음 표기법이었죠. 하지만 그쪽에서 주장을 할 여지가 없는 거지. 그런 주장을 해도 (조선어학회 쪽에서) 듣지도 않았겠지만. 그러한 (조선어학회의) 위력에 감히 고개를 내들 수가 없었어요. 그래서 이렇게 지나갔지만, 아무레도 이거는 전공자들이 전공 분야에서 앞으로 어느 시기에 좀 냉정히 검토를 해서 일반인이 쉽게 쓸 수 있는 방향을 강구해야 할 필요가 있지 않은가 이렇게 생각해요.

●●● 방금 전에 한글 맞춤법이 제정되던 당시 형태주의 표기법과 표음주의 표기법 간의 대립 양상에 대해 이야기해주셨습니다. 아마 선생님께서 백양사에서 강의를 하셨을 때나 교원들에게 강의를 하셨을 때는 결국 조선어학회식의 형태주의 표기법으로 강의를 하셨을 텐데, 그때 가르치면서 학생들의 반응이나 어려움의 정도 같은 것들이 문제의식을 가질 만큼 컸었는지요.

◆◆◆ 지금 질문한 그 부분은 하도 오래돼서 잘 기억이 안 나는데 가르치는 사람이나 배우는 사람이나 조선어학회의 그 《한글 맞춤법 통일안》에 대해서 한 사람도 어렵다든가 이의를 가진 사람은 없었죠. 원체 당당하고 권위가 있었으니까. 이건 하늘이 내린 것이니까 따라야

된다는 분위기였어요. 당시를 회고해보면, 그런 식의 분위기로 가르쳤고 잘 몰라도 '알았다' 하는 식이었습니다.

●●● 해방 직후 조선어학회의 국어 정책은 국어 교사 양성, 강습회를 통한 규범의 확산과 함께 일제 말기에 제정한 《한글 맞춤법 통일안》의 정밀화에 있었다고 할 수 있겠습니다. 하지만 일제 치하에서 제정된 《한글 맞춤법 통일안》은 선생님 용어를 빌리면 '어원 표기 맞춤법'으로 당시 대립하던 표음주의 표기법에 비해 일반인들에게는 매우 어려운 표기법이었던 것으로 이해됩니다. 당시 이런 문제에 대해 조윤제 선생은 《국어교육의 당면한 문제》에서 한글 맞춤법은 학자의 연구용이지 일반 국민을 위한 것이 아니라고 비판한 바 있지요.

이러한 형태주의 표기법이 표음주의 표기법에 대해 절대 우위를 차지하면서 우리말 표기 규범으로 자리잡은 데는 어렵더라도 한글 맞춤법을 인정하자는 현실론이 컸기 때문이 아닐까 합니다. "철자는 이미 보급된 한글식을 지킬 것이니 대안도 없이 분열을 일으킴은 철자 개정에서 얻는 이익보다도 학생에게 주는 혼란을 생각할 때 삼가야 한다"(이숭녕, 〈국어교육계의 과제〉, 《조선교육》 1-2, 1947)고 한 이숭녕 선생의 주장은 그 현실론의 논리를 잘 보여준다고 할 수 있습니다.

선생님 말씀을 통해, 표기의 원칙을 정하는 문제는 일반 대중을 중심에 두고 생각해야 한다는 점, 그리고 당시 국어학자들이 표기의 원칙을 세우는 문제와 학문의 원칙을 세우는 문제와 구별하지 못했다는 점 등을 다시 한번 되짚어보게 되었습니다.

2.
조선어학회 중심의
국어 정책과 갈등 양상

2-1. 해방 직후 국어 정책의 방향

●●● 말씀하신 것처럼 해방 직후의 모든 국어 정책이나 교육 보급 이런 것들이 다 조선어학회 중심으로 됐었는데요. 조선어학회 중심의 국어 정책을 진행하다 보니까 그만큼 또 갈등도 많았을 것 같아요. 그 갈등 양상에 대해 말씀을 들었으면 합니다.

◆◆◆ 해방이 되자 1945년 9월 11일에 진주한 미군에서 군정청을 설치했는데 군정청의 언어 정책은 당시 군정청 학무국에서 전담했습니다. 그때 유억겸 선생이 첫 번째 학무국장이었고, 그 아래 첫 번째 편수과장이 최현배 선생, 또 편수관이 장지영 선생과 박창해 선생이었어요. 이러한 체제로 됐으니까, 군정청 정책의 구체적인 내용은 조선

어학회와 거의 같았다고 봐야 되겠지요.

여기서 유억겸 학무국장은 왜 학무국장인가 싶었는데, 총독부 체제를 그대로 군정청으로 바꿨으니까 군정청의 장관 아래 제일 높은 자리가 국장이고, 그 아래가 과장이었지요. 그러다가 얼마 후에 개편을 해요. 미군정청 학무국 국장을 문교부장, 지금으로 말하자면 문교부장관 격이지, 그다음이 편수국장이었고요. 이러고 보니까 국어 회복은 결국 군정청이 관장을 하되 민간단체지만 전적으로 조선어학회가 하게끔 되었어요. 어떤 사전 논의가 있었는지 그건 모르겠고 기록은 찾지 못했는데, 결과적으로 볼 때, 국어 회복이나 국어 교과서 편찬, 이것들을 아예 조선어학회가 전담하는 것으로 돼 있던 것으로 생각됩니다.

실제 정책으로는 '한자 폐지, 한글 전용화'와 '일제 잔재 일소, 이른바 우리말 도로 찾기', 이 두 가지가 뚜렷이 나타났어요. 그런데 한글 전용은 조선어학회가 공식적으로 천명한 사실을 도무지 찾을 수가 없어요. 조선어학회가 한글 전용을 천명했다는 게 증명이 안 되니까, 한글 전용 정책은 아마도 당시 편수국장이던 외솔(최현배)의 소신을 정책에 반영한 것이 아닌가 이렇게 추정이 돼요.

2-2. 한글 전용 정책

●●● 조선어학회가 한글 전용을 공식적으로 천명한 사실이 없었다는 게 놀랍습니다. 그러면 외솔 최현배 선생의 개인적인 의견을 정책에 반영한 거라고 해야 하나요? 대외적으로는 조선어학회 이름으로 한글 전용 정책이 추진됐을 텐데, 조선어학회가 그것을 공식적으로 천

명한 것이 아니라면 학회 내에서 대립과 갈등이 있지 않았을까요? 당시 분위기는 어떠했는지요?

◆◆◆ 거기에 대해서는 뭐 기록이나 이런 거 전혀 없고 해서 구체적으로 확인할 길은 없지만, 외솔 최현배 국장과 그 측에서, 그 측이라고 하면 뭐하지만, 한글 전용에 대해 거의 이의 없이 생각하고 시행을 하고. 또 군정청의 이름으로 《한자 안 쓰기의 이론》 책자도 내고. 그렇게 했는데 그거를 반대해도 해방 후라는 시대 상황 탓인지는 몰라도 나서서 논쟁하고 반대하는 이런 거는 없었던 것 같아요.

　그 결과 한글 전용은 1945년 12월 80여 명으로 구성된 조선교육심의회의 결정에 의해서 "교육에서는 한글 전용을 하는 것을 원칙으로 한다", 이렇게 결정됐어요. 또 1948년 8월 문교부에서 낸 《한자 안 쓰기의 이론》 책자, 그리고 또 1948년 10월 국회에서 통과됐다는 〈한글 전용법〉, 이게 법률 제6호인데, 이걸 법률로 제정하고 공포했지요. 그래서 겉으로 보기에는 그야말로 문자 그대로 한글 전용을 실시한 것이라고 이렇게 생각할 수 있어요. 그렇지만 이 〈한글 전용법〉이라는 법률 조문을 자세히 보면 한글 전용을 원칙으로 내세우고 당분간 한자를 병용한다, 아울러 쓴다고 했거든요. 그러니 실제로는 한글 전용을 안 한 거지요. 병용을 한다 했으니까 공문서나 모든 문서에 한자를 한글과 똑같이 쓴다 이겁니다.

●●● 말씀하신 것처럼 1948년 8월 15일에 남한 단독정부가 수립된 직후, 《한자 안 쓰기의 이론》을 출간하고 같은 해 10월 9일에는 "대한민국의 공용문서는 한글로 쓴다. 다만, 얼마 동안 필요한 때에는 한자

를 병용할 수 있다"는 내용의 〈한글 전용법〉 공포식을 성대하게 진행했는데요. 여기서 '얼마 동안 필요한 때'에 할 수 있다는 '한자 병용'은 오늘날 우리가 이해하고 있는 병용이라는 개념과는 차이가 있는 듯싶은데요. 예를 들어서 우리말에 괄호 안에 한자를 노출하는 것도 지금 일부에서는 병용이라는 말을 쓰거든요? 근데 여기서의 한글 병용은 그 차원은 아닌 거죠?

◆◆◆ 근데 지금 한자를 괄호 속에 넣는 것을 얘기했는데 해방 후에 국어 교과서를 보면 한글 문장 중간에 한자를 노출해서 쓰고 이런 방식도 있었거든요. 그걸 병용이라고 봐야 되는 거겠지요. 괄호 안에 넣는 것도 병용이라고 볼 수 있겠고. 이런 것을 볼 때 당시 신문, 잡지, 출판물 등 모든 문서는 여전히 아무런 제약 없이 한자가 사용되었던 것 같아요. 한자로 표기하지 않으면 구별되지 않는 말에 대해서는 아무런 대책이 없었으니까요. 편수국에서만 책자를 내고 한글 전용을 주장했지, 실제는 한글 전용이 아니었고 병용으로 나갔다 이렇게 보는데, 정말 지금도 그래요.

한글 전용을 제대로 실시하려면 한자로 적지 않으면 구별할 수 없는 말은 어떻게 하느냐에 대한 해결 방안이 나와야 된다고 생각합니다. 그런데 아직도 그런 게 없고, 그냥 지금 한글학회에서 열심히 한글 전용을 주장하는데, 한자로 적지 않으면 구별할 수 없는 말에 대해선 아무 말이 없어요. 가령 예를 들면 우리나라 성씨 중에 류씨가 두 가지 성이 있거든요? 이른바 버들 류 자, 류柳씨가 있고, 묘금도(묘금도卯金刀는 '劉'를 파자破字하여 이르는 말) 류라고 그러지? 묘금도 류의 류劉씨가 있는데, 한글로 다 '류'로 써놓으면 그건 일가가 돼버려요.

그럼 그거 어떻게 구별해야 돼요? 게다가 또 동그라미 유씨로 쓸 수 있는 것은 '유씨庾氏'와 '유씨兪氏' 두 가지 성이 있어요. 그럼 그걸 어떻게 구별해요? 그냥 '유'로 쓰면 자식들이 전혀 남남인데 일가로 보게 되는 거예요. 그래서 한자로 쓰면 구별이 되는데 한글로 구별이 안 되는 것은 한글 전용을 하려면 무슨 방법을 내세워야 되는데, 그게 없어요. 그래서 앞으로 한글 전용을 제대로 실시한다면 그러한 부분이 필요하지 않겠나 이렇게 생각이 됩니다.

●●● 그러니까 당시 미군정청이나 문교부에서는 정책석으로는 한글 전용을 실시는 했지만 조선어학회 내부에서도 사실은 공식적으로 한글 전용을 천명한 적도 없고 일반인들도 병용이나 이런 것들을 더 선호했으니까 정책과 현실이 괴리된 상태에서 어문 생활이 이루어졌다는 거죠?

◆◆◆ 그런데 그게 아까도 지적을 했지만 조선교육심의회에서 결정했다는 내용이 "교육에서 한글 전용을 원칙으로 한다" 이랬거든요. 그러니까 일반 사회에서는 한글 전용이 아니었단 말입니다. 교육심의회의 결정이라는 게 교육에 한정되었던 겁니다. 거기다가 〈한글 전용법〉에 아까 얘기한 대로 그것도 당분간 병용한다고 했단 말이에요. 그러니까 실제로는 한글 전용이 아닌데 편수국에서 그냥 앞질러서 한글 전용 책자를 내고 떠들고 그랬어요. 실제는 이때가 한글 전용을 실시한 시기가 아니다 이렇게 봐야 될 거예요. 그리고 문교부에서 《한자 안 쓰기 이론》이라는 책자를 냈지, 그게 한글 전용을 한다는 보고는 아니거든요?

●●● 선생님께서 쓰신 《국어 정책론》(김민수 1973, 863)에 따르면, 1948년 8월 6일 문교부는 《한자 안 쓰기의 이론》이라는 소책자를 발행하면서 한자 사용을 폐지하는 근거로 ① 국민의 정력과 시간의 허비를 줄이기 위하여, ② 과학 기술의 생활 능력의 교육을 위하여, ③ 한자는 인쇄에 너무 불편 불리하므로, ④ 대중문화, 민주 국가의 건설을 위하여, ⑤ 우리말의 정당한 또 자연스런 발달을 이루기 위하여, ⑥ 문자사적 단계로 보아 한자의 폐지는 필연의 형세이므로, ⑦ 한글의 발달사적 단계로 보아 한글이 우리의 새 문화의 표현기관으로 충족하게 되었기 때문 등을 내세웠다고 정리하셨던데요. 그럼에도 불구하고 10월 9일의 〈한글 전용법〉(법률 제6호)에서는 실제로 이름과 달리 한자를 병용할 수 있도록 하고 있었다는 게 참 아이러니한 것 같습니다. 그럼 한글 전용 혹은 한자 병용과 관련해서 선생님께서 실제 교육을 하실 때에는 어떤 방식으로 하셨는지요. 물론 교과서는 군정청의 어떤 지시에 의해서 한글 전용으로 나왔겠지만 실제 교사들이 칠판에 판서를 하거나 그럴 때는 어떤 방법을 사용했는지요?

◆◆◆ 규범에는 '한글 전용을 원칙으로 한다' 이랬는데 당시 교과서에서는 괄호 속에 한자를 다 썼으니까, 그러니까 예외가 있다는 얘기입니다. 교과서에 괄호라도 한자가 있는 만큼 수업 시간에 교사가 그걸 가르쳐줘야 하거든요. '이게 뭐다', 그리고 또 '뜻이 뭐다', 이런 거랑. 그러니까 결국 한자를 가르치는 셈이 되지요.

그러니까 원칙이라고 하는 것은 편수국장의 이상을 얘기한 거고 실제로 시행된 건 아니라고 봐야 될 거요. 게다가 〈한글 전용법〉에서도 '병용한다'라고 엄연히 해놨으니까 한자를 쓰는 것에 조금의 거리낌도 없었지요. 이런 표기를 '국한문 혼용'이라고 할 건가 '한자 병용'이라고 할 건가 하는 거는 약간 어감의 차이가 있긴 한데 의미는 거의 같다고 볼 수 있을 겁니다.

2-3. 국어 정화 운동

●●● 한글 전용은 결국 익숙하지 않은 한자어를 고유어로 바꾸는 문제와 연동된다고 할 수 있겠죠. 그런 점에서 보면 해방 후 한글 전용 정책은 우리말에 스며든 일본식 한자어를 우리말로 바꾸는 정책과 깊이 관련되어 있었던 것으로 보입니다. 당시 국어 정화 운동이 어떻게 진행되었는지에 대해 말씀해주시지요.

◆◆◆ 한글 전용에 이어 두 번째 내세운 정책은 일제의 잔재, 이른바 일본말 남은 거를 없애는 거였습니다. 1946년 6월에 시작해서 128명의 국어정화위원회에서 토의하고 1947년 2월에 18명의 실사위원회가 심사안을 심의한 뒤 1948년 1월에 전체 위원회를 통과한 것으로 확정이 돼서 1948년 6월에 문교부에서 《우리말 도로 찾기》라는 책자를 냈어요. 이른바 일제 잔재를 청소한다는 목표로 문교부 편수국에서 편찬한 책인데요. 이 《우리말 도로 찾기》는 최초의 우리말 정화, 깨끗하게 하는 것, 순화안으로서 대표되는 것이고, 또 당시로서는 상당히 긴급하고 필요하고 가치 있는 것이었다고 생각됩니다.

거기에 나온 항목이 943개인데, 이것이 일제 잔재를 일소함으로써 민족적 자존심을 살리는 표상으로 번져가게 돼요. 또 개중에 뜻있는 교원이 일생토록 '우리말 도로 찾기'를 주장하면서 학생들에게 가르쳐서 이를 정착시키는 데 정성을 다했기 때문에 아마 역사적인 것으로 봐야 될 것입니다.

《우리말 도로 찾기》

《문교 40년사》(편찬위원회, 1988)에 따르면, 1947년 1월 문교부에 국어정화위원회가 설치되고 그해 1월 27일 제1차 위원회가 열려서 문교부 편수국이 초안한 조·일어 대조표의 작성 방침을 심의, 결정하는 일을 첫 단계로 하여 《우리말 도로 찾기》 모음집 작성 작업에 착수했다. 이후 1947년 2월부터 10월까지 모두 11번의 심사위원회를 열어 1948년 2월 3일 862개 표제어로 구성된 《우리말 도로 찾기》 1차 모음집을 단행본으로 만들었다가 6월 2일에 943개 표제어로 된 2차 모음집을 반포, 시행했다. 최종 심의된 단어의 수는 《한글학회 50년사》(한글학회 1971, 499)에는 940개 낱말로 되어 있고 김민수(1973, 573)에서는 '약 938개의 倭式用語'라 표현했는데, 《현대국어 정책연구》(허만길 1994, 30)에서는 943개 표제어로 확인한 바 있다.

김민수(1973, 27)에서는 《우리말 도로 찾기》 모음집의 책머리에 밝힌 방침과 관련하여 다음과 같이 말한다. 먼저 방침은 (1) 일어日語에 대하여 있는 우리말을 찾고 (2) 우리 옛말에라도 비슷한 것이 있는 것은 찾고 (3) 전혀 없는 것은 비슷한 것으로 새말을 만들고 (4) 우리가 전부터 써 오던 식의 한자어를 쓰는 등의 기준으로 작성되었다. 하지만 여기에 제안된 의견이 다 민중들에게 받아들여진 것은 아니고 (2)가 성공한 예는 '도시락'이 대표적인 것이며 (3)이 성공한 것은 '단팥죽, 통조림, 튀김, 꼬치, 전골 등' 주로 음식명이며 (4)는 귀중貴中, 우표 등과 같은 것이나 그 성과는 미미한 편이라고 지적했다.

훨씬 나중에 《우리말 도로 찾기》를 한 번 검토해봤어요. 검토를 하다가 중국에서 나온 《한어내사선》을 들춰가면서 이러한 한자어가 과연 일본말인가, 아니면 중국 옛 문헌에 나오는 한자 어휘인가를 찾아봤어요. 옛 문헌에 나오는 한자 어휘라면 그것이 일본에 번져간 것이

지 일본에서 만든 일본 한자어라고 보긴 어렵거든요. 그래서 조사를 해보니까, 아니나 다를까, 상당수가 일본어가 아니에요. 중국 문헌에 버젓이 나오거든요? 예를 들면 지금도 쓰고 있지만 가령 그 일하는 사람, 소사小使, 소사를 지금은 학교에서는 아마 용원傭員이라고 그러지? 또 뭘 협의한다는 타협妥協. 또 팔아버린다는 매도賣渡, 그다음에 심지어 절수切手, 우표를 일본말로 절수[きって/깃데]라고 그러거든요? 또 애매曖昧, '애매하다'는 것은 하도 일본말이라고 그러니까 요즘에는 애매모호曖昧模糊하다 이럽니다. 그다음에 일품 요리하는 일품一品, 간판看板, 출구出口, 천기天氣. 일기日氣를 일본말로 천기라고 해요. 결혼結婚, 인기人氣. 이런 말들을 일본말이니까 쓰지 말자 그랬는데, 이게 《한어대사전》에 나와요. 중국 문헌에 나오는 말이니까 중국에서 일본으로 건너간 말이라고 봐야 되거든요.

나는 사실은 뜻한 바가 있어서 《우리말 도로 찾기》대로 가르치려고 그냥 계속 열성을 들여서 해왔는데 이렇게 속은 생각을 하니까 도무지 마음을 둘 곳이 없어요. 일생 동안 내가 이렇게 거짓말을 가르쳤구나 하고. 그래서 이걸 어떡하면 사과를 하나, 제자들에게 거짓말을 가르쳤으니까, 일일이 다 찾아다닐 수도 없고, 그러자니까 마음에 부담은 되고, 이런 상황이에요.

그런데 가만히 생각해보면 이러한 실정은 원래 한어가 일어에 차용된 것인데, 일본에서 생산된 한자 표기, 즉 일어로 알고 애써 금지시켰다는 뜻이 돼요. 일생토록 거짓을 열성으로 가르쳤다면 그 생애가 얼마나 헛되겠어요. 그 시기라면 해박한 한학자도 있었고. 또 외솔 최현배 같은 세대라면 그러한 것을 알 만도 한데, 어떻게 그런 엉터리가 횡행했다는 말인가. 특히 어휘는 생몰 변화가 잦아서 그 유래를 정확하게 추적하지 않으면 보통은 일제에 강요당한 말로 의식되기도 어렵죠. 한자어가 동양의 국제어라는 점을 생각해서 차라리 중국, 일본, 한국이 서로 공동으로 사용하기로 했다면 이와 같은 과오는 안 생기지 않았을까, 이런 생각조차 들었던 적이 있어요.

●●● 선생님 말씀대로 그 당시에 보면 한학을 한 사람들도 많았고, 또 여전히 한문 전통의 환경 속에 있었기 때문에 그 한자가 중국의 옛 문헌에서부터 사용된 것인지 일본을 통해서 들어온 말인지에 대해서 대개는 알고 있었을 것 같습니다. 해방 후에 그러면 《우리말 도로 찾기》라는 책을 만들어서 그걸 전국 각급 학교에 배포를 하고 그랬을 텐데, 각각의 한자어들이 반드시 일본을 통해서 들어온 것은 아니라든지 본래 한문 문헌에 있던 말이었다든지 등 그것에 대해 문제 제기를 하는 사람이 전혀 없었습니까?

◆◆◆ 내가 잘 몰라서 그런지 거기에 대해 문제를 제기한 사람은 한 사람도 없었어요. 한학자에게 이런 것이 있다고 얘기하면, 심지어 그 거는 어느 문헌에 나온다까지도 거의 다 알거든. 근데 어떻게 해서 그때는 그렇게 몰랐을까. 《우리말 도로 찾기》 책자 앞 서문에 외솔이 쓴 그 경위에 대해서 보면 뭐 회의를 몇 번 하고, 무슨 뭐 전체 회의에서 또 토의하고, 이래 가지고 책자를 냈다고 하는데, 이거 믿어지질 않아요. 내 생각에 회의에 제대로 회부도 안 하고 그냥 안案을 만들어서 책자로 낸 것 같아요.

아니, 거기 그때 그래도 안다는 위원이 백 몇 명이 있으면 그 위원 중에 한문 제대로 아는 사람도 있었을 텐데, 거기서 다 보여주고 했다면 반드시 지적한 사람이 있었을 걸로 생각하거든요. 그런 단어들이 지금도 있을 가능성이 있습니다. 그런데 하나도 걸러지지 않고 이렇게 많은 오류가 나온 걸 보면, 편수국에서 만들어서 내고 거기다가 그냥 이렇게 (회의에서 토의해서 냈다고) 적은 거 아닌가 하는 좀 이상한 추측까지 나올 수밖에 없는 거지요.

●●● 맞습니다. 말씀하신 그런 단어들이 지금까지도 일본 표현이니까 쓰면 안 된다, 뭐 이런 식으로 아직까지도 이야기되고 있고, 그게 애국하는 것처럼 여겨지고 그랬죠. 선생님, 그런데 일제 잔재 청산과 직접적으로 연관은 안 되지만요. 여기 보면 이렇게 일제 잔재를 청산한다고 해서 국어정화위원회라는 말을 만들었는데, 그때 조선어학회도 조선어라는 말을 썼지만 이미 이 무렵부터 '국어'라는 말을 의식적으로 사용하기 시작한 것 같고, 또 '우리말 도로 찾기'라고 할 때는 또 '우리말'이라는 명칭으로 사용을 했거든요. 그래서 그 당시에 학자들이나 아니면 일반인들이 '조선어'나 '국어', '우리말', 이런 명칭에 대해서 어떤 생각을 가지고 있었고 혹은 이 중 어떤 것을 가장 일반적으로 사용했는지에 대해서 좀 말씀을 해주셨으면 좋겠습니다.

◆◆◆ 《우리말 도로 찾기》 책자는 당시에 편수국장, 외솔 최현배 편수국장이 책자를 내면서 원래 그분이 한자 폐지도 주장하고, 이런 상황이니까 '국어'나 '조선어'라는 한자어를 기피하려고 의식적으로 '우리말'이라고 쓴 거 같아요. 그 시기에 '우리말'이라는 말은 많이들 썼지만 문서나 이런 데에는 거의 사용이 안 되던 말이기 때문에 그러한 추측이 가기도 하고요.

일제시대에 죽 '조선어'라고 해오다가 해방이 딱 되니까 인제 '국어'라는 말을 쓰기 시작했지만 해방 후 대부분의 사람들은 '국어'라 그러면 얼른 연상하는 게 '일본어'였지요. 일제시대에 그렇게 배웠으니까. 그래서 의식적으로 '국어'라는 말을 피하는 경향이 있었어요. 그러나 전공을 했거나 아니면 유식해서, 의식이 분명한 사람은 국어에 대해 "어 그거 일본말이라는 연상은 당치도 않다. 한 독립된 나라의 언어면 다 국어인데" 그러면서 '국어'라는 말을 거리낌 없이 쓰는 측면이 있었지요. 그러니까 전체적으로 보면 여전히 '조선어'라고 쓰는 경향이 강했고 일부에서만 '국어'라는 말을 썼다, 아마 이렇게 짐작을 해야 될 것 같아요.

●●● 정리하자면 해방 직후에 일반 국민이나 어문생활을 하는 평범한 사람들은 여전히 '조선어'라는 명칭에 익숙해 있었고 학자들이나 연구자들이나 지식인 중 일부는 '국어'라는 말을 '일본어'로 의식하지 않고 '새로운 우리말', '되찾은 우리말'로 인식하는 그런 양상이 있었다고 이해하면 되겠네요. 그리고 우리말 도로 찾기 정책과 함께 이 무렵 '외래어 표기법'도 함께 논의되고 있었는데요. 당시의 외래어 표기법에 대해서도 한 말씀 부탁드리겠습니다.

◆◆◆ 또 한편에서는 1945년에 그 '외래어 표기법' 개정에 착수해서, 1948년에 정부안으로 개정했어요. 그러한 개정 과정을 거쳐서 《외래어 표기법》이라는 책자기 사변 중인 1952년에 출판이 됐어요. 그런데 책 제목이 《들온말 적는 법》이에요. 아까 《우리말 도로 찾기》에서 '우리말'을 썼다고 했는데 이것도 편수국장이 '외래어外來語'라는 말 자

체가 한자어니까 그걸 피하려고 의식적으로 자기가 만든 말을 썼어요. '들어온 말'은 기니까 그걸 축약하느라고 '들온말'이라고 한 건데, 이런 말을 누가 써요. 그저 만든 말이지요. 외솔이 국어학 전공자가 아니라 타 전공자이기 때문에 이렇게 한 겁니다. 철학을 전공해서인지 언어의 생리를 모르거든요.

외래어 표기법

《들온말 적는 법》은 1945년부터 1948년에 걸쳐 문교부 학술용어 제정위원회 제20분과 언어과학위원회에서 심의하고 결정하여 1952년에 대한문교서적주식회사 편수자료(제1호)로 출판되었다. 《들온말 적는 법》 머리말에는 "이 "들온말의 적는 법"은 서기 1832에서 1938년까지의 동안에, 영국, 미국, 또이춰, 쁘랑스, 로시아들의 학자 28명과 일본인 학자 오륙 명의 우리말 소리와 로오마자 혹은 소리표와의 비교 연구의 결론을 참조하면서, 한국 사람뿐 아니라, 미국인 및 본디 로시아인으로써 미국에 입적한 사람, 들 모두 22인으로 구성된 위원들이, 오래 동안 연구 토의하여 제정한 것"이라 밝히고 다음과 같이 참여 회원의 명단을 기록했다.
정인승, 최승만, 이선근, 김선기, 최재원, 이양하, 현상윤, 김진하, 피천득, 백낙준, 안호상, 신인식, 박술음, 장익봉, 안호상, 김영근, 최현배, H. G. Underwood, B. B. Weams, (major), C. N. Weams, Jr., Eugene U. Prostav(순서 없음).

그래서 1952년 부산 피란 중에 《들온말 적는 법》이라는 책자를 냈는데, 이상한 것은 책에 일제 말기서부터 해방 후 조선어학회의 그 위력에 의해서 지켜오던 '한글 맞춤법 통일안', '표준말'이나 여기에 나오는 외래어 표기법에 대한 언급이 한마디도 없다는 거예요.

당시 문교부에서 제정했다고 하는 외래어 표기법의 내용을 보면, 가령 외국어의 에프f 발음을 피읖 밑에 동그라미를 해서 순경음(ㆄ),

또 브이v 발음은 비읍 밑에 동그라미를 해 가지고 역시 순경음(ㅸ), 또 제트z는 삼각형(필자주: ㅿ, 즉 반치음)을 썼어요. 특히 반치음은 옛날에 썼지만 지금으로 보면 완전히 부호였거든, 게다가 이것들은 변태 표기란 말이에요. 현대어에 없는 표기를 외래어를 적는 데 쓰는 그런 표기법을 정부안으로 제정해놨거든요.

제가 잘 몰라서 그런지는 모르겠지만, 제 짐작에는 이런 것이 정부안으로 결정되었을 가능성은 전혀 없어요. 이게 심의에 올라가면 다 삭제했었을 거라고 생각해요. 그런데 버젓이 이걸 했다고 그랬어요. 게다가 이런 변태 표기는 1942년에 외솔이 자비 출판한 《한글갈》의 것과 똑같아요. 자기 걸 그대로 옮겨놓은 겁니다. 그리고 그 속에 보면 한글을 로마자로 적는 법(즉 로마니제이션romanization)이 있는데, 거기에 보면 '기역'을 '케이k'로 표시하고, '키읔'을 '케이에치kh'로 표시한다는 체계인데, 이것이 1959년 정부안에서 '기역'을 '지g', '키읔'을 '케이k'로 표시하는 체계로 바뀌어. 이걸 보면 《들온말 적는 법》의 로마자 표기도 최현배 개인의 《한글갈》안과 똑같았다가 결국 이것도 사라지게 된 거지요.

1945년 12월에 교육심의회에서 결의했다는 〈한글 가로쓰기의 교

〈한글 가로쓰기의 교육〉

1945년 12월, 조선교육심의회는 10월의 〈한글 전용법〉에 이어, 한글을 초성-중성-종성으로 모아쓰지 않고 로마자처럼 자소를 풀어서 쓰자는 풀어쓰기와 한문이나 일본 문자처럼 '위에서 아래, 오른쪽에서 왼쪽으로 쓰기' 대신 '왼쪽에서 오른쪽으로 나아가는 가로쓰기'를 제안하였다. 그러나 풀어쓰기는 보류되고 가로쓰기만 채택되었다.
– 《한글이 걸어온 길》, 국가기록원

육〉도, 실제로는 하나도 제대로 가르친 적이 없어요.

〈한글 가로쓰기의 교육〉이 뭐냐 하면, 거기 저 책자에 보면, 한글 가로 풀어쓰기를 교육심의회에서 결정하기를 앞으로 가로 풀어쓰기로 하되, 우선 각급 학교에서 풀어쓰기를 가르친다 했어요. 제가 현장에도 죽 근무했지만, 실제 교육 현장에서는 한글 풀어쓰기를 가르친다는 말도 없고 그 과정도 잘 모르는데, 그냥 '그리 됐다', '그렇게 결정했다'라고 또 서문에다가 써놨거든요. 이런 걸 볼 거 같으면 역시 '한글 가로 풀어쓰기'는 기록만 있을 뿐 실현되지는 못한 정책이었다고 할 수 있어요. 그래서 개인적으로 생각하면 그런 기록이 편수국장 개인의 생각과 이상을 나타낸 거지 국어 정책상의 실제는 아니지 않았겠는가, 이런 생각이 자꾸 맴돕니다.

●●● 최현배 선생의 경우 경성제국대학 출신도 아니고 대학에서 조선어를 전공한 것은 아니지만, 이것만을 기준으로 '타 전공자'로 볼 수 있느냐 하는 것은 토론이 필요한 문제인 것 같습니다. 이에 대해서는 뒤에 다시 말씀 나누기로 하고, 방금 말씀하신 풀어쓰기에 대한 것을 좀 더 여쭤볼까 합니다. 지난번에 선생님께서 보여주신《조선어 표준말 모음》있지 않습니까? 그 자료집의 색인 부분에 음절 표기가 있고 풀어쓰기가 있는 걸 봐서 조선어학회 입장에서는 풀어쓰기를 실현하려는 의도가 있었다고 볼 수 있을 것 같습니다. 그리고 해방이 되고 나서 그걸 정말 현실에 적용시키려고 했던 것은 아닐까요?

◆◆◆ 《조선어 표준말 모음》 색인에 풀어쓰기가 있는데 그 책 서문에 보면 마지막 분담을 최현배 선생에게 시켰다고 되어 있어요. 그러니

까 개인이 그 색인에다가 넣는데, 그 풀어쓰기만을 넣은 게 아니라 왼쪽에는 지금 식의 한글을 쓰고 그다음 둘째 줄에다가 풀어쓰기를 넣고, 그다음에 소수所收(그것이 실린) 쪽을 넣은 거거든요. 풀어쓰기를 색인에 넣은 것도 자기 개인의 생각을 끼워 놓은 게 아니었겠나 그런 생각이에요. 그래서 한글 풀어쓰기가 묘해요. 다들 알다시피 한글 풀어쓰기를 한다 하면 그건 맞춤법의 가공이 아니라 문자개혁입니다. 문자개혁의 차원이 돼버려요. 세상에 어느 나라고 문자개혁 좋아하는 일반인은 아무도 없어요. 이거 한다고 그래 봐요. 전부 반대하고 큰일 납니다. 그러니까 이거는 타 전공자가 자기 이상만 가지고 떠든 것이지, 될 말이 아닙니다. 그런데 그것을 살리려는 집념 때문에 4년 후에 또 편수국장을 합니다.

●●● 선생님 말씀은 어쨌든 해방 직후 한글 풀어쓰기에 대한 정책은 최현배 선생 개인의 의지가 많이 들어간 것으로, 실제로는 널리 받아들여지지 않았다는 의미이지요? 말씀하신 대로 한글 풀어쓰기는 단순히 맞춤법의 가공이 아니라 문자개혁에 해당하기 때문에 대중의 호응이 없인 수용되기가 어려웠을 것 같습니다. 물론 당시 대중들이 풀어쓰기에 관심을 가졌다는 것을 부정할 수는 없을 것 같아요. 선생님께서도 백양사 국어강습회 졸업장에 풀어쓰기로 쓰인 도장을 새겨 쓰셨고, 기념사진에 풀어쓰기로 제목과 일시를 적는 경우도 많았으니까요. 그러나 풀어쓰기로의 문자개혁은 이와는 다른 차원의 문제로 받아들였던 거지요.

한글 풀어쓰기는 이미 국문연구소의 논의 과정에서 주시경 선생이 제안한 바 있었지만, 최종 보고서인 《국문연구의정안》(1909)에 반영되

〈그림 10〉 윤보경의 배달말글모듬 졸업장

졸업장의 내용은 "맞힌보람(마친 증명서)/난대 도 골 말(태어난 곳: ○○도 ○○고을 ○○ 마을)/난제 해 달 날(태어난 때: ○○년 ○○월 ○○일)/이름 윤보경/이는 아레 적은 다나를 다 맞힌 보람이라(이는 아래에 적은 과목을 다 마친 증명서이다)/다나 소리 씨 다(과목: 음운론/어휘론/문장론)/해 달 날 철에(○○년 ○○월 ○○일 ○철에)/배달말글모듬 서울온모듬서(배달말글모듬 서울본부학원에서)/어린 솔벗메(원장: 솔벗메 남형우)/스승 한힌샘(교사: 한힘샘 주시경)"이다.

지는 않았죠. "풀어쓰기를 하지 않고 훈민정음 예의대로 모아쓰기를 한다"는 결론은 결국 관습을 존중해야 한다는 뜻으로 이해됩니다. 그러나 주시경 선생은 《말의소리》(1914)에서도 풀어쓰기의 예시를 보이며, 풀어쓰기를 한글 표기 방식으로 정착시키겠다는 의지를 보였습니다. 한글 풀어쓰기에 대한 주시경의 의지는 제자인 김두봉, 이필수, 최현배 등으로 이어졌다고 볼 수 있겠죠. 한글 풀어쓰기에 대한 최현배 선생의 집념은 이런 흐름 속에서 이해해야 할 것 같아요. 그런 점에서 최현배 선생이 한글 표기법으로 풀어쓰기를 주장한 것은 북한에서 김두봉이 풀어쓰기를 제안했던 것과 연결하여 볼 수 있을 겁니다. 북한에서 부수상을 지냈던 김두봉은 김일성에게 종파주의로 몰려 숙청당했는데, 그가 제안한 풀어쓰기안도 비판 대상이 되면서 폐기되고 말았죠.

●●● 선생님, 그럼 최현배 선생이 편수국장을 몇 년을 한 겁니까? 임기가 없었습니까? 외솔 선생이 미군정 때부터 편수국장을 하셨는데, 혹시 어떻게 그 일을 맡게 되셨는지 그 과정에 대해서도 아시는지요.

◆◆◆ 외솔 선생이 편수국장을 한 6년 계속해요. 3년씩 두 번. 임기가 없었지요. 국장이나 과장 직책에는 임기가 없었습니다. 외솔이 편수국장을 하게 된 과정에 대해선 전혀 들은 적도 없고 기록도 없는데, 내 생각에는 지금 시사한 거와 같이 자기 개인적인 욕망이 있으니까 자진해서 편수국장을 원했을 것 같아요. 또 전공이 다른 유억겸 같은 분은 외솔이 편수국장을 한다고 그러니까 할 수 있게 한 것 같고요. 그때 외솔은 연희전문학교 교수였거든요. 그러면 외솔의 가장 강점이 뭐냐. 조선어학회 사건으로 감옥에 갔다가 3년 징역 언도를 받고 석

방된 사람이라는 거예요. 그럼 그런 사람이 편수국장 하겠다고 그러면 안 그래도 가서 끌어올 사람인데 시켰지 않았겠는가 그렇게 생각합니다. 본인이 그렇게 뚫고 들어갔다고 생각하는 이유는 그분이 그 다음 번에도 편수국장을 또 했기 때문이에요. 한 번만 했으면 장관이 불러서 하라고 해서 한 거라고도 생각할 수도 있겠지요. 그런데 다음 임기에도 또 했다는 것은 결국 자기가 하고 싶어서 했다고 보는 쪽이 아무래도 맞지 않겠나 싶어요.

●●● 앞서 조선어학회가 김영세로부터 받은 82만 엔으로 《한글갈》을 많이 찍어서 배포했다고 하셨는데 그《한글갈》은 최현배 선생의 언어 정책에 대한 의견이나 음운론에 대한 의견 등을 확산시키는 역할도 했을 거 같아요. 또《한글갈》의 내용을 국어 정책에 반영한 측면도 있고요. 그런 점을 보면 조선어학회가 당시의 국어 정책을 좌지우지했다기보다는 최현배 선생 개인의 어떤 의도에 따라서 국어 정책이 이루어졌다고 봐야 하는 건가요?

◆◆◆ 외솔 최현배 선생으로 말하면, 물론 교토대학 철학과를 나왔으니까, 타 전공이지만 이미 일제 말기에 아주 두꺼운 《우리말본》에다 《한글갈》 이런 거를 다 이룬 분이었죠. 또 막 해방이 된 시기라 타 전공이냐 비전공이냐를 생각할 겨를도 없었고요. 연희전문학교 교수에다가 이런 디럭스한 저서도 있으니까 당시 조선어학회에서 외솔의 기반은 탄탄했죠. 게다가 민족 운동 하다가 투옥된 뒤 석방돼서 독립유공자에 속하는데, 감히 누가 뭐라고 하겠어요. 그러니까 외솔이 뭐라고 하면 '다 일리가 있겠지', '믿어야지' 이렇게 됐던 것 같아요.

3.
조선어학회 활동의
역사적 위상과 공헌

●●● 해방 직후 아직 국내의 모든 여건들이 불비하던 시절에, 조선어
학회가 국어 보급을 위해 발 빠르게 강습회를 열고 국어 강사 자격
검정 시험을 치르고 하는 등의 중요한 활동을 많이 했는데 선생님께
서 생각하실 때 조선어학회의 역사적 위상과 공헌을 종합적으로 평가
하신다면 어떻게 말씀하실 수 있겠습니까?

◆◆◆ 우선 일제의 군국주의 치하에서 살다가 갑자기 해방을 맞이하게
됐고, 그러면서 해방이 되자마자 '자유'라는 말, '민주주의'라는 생전
듣도 보도 못하던 처음 듣는 말들이 나돌았어요. 그래서 '자유'가 뭐
냐? '민주주의'가 뭐냐? 이해를 못 할 뿐만 아니라 사람들이 그 얘길
듣고 갈피를 잡지 못했어요, 저부터도. 그때 우리가 하도 모르니까 심
지어 이런 말까지 나돌았어요. 어떤 사람이 종로 거리를 가다가 어떤

놈이 그냥 느닷없이 쳐요. "왜 쳐?" 그러니까, "내 자유야." 그러니까 '자유가 책임을 동반한다'는 이런 설명은 들을 수가 없었어요. 그래서 '자유'란 무엇인지에 대한 계몽 같은 것은 좀처럼 어려웠습니다.

이러한 혼란기에, 해방 후에 급속히 확산된 것은 민족을 의식하는 국수주의적 사조였어요. 그런데 요것도 가만히 생각하면 일제의 영향으로 보여요. 일본이 군국주의인데 일제 말기에 전쟁이 점점 격화되면서 국수주의로 흘렀거든요. 그런데 일제시대 일본에서 주장하고 강조하던 국수주의를 해방이 되면서 우리나라 쪽으로 돌린 것 같아요. 이걸 우리나라로 돌려서 국수주의 해야 되겠다고 생각을 한 거지요.

●●● 선생님 말씀은 일반적인 상식과 다른 좀 뜻밖의 말씀인데요. 일제 말기의 군국주의에 기반한 국수주의적 학문 태도가 해방 이후 우리의 국어 정책을 주도한 조선어학회 사람들에게 영향을 미쳐서 우리의 국어 정책이 국수주의적 태도를 지니게 되었다는 말씀이신 거죠? 이게 조선어학회의 해방 직후 언어 정책의 경향과 어떻게 연결이 되는 건가요?

◆◆◆ 조선어학회 사건으로 옥고를 치른 후 해방과 동시에 석방된 조선어학회 중진들의 존재감, 그리고 일제의 탄압을 받았던 조선어학회 활동에 대한 기억은 조선어학회 주도의 국어 정책이 국수주의로 흐르는 데 기폭제가 됐어요. 대중은 이 학회의 운동에 전폭적인 존경과 공감을 표했고 활동에 대해서도 찬동하는 경향이 뚜렷했습니다.

군정청에서는 한글 전용에 대해 가두 여론 조사를 실시했는데 전폭적 찬성이 높았어요. 그래서 한글 전용을 촉진했는데, 여론이 점차 진정되면서 지식층의 반론이 표면화했고 치열한 대립 양상으로 번져갔어요. 결국 결말 없는 이 논쟁은 일본과 같이 교육용 한자를 제한하자는 결론이 고작이었죠. 여기서 한글 전용 문제와 한자 문제 같은 것들이 나왔죠. 국어 순화가 누구 하나 반론을 제기할 까닭이 없는 문제였다는 점에서 봤을 때 정부 차원에서 계속 힘쓴 결과는 보잘것없는 수준이었지요.

게다가 아무런 제한도 없이 독단으로 채택해서 보급시킨 규범인 《한글 맞춤법 통일안》은 이후 제안된 한글 간소화에서 너무 어렵다고 거센 도전을 받고는 약간의 수정을 거쳐 정부 규정이 되었죠. 이렇게 이후 진행 과정과 결과를 보면 당시 조선어학회 중심의 국어 정책은 당초의 존경과 공감에 비해 기대 이하였다고 하는 것이 조선어학회의 역사적 위상에 대한 올바른 평가일 거라고 생각합니다.

●●● 선생님께서 하고 싶은 말씀은 결국 국수주의적 태도에 따라 정책을 무리하게 추진해서 결과가 보잘것없었다는 것이죠? 선생님의 말씀은 민족 독립 운동의 후광이 조선어학회가 추진한 국어 정책에 대한 건강한 비판을 가로막았고, 그것이 국어 정책의 실패로 이어졌다는 점을 지적해주신 것 같습니다. 선생님 말씀을 듣다보니 건강한 비판을 가로막아서는 발전이 있을 수 없다는 진리를 새삼 깨닫게 됩니다.

4.
분단과 조선어학회의
내적 갈등

●●● 해방 직후에는 조선어학회에 이극로, 이희승, 정인승 등 여러 선생님들이 각자의 위치에서 중심을 잡고 계셨는데, 시간이 지나면서 어느 순간 최현배 선생이 한글학회의 유일한 중심이 된 것 같습니다. 그렇게 된 과정을 말씀해주실 수 있는지요?

◆◆◆ 그것은 조금 연대가 아래로 내려와야 이야기가 돼요. 조선어학회가 일부 중진이 월북하면서 그때부터 외솔 최현배 선생이 간사장이 되고 그래서 종신토록 장악을 해요. 1948년, 이극로 선생이 월북하고 난 이후부터 그랬어요. 연도는 조사를 해봐야 되겠지만 조선어학회를 한글학회로 이름을 고쳐요. 왜 고쳤나, 조선이 북한의 국호다 이거예요. 저는 그때 '아니, 조선어학회 사건이면 조선어학회가 역사적인 고유명사인데 그걸 두고 보전해야지 왜 바꿔' 이렇게 생각했는데, 근데

한글학회로 고쳤어요. 그러고 간사를 하고, 이사를 하고, 이사장이 되었고요, 그렇게 해서 종신 장악을 하고 그 후에 제자 허웅에게 인계했습니다.

●●● '조선어학회'에서 '한글학회'로 이름을 고치는 과정이 《한글학회 100년사》에 잘 정리되어 있더라고요. 이 자료에 따르면 8·15 광복 이후 남쪽에서는 1948년 8월 15일에 '대한민국'을 수립했고, 북쪽에서는 9월 9일에 '조선민주주의인민공화국'을 선포하여 북쪽에 '조선'이라는 나라가 서게 되면서, '조선어학회'라는 이름이 문제가 되었다고 합니다. 그래서 1949년 10월 2일에 서울 회원 64명 중 35명이 참석하여 장시간 토론한 끝에, '한글학회(정인승), 국어학회(정태진), 국어연구회(이희승, 방종현), 우리말학회(이강로, 유열), 한글갈모임(최성수), 한국어학회(김윤경), 대한국어학회/대한어학회(최현배)' 등의 제안이 나왔고, 최종적으로 '한글학회'로 결정되었다고 합니다.

선생님의 지적처럼 역사적 고유명사인 '조선어학회'를 '한글학회'로 바꾼 것은 비판받을 일이지만, 위의 과정을 보면 이것이 한 개인의 의도에 따른 것은 아닌 듯합니다. 선생님의 비판은 '조선어학회'에서 '한글학회'로 학회의 명칭이 바뀌는 과정에서 조선어학회(한글학회)가 최현배 선생 중심의 학회로 된 사실을 강조한 것으로 이해하겠습니다. 그렇다면 이런 상황에서 다른 분들, 특히 일제강점기부터 조선어학회를 이끌어오셨지만 계속 한자 병용이나 혼용을 주장하셨던 이희승 선생은 조선어학회 내에서는 어떤 활동을 하셨는지 궁금합니다.

◆◆◆ 학회 이름을 '한글학회'로 고치면서, 한글학회 명의로 한글 전

용 논의를 해요. 그런데 일석 이희승, 심악 이숭녕 이분들은 아까 이야기한 것처럼 '뭔가 문제 해결을 안 하고서 한글 전용을 하는 것은 혼란과 어려움을 줄 뿐이다'라고 하면서 반대를 해요. 이분들은 제대로 전공을 한 분들이고, 전공자 입장에서 한글 전용을 비판한 거예요. 그러니까 외솔이 이 두 사람을 한글학회 회원에서 제명을 시킵니다. 그런데 제명을 시켜도 안 나갔어요. 심악은 몰라도 일석은 같이 감옥에 갔던 사람 아니에요? 근데 제명을 한다는 게 참. 어떻게 생각해요? 나는 전문적인 부분에서는 타 전공자 외솔의 생각이나 주장보다 아무래도 전공자의 생각이 역시 옳지 않은가 그렇게 생각을 해요. 제명 시기는 지금 기억으로는 아리송한데, 그건 뭐 기록을 봐야지요.

●●● 선생님께서 방금 이희승 선생과 이숭녕 선생이 조선어학회에서 한글학회로 이름을 고치는 시기에 제명되었다고 하셨지만 여러 언론의 기록들을 보면 이희승 선생과 이숭녕 선생은 여전히 공식적으로 한글학회 회원이셨던 것 같습니다. 예를 들어, 《경향신문》 1962년 4월 24일 자에는 한글학자들의 건국공로훈장 수상 축하식 개회사를 한글학회 회원 이숭녕 박사가 했다는 기사가 실렸고, 1971년 12월 4일 자 《조선일보》에는 한글학회 50주년을 맞아 시민회관에서 기념식을 하고, 이희승, 최두한, 주요한 외 24명을 개인 공로자로 표창했다는 기사가 실렸는데 이 기사에는 "현재 학회는 장지영, 정인승, 이희승, 이숭녕, 허웅 씨 등과 한글에 관심 있는 외국 학자까지 포함된 241명으로 구성"이라는 내용이 있습니다. 그리고 《한글학회 50년사》나 《한글학회 100년사》에도 이분들이 제명되었다는 공식적인 기록은 없습니다.

다만 외솔 최현배 선생 추모 기사로 나온 《동아일보》 1970년 3월 25일 자 〈한글학회 가시밭길 반세기〉라는 기사를 보면 "최근 한글학회 이사진은 정인섭, 한갑수, 권승욱, 김선기, 허웅 등 주로 말본계 쪽 사람들이 대부분을 차지, 종전에 주요 회원이었던 이희승, 이숭녕, 김형규 씨 등 문법 계열의 인사들이 이사진에서 탈락되고 학회와의 인연 또한 멀어져"라는 내용이 나옵니다. 이 기사에는 1960년대 학교문법 용어 통일 논쟁 이후 이들의 갈등이 표면화되었음이 함의되어 있기도 한데요. 선생님 말씀은 조선어학회에서 외솔 선생이 다른 국어학 분야 전공자들의 의견을 너무 반영하지 않고 독단적으로 정책을 진행하다가 오히려 더 성과가 나쁘게 됐다는 그런 말씀인 것 같아요. 그런데 외솔 선생으로서는 이런 상황이 학회의 정체성을 위협한다고 봤을 수 있기 때문에 '내가 조선어학회를 주도해나갈 수밖에 없겠다'는 생각을 가졌을지도 모른다는 생각이 들어요.

◆◆◆ 저는 외솔이 욕심을 가지셨던 것은 확실하다고 봐요. 그런데 학자가 자기 소신에 따라서 욕심을 갖는 것은 오히려 당연하고 필요한 거지, 그걸 나쁜 의미로 볼 성질은 아니라고 생각해요

●●● 선생님, 그럼 이 시기 언어 정책적 측면에서 우리가 주목해야 할 또 다른 사항이 있다면 어떤 것이 있을까요.

◆◆◆ 이 시기에 우리가 자칫하면 무심히 넘기기 쉬운 게, 남북 언어의 분열 문제라고 생각해요. 북위 38도 이북에 소련군이 진주하고 소련식 체제의 정부가 수립됨으로써 제도상의 용어나 일부 방언이 이북

에서만 공용화된 것은 남북 언어의 분화가 시작됨을 뜻하기 때문입니다. 또한 이념의 차이로 같은 용어의 개념이 이질화되는 것도 언어의 격차를 가속화하는 한 요인이 되었습니다. 남북의 분단은 국토의 분단만 아니라 언어의 분단을 가져오고, 민족의 징표인 언어의 분단은 한 민족 한 국가의 차원에서 매우 중대한 사태라고 생각합니다.

●●● 남북이 1948년에 분단이 되는 과정을 겪는데요. 남북이 분단되는 시점, 그다음에 조선어학회가 한글학회로 바뀌는 시점, 이극로 간사장이 월북과 함께 조선어학회 간사장을 사임하는 시점, 이런 것들이 다 연관이 되는 듯합니다.

◆◆◆ 아까부터 조선어학회의 상황, 그야말로 조선어학회의 커진 위력에 대해 얘기했는데, 그 위력이 남쪽뿐만 아니라 북쪽에도 온 천지에 조선어학회의 위력이 뻗쳤어요. 그래서 북측에서는 1946년 5월에 《한글 맞춤법 통일안》에 대해서 그 맞춤법 통일안 시행이 제대로 됐는가의 가부 검열을 실시해요. 검열제를 실시하고 나서 1946년 7월에는 조선어문연구회를 설치하고 1948년 1월에 조선어문연구회가 편찬한 《조선어 신철자법》을 개정해서 발표해요. 이게 말하자면 남북 언어 분화의 첫 단계입니다.

물론 이 《조선어 신철자법》의 내용을 보면 남측의 《한글 맞춤법 통일안》과 거의 유사하고 일부 부분적인 차이뿐이지만 이것이 남북 언어 정책상 분화의 출발점인 것은 분명합니다. 이처럼 북측에서 《한글 맞춤법 통일안》과 동류의 규정이 성립된 것은 조선어학회의 위력이 북측에도 파급되어 남측과 큰 차이가 없었음을 뜻하지요. 그렇지만 남북 언어 규범의 통합이 민족 최대의 과업이라는 사실에는 서로 의견을 달리할 것이 없다고 생각해요.

●●● 북한에서 1946년 7월에 조선어문연구회를 설치하고 1948년 1월에 《조선어 신철자법》을 발표하면서 남북 언어 분화의 첫 단계가 시작되었다고 봐야 한다는 건 매우 중요한 말씀이신 것 같습니다. 그럼 당시 한글학회를 포함한 국어학계에서 이런 언어 정책에서의 분단 문제에 대한 문제의식은 어떠했나요?

◆◆◆ 그런데 우리가 또 유의해야 할 거는 이 시기에 북에서 남쪽으로 오고, 남쪽에서 북쪽으로 가는 게 실제로 다 가능했다는 점이에요. 남북이 서로 38선에서 경비는 하지만, 가서 좀 뭐 얘기하고 하면 "가라" 이랬어요. 전쟁 전에는 자유롭진 않지만 왕래는 했다 이렇게 봐야 돼요. 그러니까 그러한 버릇이 남북에 각각 정부가 수립된 후에도 가능했지. 그게 엄격해진 거는 6·25전쟁이었습니다. 그러니까 6·25전쟁이라는 게 사실은 우리나라의 어떤 운명을 좌우한 하나의 걸림돌 같은 느낌을 갖게 돼요.

북한에 사람이 그렇게 왕래를 했지만 물론 그 왕래한 사람이 무슨 학자가 왕래하거나 이런 건 아니었어요. 학자나 정치가는 갈 사람은 가고 올 사람은 왔지, 왔다 갔다 하지는 않았어요. 그래서 북쪽의 정치 상황이 어떤지는 알지만 문화 면에서의 북한의 동향은 남측에서 전혀 모르는 그런 상황이었어요. 그런데 지금 와서 여러 자료를 통해 회고해보니까 이런 차이가 있었다 하는 거를 기록을 통해서 아는 거죠.

●●● 일제강점기를 거치면서 상실된 민족적 자존감을 높이기 위해 해방 직후에는 무엇보다 국어 회복 운동이 시급했던 측면이 있습니다. 일제 말기에 심각한 탄압을 받으면서 위상이 한층 더 높아진 조선어학회에서는 이러한 위상을 십분 활용하여 전국적 규모의 강습회를 열고 국어 교사를 양성하며 일제 치하에서 이룬 《한글 맞춤법 통일안》을 좀 더 보편적인 규범으로 만들어나가는 일을 쉬지 않았습니다. 또한 국어 정책의 기본 골격을 '한자 폐지, 한글 전용화'와 '일제 잔재 일소, 우리말 도로 찾기'의 두 가지 방향으로 전개해나가면서 짧은 시간에 적지 않은 성과를 일구어냈음을 강조할 필요가 있겠습니다.

다만 이 과정에 조선어학회의 행정, 재정 및 학술적 핵심 내용을 구성하는 데 특정인의 영향력이 지나친 측면이 있었고, 모든 정책들이 충분한 내적 고려 없이 조급하게 이루어진 측면이 있었음은 오늘날 좀 더 객관적인 입장에서 반성해볼 측면이 있습니다. 아울러 이 시기의 국어 정책이 남북으로 분리되어 정착하는 과정에 서로를 염두에 두면서 규정을 통일할 수 있는 가능성을 탐색해나갔어야 함에도 여러 상황상 남북 언어 규범의 분기가 점차 더 심해진 측면이 있습니다.

결과적으로 해방 직후 조선어학회의 많은 언어 정책적 노력들은 그 절실함과 진지함, 관심과 환대 속에서도 만족할 만한 수준으로 전개되지 못한 측면이 있습니다. 선생님의 말씀을 통해 해방 직후 조선어학회 활동의 의의, 장점과 문제점, 한계 부분을 나눠 함께 살펴보았다는 점에서 이 대담의 국어학사적 의의를 찾을 수 있지 않을까 생각합니다.

III.
대한민국 정부 수립, 국어 정책과 국어학의 새 출발

국어 정책의 체계화와 국어학계의 재편

1945년 조선에는 해방이 찾아왔다. 일제강점에서 벗어난 광복이었다. 국권 회복에 대한 조선 민중의 기대는 어느 때보다 높았다. 민간과 학계 등 사회 전 분야에서 많은 변화를 예고하고 있었다. 그러나 불행하게도 해방은 온전한 것이 아니었다. 한반도 남북에 미군과 소련군이 각각 진주했으며 결국 38선 이남은 미군정 치하에 들어갔다. 그에 따라 불가피하게 조선어는 공용어의 지위를 얻지 못했다. 미군정의 공용어는 영어였고 모든 공문서는 영어를 기본으로 작성되었다. 그럼에도 불구하고 조선어는 현실 생활 속에서 실질적인 공용어로 사용되었고, 학교에서는 조선어 교과서로 학생들을 가르치기 시작했다. 우리말이 국어로 회복되는 단계에 접어들게 된 것이다.

당시 국어 회복을 상징하는 말은 '우리말 도로 찾기'였다. 우리말 교과서가 등장했고, 우리말 표현에서 일본어 잔재를 청산하려는 운동이 본격화했으며, 한글 전용을 위한 법적 토대가 만들어졌다. 그러나 현실은 녹록지 않았다. 우리말 교육의 혜택을 충분히 받을 수 없는 사람은 여전히 많았고, 실행 방안이 분명치 않았던 국어 정화 운동은 지지부진했으며, 한글 전용 또한 당시의 어문 사용 관행 속에서 온전히 실현되지 못했다. 식민통치에서 벗어나 국어 정책과 교육의 목표가 구체화되는 단계였지만, 그 정착을 위해서는 많은 노력이 필요한 시대였다.

대학도 체제를 정비하며 달라진 시대 상황에 대응하기 시작했다. 일제강점기에 일본에 의해 건설된 경성제국대학은 8·15해방 이후 '국대안 반대 운동'(국립서울대학교의 신설 안에 반대하여 일어난 동맹휴학 운동)²의 진통을 겪었으나, 국립서울대로 이름을 바꾸고 고등교육을 선도하기 시작했다. 그와 함께 전문학교 수준에 머물고 있던 많은 학교들이 대학으로 변신을 꾀했다. 그러나 학사 제도가 완벽하게 구비되지 못했고, 대학의 교원을 수급하는 것도 어려운 일이었다. 각 대학의 국어국문학 전공도 예외일 리 없었다.

그럼에도 불구하고 1948년 대한민국 정부 수립을 기점으로 국어 정책이 체계화되고 대학에서 국어학이 독자적인 학문 영역으로 자리 잡기 시작했다. 정부에서는 국어 정책을 세우고, 민간에서는 조선어학회를 중심으로 한글 강습과 사전 편찬에 나서고, 대학에서는 국어국문학과를 개설하여 우리말과 글을 체계적으로 연구하고 교수했던 것이다. 이 과정에서 다음과 같은 일들이 일어났다.

첫째로 조선어학회의 부활과 구성원의 균열이 두드러졌다. 해방 후에 조선어학회 사건으로 투옥되었던 학회 중진들이 풀려나면서 조선어학회는 이극로 간사장을 중심으로 한글 강습, 조선어 교원 양성, 사전 및 국어 교과서 편찬 작업 등을 주도하면서 대중의 전폭적인 지지를 받았다. 그러나 1948년 이후 남북의 분단 과정에서 많은 학회 구성원이 북을 선택했다. 남북의 분단은 조선어학회의 균열을 가속화했다. 그 과정에서 '조선어학회'는 '한글학회'로 이름이 바뀌었고, 북을 선택한 이들은 조선어문연구회에 소속되어 북의 국어 정책과 국어학 연구를 이끌었다.

둘째로 1948년 〈한글 전용에 관한 법률〉이 국회를 통과하면서 명목상으로는 한글 중심의 언어 생활이 가능하게 되었다. 원칙적으로는 신문, 공문서, 교과서 등 공적인 매체들의 한글 전용이 법률적으로 보장되었다. 그에 따라 초등, 중등 국어 교과서는 한글 전용의 원칙을 지켜 국어 정책에 부응했다. 그러나 공문서, 신문 등에 관행적으로 한자가 계속 사용되면서 한글 전용 원칙은 제대로 지켜지지 않았다. 이러한 현실은 한글 전용을 둘러싼 갈등을 증폭시켰다.

셋째로 교육입국의 기치 아래 국립서울대는 물론이고 각 대학이 새롭게 개교하면서 국어국문학 계열의 전공이 개설되었다. 일제강점기에 국내외에서 대학을 다녔던 지식인들은 해방 후 각 대학의 교수가 되었다. 경성제국대학교에서 조선어문학을 전공한 1세대들은 물론이고 해방 전에 일본에서 유학을 했던 지식인들도 각 대학에서 국어학, 국어교육 관련 강의를 맡았고, 후학들을 양성했다. 이들은 해방 후 국어 정책과 국어학 연구를 이끄는 중추 세력으로서 국어국문학계를 주도해갔다.

넷째로 일제강점기에 초등 및 중등 교육을 받고 해방 후 대학에 입학하여 국어국문학을 전공으로 선택한 이들이 국어국문학계의 신예로 등장했다. 이들은 해방 이후 대학에서 국어국문학을 전공한 최초의 세대였고, 1세대들과 함께 학술 활동을 한 세대이기도 했다. 정부 수립 직후의 국어 정책에서 주요 역할은 1세대가 담당했지만, 대학에서 국어국문학을 전공한 신세대 국어학자들은 스스로 '조선어문학연구회'를 결성하고 학술 집담회를 개최하면서 자신들의 정체성을 형성해 나갔다. 이들의 실천적인 노력은 향후 국어국문학 학회의 탄생을 예고하는 것이었다.

요컨대 이 시대에는 조선어학회가 중심이 되어 국어 정책이 체계화되고, 각 대학에 국어국문학 전공이 개설되면서 2세대, 즉 신세대 국어학자들을 중심으로 국어학계가 재편되기 시작했다. 전쟁의 여파 속에서 국어 정책과 국어 연구의 진척은 더뎠고 만족할 만한 수준이 아니긴 했지만, 이 시기는 국어학과 국어 정책의 기반을 다지고 체계를 세우는 과정이었다.

1.
정부 수립 이후의
국어 정책

1-1. 대한민국 정부 수립의 의미

●●● 1948년 대한민국 정부 수립 이후에는 서울대학교는 물론이고 많은 전문학교가 대학으로 격상되고 대학 교육이 본격적으로 시작되었습니다. 당시 선생님께서는 서울대학교 문리과대학 국어국문학과에 재학 중이셨습니다. 이 시기의 국어학과 국어 정책에 대한 이야기를 나누기 전에, 시대 상황을 이해하는 차원에서, 선생님께서 생각하시는 대한민국 정부 수립의 의미에 대해 말씀해주셨으면 합니다.

◆◆◆ 1948년 8월 15일 대한민국 정부 수립은 미군정의 종식과 함께 남북 통합 정부의 갈망을 승화시켜야 할 그런 시점에 이루어진 것으로 역사적 사건이라고 할 수 있어요. 그런데 대한제국을 계승하고 대

한민국 임시정부의 법통을 이어받았다고 하는 '대한민국大韓民國'이라는 국호는 국토의 일부인 남쪽만을 반영하고 있었다는 점에서 저는 이 국호가 내내 불만스럽습니다.

저는 '대한大韓'에 대한 해석이 법률적인 측면에서는 어떻게 이해되고 있는지는 잘 알지 못합니다. 그러나 그 용어의 역사적 문제에 대해서는 조금 할 말이 있습니다. 역사적 시점마다 깊은 검토 없이 '대한'이라는 말을 수용한 당사자들의 무지한 소치를 저는 엄중하게 질타하고 싶은 심경입니다.

다들 알다시피 1897년에 대한제국이 수립되었습니다. 그런데 이황제 중심의 입헌군주 정부는 일본이 우리를 침략하는 과정에서 우리와 중국과의 관계를 단절하기 위해 아주 계획적으로 황제의 국가, 제국이라고 부르게 했던 거예요. 우리나라를 일본의 괴뢰국으로 만들려는 의도에서 중국과의 단절을 꾀했던 거라는 말이지요. 궁성 밖에는 일본 군대가 지키고 있고, 낭인이 칼을 차고 왕궁에 들어가서 왕후를 칼로 찔러 죽였습니다. 그런 상황에 제대로 대응조차 못한 대한제국이 괴뢰정부 아니고 무엇이겠어요?

제국과 황제라는 이름은 일본 침략자들이 우리에게 아주 그럴싸하게 붙인 거예요. 스스로 나라의 힘을 길러서 독립국을 자처하는 의미의 대한제국이었더라면 모르겠으나, 결국 대한제국은 일본의 식민지가 됐잖아요. 뜻 있는 사람들이 상해에 임시정부를 세웠습니다만, 그 사람들도 대한민국 임시정부라고 했으니 그들도 무지한 것은 마찬가지지요.

도대체 왜 '대한'이라는 말을 썼느냐 그 말이에요. 조선이라는 명칭을 선택했다면 멀리 단군조선, 고조선도 있으니 이 국호는 중국까지도 포괄이 됩니다. 그런데 1948년에 마침 북측의 국명이 조선민주주의인민공화국이 돼버렸으니까 우리가 북쪽 명칭을 선호할 수도 없잖아요? 그래서 당시에 정부를 수립할 때 임시정부의 법통을 계승한다고 하면서 대한민국이라고 했던 거예요. 이 '민국'이라는 명칭은 '중화민국'의 명칭에서 따온 것일 터인데, 장개석이라는 자가 중화민국을 망하게 만들어서 이 나라는 흔적도 없어졌잖아요. 그러니까 '대한'이라는 명칭도 그렇고, '민국'이라는 명칭도 저로서는 아주 마음에 안 들고 언짢은 점이 있습니다.

●●● 선생님의 말씀을 들으면 국호뿐만이 아니라 국화, 국기 명칭 문제도 당시에 사회적 논란이 있었겠다 싶습니다. 지금도 어느 정도 그러합니다만, 이것들이 당시에는 민족의 상징으로서 의미도 있었을 것으로 판단됩니다. 당시에 이 명칭들에 대해 어떤 문제 제기가 있었는지도 궁금합니다. 우리말 글 명칭과 관련해서도 그러합니다. 앞에서도 '국어', '조선어', '우리말'이라는 명칭과 관련하여 잠깐 이야기를 나누었지만, 여러 자료와 데이터를 보면 당시의 지배적인 우리말 명칭은 '한국어'도 아닌 '조선어'인 점이 확인됩니다. '한글'도 이런 문제와 관련이 있어 보입니다.

◆◆◆ 중국의 고유한 철학, 주역의 원리를 상징한 우리나라의 '태극기', 이것도 문제입니다. 만약에 태극기가 중국 국기라면 그게 더 타당해요. 계속 국기를 게양하고 경례를 해야 할 텐데, 결국 중국 정신을 떠받드는 결과가 되니까 이것도 문제라고 생각했어요. 게다가 국화로 정한 '무궁화'는 그 말이 중국말 목근화木槿花가 어원이에요. 목

근화를 중국 발음으로 하면은 '무근화', '무건화' 이렇게 발음이 나요. 그럼 무궁화라는 말도 따지고 보면 중국어예요. 하필 중국어 어원인 꽃 이름을 국화라 했단 말입니다. 저는 '무궁화'라는 꽃 이름을 바꿔야 한다고 생각합니다.

글자 '한글'이라는 것도 그 명칭을 생각하면 역시 문제가 있습니다. 북쪽에서는 지금 우리말과 글의 명칭을 '조선글자, 조선말, 조선글'이라고 하잖아요. 아마도 자세히는 잘 몰라도 '한韓'이라는 말이 북쪽에서는 부정적 의미로 다가와서 한글이라는 용어를 기피하고 있는 것 아닌가 싶습니다. 참 많이 늦었지만 이 '한韓'이라는 국호나 '한글'의 '한'에 대해서 우리가 한 번은 심도 있게 논의했으면 합니다. 그리고 그 방향을 어떻게 잡아갈 것인지 장기적인 안목에서 다시 검토했으면 좋겠습니다.

●●● 선생님처럼 기원을 따져 그 문제를 지적하는 것도 의미가 있지만, 이미 역사적 의미를 획득했다고 할 수 있는 이들 명칭을 완전히 무시할 수도 없을 것 같습니다. 선생님께서도 남과 북의 차이를 말씀하셨지만, 이들은 결국 통일 시점에서 남북이 함께 논의해야 할 문제로 남겨두는 것이 합리적일 듯합니다.

그런데 이와 좀 다른 문제인데요. 최근에 애국가와 관련하여 여러 문제가 논란이 되고 있습니다. 안창호설과 윤치호설로 작사가에 대한 논란은 물론이고 작곡가 안익태에 대한 문제는 다소 심각해보입니다. 제2차 세계대전 기간 동안 독일, 이탈리아 등의 나라를 돌아다니며 일본인 '에키타이 안'으로 활약해왔다는 사실이 밝혀졌지요. 일본제국주의의 프로파간다 작품인 〈만주환상곡〉을 작곡하고 지휘한 것은 친일을 넘어 친파시즘적인 행태로 판단됩니다.

◆◆◆ 애국가 가사도 심각한 문제예요. 내가 알기로는 윤치호가 작사한 것으로 이미 밝혀졌는데, 이 윤치호라는 사람은 친일파를 넘어 정신적으로 일본을 존경하는 숭일파예요. 그리고 철저한 기독교인이었습니다. 우리나라가 기독교 국가입니까? '하느님이 보우하사'면 '부처님이 보우하사'도 들어와야 되거든요. 그러니까 이 가사도 안 돼요. 그렇게 무지하고 무식한 사람들이 모여서 뚝딱 해치운 것은 마땅히 비난받아야 옳습니다. 우리나라에 훌륭한 작곡가, 음악가들이 얼마나 많습니까? 애국가의 작곡가인 안익태도 결국은 스페인으로 가서 귀화했죠. 그런 자가 작곡한 것이 애국가로 제정됐다는 것도 역시 안타깝기 짝이 없어요.

일제강점기에 이른바 민족 운동을 한다는 사람들이 무궁화를 보급하는 운동을 하고, 당시에 일부에서 그 애국가가 불렸다는 이유로 아무런 검토 없이 그걸 바로 국가로 채택한 겁니다. 국호도 남쪽 일부에 국한한다고 생각해서 그렇게 붙였다고 한다면 있을 수는 있는 이야기긴 하겠지요. 그런데 앞으로 장기적으로는 우리가 통일정부를 생각할 때, 당시에 국토의 한 부분을 가리키는 명칭을 국호로 채택한 것은 확실히 역사적으로 잘못한 일이라고 생각합니다.

해방 직후에는 국수주의가 아주 팽배해 있었고 그 위력이 대단했어요. 그것 때문에 국호, 국기, 국가 등에 이런 것들이 채택되었습니다만, 유감스럽게도 당사자들의 골똘한 생각은 마비되었던 것 같아요. 정부를 수립하고 국기나 국가를 제정할 적에는 좀 아는 전문가들을 모아놓고 깊이 검토를 해서 신중하게 결정을 해야 했어요. 내가 살면서 겪어온 걸 생각하면 이러한데 이에 대한 이의 제기나 검토가 있었던 적은 거의 없었던 것 같아요.

●●● 아까도 말씀드렸지만, 이러한 문제들은 남북이 함께 논의해야 할 문제인 것 같습니다. 현재 우리의 공식 국호는 대한민국입니다. 그 '대한'에서 비롯된 것이겠지요. 북의 공식 국호는 조선민주주의인민공화국입니다. 북은 당시 우리가 보편적으로 사용했던 '조선'이라는 명칭을 그들의 국호에 반영했던 것인데요. 향후 통일국가를 지향하고자 할 때, 남북이 머리를 맞대고 국호에 대해 진지하게 토론과 합의를 해나가야 하겠으나, 양쪽을 국호 중 하나로 결정하기엔 많은 어려움이 있을 것입니다. 우리글의 명칭인 '한글'과 '조선문자'의 경우도 마찬가지입니다. 통일이 되면 국화를 무궁화로 고수할 수는 없을 것입니다. 물론 이에 대한 전문가들의 검토도 있어야겠지만, 우리 공동체에 속한 모든 사람들이 이 논의에 참여해 우리의 정서를 가장 잘 드러낼 수 있는 상징물들을 만들어나가는 것이 중요하다는 생각이 듭니다.

1-2. 정부 수립 직후 국어 정책 양상

●●● 일제강점기 국어 정책은 일본이 주도한 언어 정책이었습니다. 총독부가 언어 규범과 사전에 관여하기도 했고, 우리 국어는 '조선어'로 격하된 상황이라고 봐야 할 것 같습니다. 제국의 관점에서 우리말은 조선반도의 방언으로 전락한 셈이지요. 이런 상황에서도 민간 주도의 언어 정책으로서 1930년대에 조선어학회가 어문 규범을 제정

하고《조선말 큰사전》까지 기획했었습니다. 그런데 대한민국 정부 수립 후에 진행된 국어 정책은 당연히 그 성격이 달라질 수밖에 없었다고 생각합니다. 앞에서 한글 전용을 주제로 말씀을 들었습니다만, 당시 대한민국 정부가 주도한 국어 정책의 성격에 초점을 맞춰 이에 대한 이야기를 나누었으면 합니다.

◆◆◆ 1948년 남쪽에서 총선을 치러 국회가 개원하고 같은 해 7월에 정부가 헌법을 제정했습니다. 그런데 그게 참 문제가 많았어요. 이른바 총선거에 의해서 정부를 세운다는 것은 유엔의 승인에 따른 것이었지요. 그래서 유엔에서 선거감시단을 파견했어요. 1948년 1월, 유엔 한국임시위원단 의장이자 단장이 인도 출신의 쿠마라 메논Kumara P. S. Menon이었어요. 그런데 북쪽에서는 그걸 거부하고 유엔의 감시를 안 받겠다 했지요. 그래서 남쪽에서만 선거를 해서 단독정부가 세워졌어요. 한쪽에서는 김구 선생 등 민족주의계열 분들이 끝까지 통일정부를 세워야 한다, 남북이 분열돼서 각각 단독정부를 세우면 나라가 어떻게 되겠느냐고 하다가 결국 김구 선생은 암살을 당하잖아요?

새로 수립된 정부는 이승만을 초대 대통령으로 선출하고 집권했어요. 이승만 정권은 대체로 미군정을 계승하여 큰 변화가 없었고 국어 정책도 마찬가지였어요. 미군정청에서 3년 동안(1945. 9~1948. 9) 재임했던 최현배 편수국장이 재취임을 해서 3년 동안(1951. 1~1954. 1) 국어 정책을 그대로 시행해나갔지요. 그러니까 종전의 방침이 거의 변화 없이 지속됐다고 봐야 합니다. 당시 대표적인 정책은 '한글 전용'이에요. 마침 제헌국회에서 정부 수립 직후 1948년 10월 9일 한글날에 법률 제6호로 〈한글 전용에 관한 법률〉을 제정했어요. 그렇게 법문화하면서도 갈등하고 있던 양론에 대한 절충이 이루어졌어요. 바로 '한글 전용'과 '국한 혼용'이지요. 그 양쪽을 절충하여 '잠정적으로 국한 병용을 한다'로 명시했던 겁니다.

〈한글 전용에 관한 법률〉 제목만 보고, 이때부터 이미 한자를 다 안 썼다고 지금 일반적으로 오해하고 있어요. 이 법률에는 단서가 붙어 있었어요. 앞으로 한글 전용을 하되 당분간 국한 병용을 유지한다는 법률이에요. 한글 전용의 실시를 규정한 것이 아니었던 거지요. 그렇다면 이 '한글 전용에 관한 법률'은 엄밀하게 말하면 최현배 편수국장의 뜻대로 결정된 게 아니라고 봐야 합니다.

●●● 국가의 국어 정책을 주도하는 인물의 철학이 정책의 방향을 결정짓는 데 영향을 미치는 건 자연스럽다고 할 수 있지만, 개인과 특정 단체의 신념이 그대로 국가 정책에 반영될 수는 없었겠지요. 결국 이런 점이 정부가 주도하는 국어 정책의 특성이라고 할 수 있을 것 같습니다. 그러면 정부 수립을 전후하여 국어 정책과 관련한 활동을 주도했던 조선어학회의 당시 상황을 말씀해주셨으면 합니다.

◆◆◆ 조선어학회의 위상은 건국 후에도 계속 유지되었습니다. 그러나 학회는 남북 분열의 양상으로 전개되었어요. 우선 월북한 이사 이극로가 1948년 9월 총회에서 사임하게 됩니다. 이 사임에 대해 학회 측은 그를 존중한다는 의미로 이극로 선생을 명예이사로 추대했어요. 일제강점기에 고초를 당한 이극로의 공로를 자타가 인정한 것으로 판단됩니다. 그래서 사임은 받아들이되 명예이사로 추대하자고 한 것 같았어요. 그리고 사전 편찬원으로 있었던 김병제는 휴직을 요청합니

다. 다른 사전 편찬원이었던 유열도 사임하겠다고 했어요. 당시 《한글》지에 이 기록이 나옵니다. 아마 이들도 이극로 선생과 마찬가지로 월북해야겠다고 결심했던 것 같아요. 그리고 그 총회에서 다들 이들이 월북할 계획이라는 것을 짐작했던 것 같습니다.

1948년 단독정부가 수립될 무렵에 '야, 안 되겠다, 월북해야 되겠다'고 하던 사람 몇 분이 시대적 상황을 관망하고 될 수 있으면 남쪽에 남아 있으려 했을지도 모를 일이죠. 그 의중이나 생각이 어떻다는 것은 기록으로 남아 있지는 않지만요. 그리고 고루 이극로 선생의 《국어학논총》이 정음사에서 나왔는데 그것은 집필한 게 아니고 과거에 발표한 글을 한데 모아놓은 겁니다. 그걸 준비하다가 월북이 좀 늦어졌는지 아니면 월북하게 되니까 누가 주동이 되어 고루 이극로 선생의 글을 모아서 이 책을 출판한 것인지 그 사정은 제가 잘 모르겠습니다.

이극로, 김병제, 유열은 모두 다 납북이 아니라 자진해서 월북한 사람들입니다. 그러자 조선어학회는 그다음 해 1949년 9월 총회에서 이사장으로 최현배를 선출하고, 또 유서 깊은 이 학회의 명칭을 '한글학회'로 고쳤습니다. 이 학회가 일제 탄압 속에서 조선어학회라는 이름으로 고고하게 민족어 통일을 위한 운동을 했다는 것이 얼마나 대단한 일인데, 그 이름을 당장 없애버린 겁니다. 물론 그때 그 충정은 이해가 돼요. 나라가 대한민국으로 국호를 정해서 수립되었는데 북쪽 국호와 유사한 '조선어학회' 명칭을 그대로 두는 것이 좀 언짢다고 생각을 했던 것으로 짐작됩니다.

●●● 안타깝게도 결국 남북 사이의 정치적 분단이 조선어학회 회원들을 갈라놓은 셈이군요. '조선어학회'가 1949년 '한글학회'로 명칭

이 바뀌고 난 뒤의 활동은 자연스럽게 남쪽에 남은 회원들이 담당했을 것으로 판단됩니다. 간사장 이극로 선생은 북을 선택했지만, 일제강점기 조선어학회 사건에서 역시 고초를 겪은 이희승, 최현배 두 선생은 남쪽에 남으셨습니다. 해방 후에 이희승 선생은 서울대학교에서, 최현배 선생은 연세대학교에서 교수로 재직하면서 한글학회에서 활동하셨던 것으로 알고 있습니다. 그렇다면 한글학회는 누구에 의해 주도되었고, 그 활동에서 선생님께서 기억이 나는 장면은 어떤 것이 있으신지요?

◆◆◆ 이렇게 학회 이름을 고치다 보니까 결국 국어학 분야도 남북 분열의 양상이 나타난 겁니다. 즉 학회 회원의 일부가 월북해서 거기서 국어 운동을 따로 펼치고, 남쪽에서는 또 남은 사람들이 학회 이름을 바꿔가면서 국어 운동을 했기 때문에 분열이라고 봐도 좋을 것 같습니다. 결국 학회는 이사장 중심의 종신제를 만들었고 그 직책은 세습되었어요. 필요한 국어 정책의 보완을 위한 구상도 하지 못할 정도로 학회의 양상이 바뀐 것이지요. 그래서 한글 전용에 치우친 학회의 하나로 위상이 점점 바뀌어가지 않았나 생각해요.

1949년에 그렇게 학회 이름을 바꾸고 일부가 월북한 상황이지만, 외솔 최현배 선생이 한글학회 이사장이자 동시에 편수국장을 겸했으니까 당분간은 한글학회의 정책과 당시 정부의 국어 정책에 무슨 골이 있거나 그런 건 아니었다고 봐야 합니다. 외솔이 계속 학회를 장악해왔기 때문에 학회의 정책에 대한 견해와 정부의 정책이 거의 보조를 맞추었다고 볼 수 있습니다.

저는 그때부터 조선어학회 회원이었고, 조선어학회의 《큰사전》 편찬원이었습니다. 그래서 학회의 당시 상황을 비교적 자세히 알지요. 학회가 남북으로 분열된 이후 1950년대나 1960년대였던 것 같은데, 한번은 '한글학회' 총회에 간 적이 있었어요. 총회에서는 일반적으로 이사장을 선출하지요. 그런데 총회에 가보니까 갑자기 거의 모르는 사람들이 회원이에요. 총회에서 이사장을 선출하는 과정에서 투표용 지에 나온 것을 일일이 불러가며 통의했어요. 그런데 어느 투표자가 '최현베'로 '어이'를 쓴 것이 발견되었습니다. 이 표를 맞는 표로 하 느냐 틀린 표로 하겠느냐 질문을 해서 저도 알게 되었어요. 영남 사람 들이 '아이'와 '어이'를 구별하지 못해서 쓴 것이죠. 나중에 결과를 보니까, 거의 외솔 표고 외솔이 생각하는 대로 투표 결과가 나왔어요.

아예 회원 구성과 총회 진행을 예행연습까지 해가면서 맞춰놓고 지 령하는 대로 뽑았다는 얘기를 나중에 어렴풋이 들었어요. 그렇다면 이 학회가 민주주의를 앞세워서 얘기할 자격이 있어요? 뭐 더 많은 말을 들었지만 일일이 다 얘기하기가 어려워요. 그 후에 외솔 뜻대로 허웅이 이사장을 했는데 허웅도 그렇게 뽑혔지요. 참 나쁜 것은 사제 간에 이사장을 승계받은 것이지요. 그 후로 나는 기분이 나빠서 총회 에 안 나가는데 김계곤도 아마 그 수법을 배웠을 겁니다. 또 그다음에 김계곤하고 가장 가까운 건국대학교의 김승곤이 되었지요. 내가 이런 얘기하는 것도 그나마 애착을 가졌기 때문입니다. 일제시대에 그렇게 뜻이 있는 사업을 하던 학회가 우리 역사상 많지도 않은데, 끝에 가서 왜 이렇게 돼야 하느냐 말입니다. 얼마나 안타까워요? 이렇게 안타까 운 심정을 가진 사람은 저만이 아닐 겁니다.

●●● 선생님의 말씀을 들으니 당시 학회의 복잡한 상황을 어느 정도

짐작할 수 있겠습니다. 그리고 당시 총회 진행 방식에 대해 이십 대 청년이었던 선생님이 느꼈을 실망감도 이해가 갑니다. 다만 학회 내에서 최현배 선생의 위상을 생각하면, 그러한 선거 결과가 학회원들의 의사를 왜곡한 거라고 보기는 어려울 것 같습니다. 물론 무리한 진행 방식은 비판받아야겠지만요.

하여튼 학회에서 중추적인 역할을 했던 회원 중 일부가 북을 선택하면서, 조선어학회의 언어 정책적 활동은 남에 남겨진 분들의 몫일 수밖에 없었겠네요. 그 사이에 조선어학회가 한글학회로 명칭을 바꾼 것도 상징적이라 할 수 있는데, 이를 계기로 학회가 한글 전용 정책을 더욱 강력하게 추진하는 방향으로 바뀌게 된 것으로 이해됩니다.

이렇게 남한 단독정부가 수립되면서 그에 따라 조선어학회(1949년부터는 한글학회)의 위상도 바뀔 수밖에 없었을 것으로 판단됩니다. 남북 분단 이후에 북을 선택한 분들의 면면은 이제 어느 정도 확인할 수 있습니다. 그들은 북의 '조선어문학' 연구와 교육에 중추적 역할을 한 것으로 알고 있습니다. 현재 활동하는 북의 학자들을 만나서 그분들에 대한 질문을 드리면 해방 후에 북을 선택한 분들의 명암이 교차하기도 합니다. 당시에 월북한 조선어학회 회원들은 어떤 분들이었는지 선생님께서 기억하시는 몇 분에 대한 소개를 부탁드리겠습니다.

◆◆◆ 우선 홍기문은 그의 아버지 벽초 홍명희 선생과 함께 북으로 갔지요. 김병제, 김수경 이런 분들도 북측의 문헌을 통해서 살펴보면 월북 후에 모두 대단한 활동을 했습니다. 정확한 기록이 없으니까 확실히는 모르겠습니다만, 홍기문은 김일성 주석의 어문 정책 담화, 이른바 교시문의 초안자라는 말을 들었어요. 그런데 홍기문은 한학자예

요.《조선왕조실록》을 다섯 번씩이나 읽었다고 하니까 한문에 능숙했지요. 그는 한문의 중요성을 주장하는 학자였을 터인데 어떻게 한글 전용을 내세우는 정책의 이론적 뒷받침을 했는지 저로서는 이게 불가사의 중 하나예요. 김병제 선생은 앞에서도 말씀을 드린 바와 같이 일제시대에 연희전문학교 문과를 졸업한 후 조선어학회에서 사전 편찬을 하셨고, 조선어학회 사건으로 옥사한 이윤재 선생의 원고를 손질해서 《표준 조선말 사전》을 출간했지요. 정태진 선생과는 《조선고어 방언사전》(1948)을 공저하셨고요.

●●● 홍기문 선생이 월북 이후 국어사 연구에 집중한 것을 보면 말다듬기 등 현실 언어 정책과는 거리를 두지 않았을까 하는 생각도 듭니다. 일제강점기나 해방 직후에 조선어학회의 독단적 규범화나 국수주의적 경향을 비판한 분이었으니까 현실 언어 정책을 주도하던 조선어학회 출신 어학자들과는 거리가 있었을 것 같고요. 이는 홍기문 선생의 독특한 이력과도 연관 지어 볼 수 있을 것 같습니다.

선생님 말씀을 좀 보충하자면, 홍기문 선생은 중국과 일본에 잠시 다녀왔으나 거의 독학 수준으로 언어학 공부를 한 인물이었습니다. 한학자이기도 했지만, 《조선일보》 학예부장을 역임하기도 했으며, 훈민정음 연구에도 탁월한 업적을 남긴 국학자로 평가받고 있습니다. 북을 선택한 이후에도 북에서 《이조실록》 번역을 총괄한 인물로 알려져 있습니다. 그럼 계속 선생님 말씀 듣겠습니다.

◆◆◆ 김수경은 알려진 바와 같이 경성제대 철학과를 나왔어요. 5개 국어에 능통했다는 소문이 있었을 정도로 외국어를 잘하는 수재로 알

려진 인물입니다. 그리고 우리말에 대한 관심과 조예가 상당히 깊었어요. 제가 1946년 경성사범학교 부설 임시중등교원양성소에 다닐 때 김수경 선생은 서울대학교 상과대학 전신인 경성경제전문학교 교수로 불어를 가르쳤다고 해요. 이분은 중등교원양성소에서는 국어학개론을 강의하셔서 제가 수강을 했어요. 내용이 아주 간결하고 참 잘 짜인 체계였다는 기억이 납니다. 안타깝게도 그 노트를 잃어버려 자세한 내용은 기억에 없어요.

그때 저와는 사제관계로 처음 인연을 맺은 셈인데 그 후 월북하셔서 김일성대학교 조선어문학부 조선어학 강좌장을 맡으셨습니다. 북측의 제2세대 중요한 학자들은 거의 김수경 선생의 제자입니다. 몇 해 전에 돌아가셨는데 북에서 우대를 받고 많은 활동을 한 것으로 보입니다. 이분이 경성제국대학 철학과를 나왔음에도 불구하고 어떻게 국어학을 전공하게 됐는지 그 연유에 대해서는 전혀 알 길이 없어요. 하도 오래돼서 모르겠지만, 원래 철학과에선 언어철학이라는 분야가 있습니다. 그러니까 아마 이분이 국어학에 관심을 갖고 전공으로 공부할 수 있었겠지요. 그런데 언어철학은 국어학에서는 주류가 아니었어요. 언어철학에 포함될 수 있는 분야가 있긴 있지만 당신이 어떤 언어철학을 하셨는지 그것까지는 잘 모르겠습니다.

조선어학회 회원이었던 전몽수 선생에 대해서는 알려진 게 없어요. 우리가 알 수 있는 것은 일제시대 조선어학회의 기관지인 《한글》에 이른바 어원에 관한 글을 계속 게재한 것을 확인하는 정도지요. 그런데 전몽수는 평안도 사람인 건 분명해요. 그리고 해방 후에 북쪽에서 《어원지》라는 단행본을 낸 것이 있어요. 원래 북쪽 정보 알기가 어렵다보니 월북한 후에 뭘 했는지 그것도 전혀 알 길이 없네요.

같은 평안도 사람으로 유창선이라는 분이 있었는데, 그분이 해방 전에 향가를 해독한 논문이 나오거든요. 그래서 학계에도 잘 알려졌는데 그분의 논문이 해방 후 조선어문연구회의 《조선어문》에 실린 것을 봤어요. 그런데 그분도 어떤 활동을 했는지 자세히 알 수가 없습니다. 《이조어 사전》을 펴낸 유창돈 선생의 친동생이라는 점과 해방 전에 주지주의 계열의 시를 쓰는 문학가였다는 점은 이미 알려진 바입니다.

●●● 말씀하신 인물 중 김수경 선생의 경우는 경성제대에서 언어학을 가르친 고바야시 히데오小林英夫를 도와 소쉬르의 《일반언어학강의》를 일본어로 번역하는 데 크게 기여했다고 합니다. 고바야시가 자신의 회고록에서 경성제대 시절 가장 기억에 남는 제자로 김수경을 꼽은 걸 보면, 김수경 선생의 능력을 특별히 인정했던 것 같습니다. 그런 점에서 김수경 선생은 학부 시절부터 언어학과 관련한 소양을 쌓았다고 봐도 크게 무리는 없을 듯합니다. 누구보다 먼저 구조주의 언어학을 습득했던 것 같고요. 나중에 도쿄제대 언어학과 대학원에 진학했으니 전공자 그룹에 포함시키는 게 당연하지요.

그리고 선생님께서 말씀하신 김병제 선생 이야기에 덧붙여 사전 편찬에 대한 이야기를 나눴으면 합니다. 김병제 선생의 《표준 조선말 사전》이 나오기 전에 일제강점기에 문세영의 《조선어사전》이 있었습니다. 이 사전 역시 일제강점기에 출간된 조선어사전으로 꽤 인기가 많았던 것으로 알고 있습니다. 당시에 기획은 하고 있었으나, 조선어학회조차 사전을 만들지 못한 상황에서 이 사전은 어학적 가치가 높다고 하겠습니다. 1938년에 초판이 나온 뒤 해방 후에도 계속 출판된 걸

봐도 알 수 있습니다. 두 사전이 어떤 관련성과 차이점이 있을까요?

◆◆◆ 우리나라 사전의 역사를 살펴보면 1880년대 이후에 주로 선교사들에 의해서 편찬되었습니다. 일제시대는 조선총독부에서 편찬한 사전도 있고, 또 지금 언급한 바와 같이 민간에서는 문세영의 《조선어 사전》도 있었어요. 일찍부터 사전이 계속 편찬되었지만 《표준 조선말 사전》 이전에 나온 사전에는 국어 규범의 전제가 없었어요. 예를 들면 한글 맞춤법의 어떤 규정에 따라서 사전의 표기법을 통일했는지, 표준어 사정에 따라 표준어와 방언 문제는 어떻게 처리했는지 분명한 기준이 확립되어 있지 않았어요. 사전마다 제 나름대로 그냥 느낌과 감각으로 표준말과 방언을 구별했지요. 또한 가령 받침이라든가 무슨 발음에 관해서 명확하게 표준 발음 규칙 같은 것을 전제로 통일해야 하는데 그것이 거의 안 되어 있었어요. 사전 안에 국어 규범의 종합화가 필요했던 거죠.

1947년에 편찬된 《표준 조선말 사전》은 당시 조선어학회에서 밝혀 놓은 맞춤법 규칙, 거기에 따른 표준 발음 규칙, 또 《조선어 표준말 모음》에 따른 것이었어요. 그렇게 보면 《표준 조선말 사전》은 엄격한 기준에 따라 편찬된 규범 사전이었어요. 다시 강조하지만, 최초의 국어 규범 사전이었다고 봐도 무방합니다. 그러니까 당시 학생들은 이 사전을 주로 찾아봤어요. 문세영 사전은 이렇게 저렇게 엉뚱하니까 그걸로 공부하고 시험을 쳤다가는 국어 시험에 낙제할지도 모르니까요. 아마 당시 사전에 대한 평가는 그러한 흐름이 있지 않았나 싶어요.

●●● 문세영 사전이 출판된 해의 인터뷰 기사(《각고면려 십여성상 조선어

사전 완성—저자 문세영씨 방문기〉,《조광》35, 1938)를 보면 문세영이 조선어학회의 맞춤법 통일안에 맞춰 원고를 고쳤다고 밝히고 있습니다. 게다가 문세영은 조선어학회의 표준어 사정위원이기도 했습니다. 그렇다면 문세영의 사전 또한 규범 사전으로서 역할을 했다고 할 수 있을 겁니다. 다만, 문세영의 사전이 1946년에 개정된 한글 맞춤법을 반영해 수정되었는지는 확인이 필요할 것 같습니다. 선생님 말씀대로《표준 조선말 사전》이 문세영의 사전보다 인기가 많았다면, 이는 1946년 개정된 맞춤법을 반영했기 때문이 아니었을까 하는 생각이 듭니다.

그런데 조선어학회는《표준 조선말 사전》에 앞서 1947년에 을유문화사에서《조선말 큰사전》1권을 간행하게 됩니다. 당시에는 아직 온전한《조선말 큰사전》은 아니었지만, 1957년 6권까지 완간되면서 대사전의 면모를 갖춘 것으로 알고 있습니다. 그렇다면《표준 조선말 사전》과《조선말 큰사전》의 관계는 어떤 것일까요?

◆◆◆ 전공자의 입장에서 규범 사전이란 그 안에 규범의 기준과 원칙이 확립되어 있어야 하고, 개별적으로 그 기준에 맞추어 처리가 되어야 하거든요. 어휘를 모으기만 하면 그건 모래알 같은 것일 뿐입니다. 이것을 규범화하지 않으면 문제가 발생합니다. 규범이 반영되지 않으면 단순히 이 어휘의 뜻이 무엇이고 품사는 무엇이다 정도로만 그치는 거지요. 글을 바르게 쓰고 고치는 작문을 할 때 잘못된 사전을 보게 되면 기준에 어긋나는 글이 나올 수 있죠. 그런 의미에서 보면《표준 조선말 사전》은《큰사전》보다 앞선 최초의 규범 사전이자 간결한 소사전의 성격이라고 평가할 수도 있을 겁니다.

《큰사전》1권이 을유문화사에서 1947년 10월 9일에 나왔고 이 조선어학회 《큰사전》이 나중에 규범 사전의 구실을 하게 됩니다만, 당시에는 전권이 아닌 제1권만 출간되었어요. 그런데 그것만 가지고는 사전 구실을 할 수가 없었어요. 모든 어휘가 사전 본문에 다 안 나오니까요. 1957년에 《큰사전》 전권이 출간되어 비로소 사전 구실을 하게 되었지만, 그때까지 《표준 조선말 사전》이 무릇 10년 동안을 베스트셀러가 되었다는 건 부정할 수 없어요.

●●● 일제강점기에 조선어학회에서 표준어를 사정할 때 문세영 선생이 활동한 것에 대한 기록은 있습니다. 그런데 해방 후에 이분이 《조선어사전》을 바탕으로 많은 국어사전을 펴냈는데도 국어 정책이나 국어교육 분야에서 맡은 역할이나 활동한 행적은 알기 어렵습니다. 해방 후에 조선어학회에서 《우리말본》을 쓴 최현배 선생, 《조선문자급어학사》를 쓴 김윤경 선생, 《조선어사전》을 편찬한 문세영 선생을 우리글을 빛낸 3대 저술가로 칭송했던 걸 보면, 문세영 선생이 해방 후 조선어학회에서 일정한 역할을 했다고 보는 게 자연스럽거든요. 혹시 문세영 선생에 대해 알고 계신 바가 있는지요?

◆◆◆ 문세영 선생에 관해서 좀 유의를 해서 살펴봤는데 별로 알려진 게 없어요. 내가 들은 건 일제시대에 재산이 좀 있었고, 문세영 사전은 그 돈을 가지고 사전 편찬원을 고용해서 자기 이름으로 자비출판을 한 것이라는 이야기 정도예요. 그게 얼마나 신빙성이 있는지 그것도 전혀 모르겠어요. 다만 그 문세영의 《조선어사전》 서문을 보면 이윤재 선생이 지도를 하고 한징 선생이 교정에 책임을 져주었다는 말이 나옵니다. 그것을 보면 조선어학회 회원을 고용해서 교정을 본 것

은 분명한 듯합니다. 그렇다고 해서 일제시대에 얼마나 국어 규범을 일관성 있게 지키고 책임 있게 편찬을 했는지 금방 보고는 알 수가 없어요. 학계에서 이 사전을 면밀하게 검토하고 평가하는 작업이 선행되어야 하지 않을까 생각합니다.

●●● 당시 남북이 모두 사전을 편찬해야 한다는 일종의 책임감을 가지고 있었던 것 같습니다. 일제강점기를 거치며 제대로 된 사전을 갖지 못한 회한과 성찰이 있었을 테니까요. 남쪽에서는 조선어학회가 《조선말 큰사전》 1권을 내고 후속 권을 편찬하고 출간할 계획을 세우고 있었습니다. 북쪽에서도 마찬가지였지요. 북의 《조선어연구》 잡지를 살펴보면 북도 사전을 만들기 위해 김일성종합대학교 대학생들이 어휘 카드와 원고지를 서로 대조해가면서 교정을 마치고 《조선어사전》 편찬을 끝냈다는 얘기가 있습니다. 그 사전에 대해 선생님이 알고 계신 바가 있으신지요?

◆◆◆ 우리가 북측의 여러 가지 정보에 관해서는 알 길이 없어요. 그래서 나도 한국전쟁 전에 북측 평양에서 나온 《조선어연구》 학보를 보고 비로소 알았는데요. 북측에서도 1948년 9월에 정부가 수립되면서부터 본격적으로 과학원, 연구소 등을 세우고 거기서 자체로 조선어학회의 《큰사전》에 견줄 만한 사전을 편찬할 생각을 하고 있었던 거 같아요. 그래서 1949년 8월에 《조선어사전》을 편찬한 것으로 알고 있어요. 같은 해 10월 그 사업 기구로서 월북한 이극로, 홍기문, 김수경, 김병제 등을 포함한 23인의 전문위원회가 결성되었다고 합니다. 사전 편찬을 해서 원고를 완성했다고는 하나 아마 전쟁 중에 없어진

것 같아요. 《조선어연구》에 기록된 이상의 자세한 것은 저도 전혀 알 길이 없습니다.

2.
대학의 설립과
국어국문학과의 개설 과정

2-1. 일제의 대학 제도와 조선어문학 전공자의 육성

●●● 해방 직후의 국어국문학 전공의 성립 과정을 이해하기 위해서는 우선 일제의 학제에 대한 이해가 필요할 것 같습니다. 싫든 좋든 일제의 교육 정책은 해방 후 조선에 적지 않은 영향을 끼친 것으로 볼 수밖에 없습니다. 우선 일제의 학제에 대한 자세한 설명을 부탁드리겠습니다.

◆◆◆ 먼저 독특했던 일제의 학제부터 엿보는 것이 여러분이 이해하는 데 도움이 될 것 같습니다. 일제의 학제에서 소학교는 6년제와 8년제가 있었어요. 소학교는 크게 심상소학교와 고등소학교 두 등급으로 나누었어요. 심상소학교 6년을 졸업하면 진급해서 2년제 고등소학교

를 졸업하거나 중학교에 진학할 수 있었습니다. 중학교는 3년제하고 5년제가 있었어요. 5년제는 갑종 중학교, 3년제는 을종 중학교라고 불렀지요. 갑종 5년제를 나와야 전문학교나 대학에 진학할 수 있었어요. 3년제는 진학이 막혀 졸업 후에 직장으로 나가서 실용 분야에 종사했지요.

일제시대 고등교육 기관인 전문학교는 3년제, 4년제가 있었어요. 대개 3년제였고 의학과만 4년제였습니다. 해방 후에 설립된 대학의 원형이 되긴 했지만, 식민지 시대에는 정식 대학이 아니었어요. 특이한 것은 연희전문학교는 문과와 이과 두 분야 모두 4년제였어요. 그것은 연희전문학교가 처음부터 대학을 목표로 설립하려고 한 것과 연관된 듯합니다. 아마도 일제가 연희전문학교를 대학으로 인가해주지 않은 대신에 타협해서 4년제로 인가해준 건 아닌가 하는 생각이 듭니다.

그리고 고등학교는 3년, 대학 학부도 3년, 대학원은 2년 내지 5년이었어요. 대학원은 지금처럼 석사과정, 박사과정으로 분리가 안 되어 있었어요. 그냥 연구 과정으로 자기 원하는 대로 2년 내지 5년을 학위 없이 공부하는 겁니다. 일본 정부는 1886년에 이른바 '제국대학령'이라는 법령을 만들어서 일본 전국에 9개의 제국대학을 설립했습니다. 그리고 이 제국대학 예비 교육을 위해서 1894년에 고등학교령을 설치하고 고등학교 10개를 전국에 설립했어요.

●●● 선생님의 말씀을 듣다보니 일제강점기에 고등학교는 지금 우리가 생각하는 고등학교와는 사뭇 다릅니다. 현재의 고등학교보다는 더 상급의 학교로 짐작됩니다. 오히려 당시 중학교가 지금의 중학교와 고등학교를 합친 중등 교육기관인 것 같습니다. 당시 고등학교는 대

학 수준의 학교 기관으로 보입니다. 더군다나 당시 조선에는 고등학교가 존재하지 않았다고 하는데 이에 대한 자세한 설명을 부탁드리겠습니다.

◆◆◆ 그런데 이 고등학교가 아주 특이한 과정입니다. 아주 수준 높은 고등 보통교육을 3년 동안 시켰는데 남자만 다닐 수 있는 학교였습니다. 이 시기에 여자는 고등학교를 갈 수가 없었어요. 물론 대학도 여자는 갈 수가 없었어요. 그러니까 일제강점기에 여성이 학사 졸업을 했다면 그건 거짓말입니다. 물론 미국이나 다른 나라에 가서 학사 학위를 취득할 수는 있었겠지요.

당시 고등학교는 3년제인데 아주 특이한 것은 중학교 5년제에서 4년을 수료하면 입학 자격이 있었다는 점이에요. 중학교 다니던 학생들은 4년을 수료하기 전에 고등학교 시험을 쳤습니다. 비록 떨어지더라도 모두가 한번 관행으로 시험을 본 거지요. 합격하게 되면 4년 수료로 중학교를 마치고 고등학교 3년을 다니는 것인데 이 고등학교가 아주 탄탄한 기초 교육을 했어요. 학생들이 고등학교에 입학하면 외국어 2개를 마스터하는 건 절대 조건이었고, 심지어 문과를 나오면 한문으로 한시를 지었어요. 수재들만 모아서 철학개론, 논리학 등 기초가 되는 과목을 고등학교에서 다 가르쳤어요. 학생들은 졸업하면 제국대학 입학 시험을 안 보고 대학, 제국대학 어디에나 원서를 내요. 인원이 넘치지 않으면 무조건 받아줬어요. 물론 인원이 넘치면 전공을 바꿔야 했지만요.

일본 본토에만 이렇게 고등학교 10개를 세우고 식민지 조선과 타이완에는 고등학교를 세우지 않았어요. 그렇다 보니까 할 수 없이 조선의 경성제국대학과 타이완의 대북제국대학에는 예과라는 걸 두었어요. 명칭이 예과일 뿐이지 당시 고등학교령에 의한 고등학교와 똑같은 과정이었어요. 그래서 예과를 졸업하면 어느 제국대학이든 문과의 갑과 을로 학생들을 나눴어요. 문과의 갑은 문학부 계열이었고 문과의 을은 법과였어요. 이과의 갑은 이공학부 계통이었고 이과의 을은 의과계로 자동적으로 가는 거지요. 그걸 입학이 아니고 '진입'이라고 했어요. 당시 제국대학은 그래서 기초가 탄탄한 고등학교 졸업생으로 채워졌습니다.

이들 본과생에 대해서는 차별이 있었어요. 간혹 전문학교 졸업생이 입학하면 학사호 없이 수료하는 선과생으로 차별하는 식이었지요. 고등학교에 갈 수 없었던 여학생들은 선과생만 있을 뿐이었습니다. 그런데 이 차별은 매우 엄격했어요. 선과생이라도 고등학교 졸업 검정 시험에 합격만 하면 본과생이 될 수는 있었어요. 잘 알려진 분 중 한 분이 당시 경성제국대학의 철학과를 다녔던 박종홍 선생입니다. 이분은 예과를 안 나왔기 때문에 결국 고등학교 졸업 검정 시험에 합격해서 선과생에서 본과생이 된 아주 전형적인 예에요. 식민지에는 고등학교가 없었던 관계로 그렇게 됐던 것입니다.

●●● 해방 후에 일제강점기의 학제가 그대로 계승된 것은 아니겠지만 우리만의 교육과정이 단박에 만들어질 수 없는 상황이었을 것으로 짐작됩니다. 교과서는 말할 것도 없고, 각 학교의 교육과정도 제대로 마련되지 않았을 것 같습니다. 또한 대학을 비롯한 중고등학교 등의 교원 수급에 큰 어려움이 있었을 것으로 생각됩니다.

◆◆◆ 1945년 해방 후에 우리나라에서 특히 시급했던 것은 교육계의 회복입니다. 그런데 이 교육계를 다시 우리 식으로 돌리는 데 아주 많은 어려움을 겪어야 했습니다. 다들 알다시피 해방에 대한 준비가 없었던, 해방이 어느 날 갑자기 닥쳐온 처지라 교육에 대한 대책도 거의 없었고 교육계에 종사하는 사람들도 다들 당황한 거죠. 가장 어려운 문제는 일본인이 장악했다가 철수한 교육계 요직에 인력을 채우는 일이었어요. 부족한 적임자라도 골라야 했고, 일제의 교육과정에서 벗어나는 것도 시급한 일이었어요.

기본적인 교육과정을 담은 교수요목이 아주 간단한 책자로 구성되었는데 이 교육과정이 1946년에 가서야 나와요. 해방 후 약 1년 동안은 교육과정도 없었고 교과서도 없는 그야말로 공백기였죠. 1946년 9월에 교수요목이라는 교육과정이 비로소 나왔고, 임시로 급한 대로 엮어낸 국어 교과서, 국사 교과서 등이 출판되었고, 그 외의 교과서는 그 이후에 편찬되었어요. 우리 교육의 회복을 위한 진통이 아주 컸습니다.

심지어 내가 1947년에 구 학제였던 춘천 공립고등여학교에서 수학 교사가 없다고 해서 수학을 가르치기도 했습니다. 일본어로 된 일제강점기 수학 교과서로 학생들을 가르쳤지요. 그 이후에는 수학을 가르치지 않아서 짐작만 합니다만, 1948년이나 1949년 지나서야 우리말로 된 수학 교과서가 나왔지 않나 싶습니다.

●●● 일제는 식민지 초기에 조선에 경성제국대학을 개교했습니다. 경성제국대학의 개교와 함께 조선어문학 전공을 개설하기도 했습니다. 그리고 우리가 알고 있는 적지 않은 분들이 경성제국대학 '조선어급조선문학' 출신들입니다. 이 조선어문학 전공자의 육성 과정과 관

련하여 경성제국대학 설립의 의미에 대해 한 말씀 부탁드립니다.

◆◆◆ 경성제국대학은 1924년 5월에 설립되고 개교하자마자 예과가 만들어지고, 1926년에 법문학부와 의학부가 개설됐어요. 이 학부의 제1회 입학생은 1926년에 대학에 들어간 거죠. 법문학부에는 문학과, 사학과, 철학과 세 개 학과가 있었어요. 그리고 그 아래 소속 전공이 열다섯 개가 있었습니다. 그러니까 문학과에는 국어국문학, 그건 일본어지요. '조선어급及조선문학', '지나어급지나문학' 등이 있었지요. 그때 일본사람들은 중국이라는 말 대신에 지나支那라는 말을 썼어요. 영어급영문학과도 있었지만 당시 '조선어급조선문학' 전공은 경성제국대학이 유일했어요. 이 분야 전공이 있던 대학이 당시에 세계 어디도 없었으니까 유일할 수밖에 없는 거죠. 이 전공 졸업생들이 해방 후 각 대학 국어국문학과 교수의 적격자이자 적임자, 유자격자였지요.

1945년까지 17회 졸업생이 배출되었어요. 그런데 사실 엄밀하게 얘기하면 이들은 일본을 위한 일본의 전공자로 육성된 사람들이에요. 조선 문화를 위한, 조선에 관한 학문을 위한 전공자가 아니라는 뜻이지요. 어디까지나 일본 자신들에게 유익한, 자신들 필요에 부응하기 위한 그런 인재였던 거지요. 아마 그들 본인들도 재학 시절에는 자신들이 어디까지나 일본을 위한 일본의 전공자들이라고 생각했을 겁니다.

그런데 이들이 해방 후에 속출한 대학의 국어국문학과에서 유일하고 귀한 교수 자격자로 그 성격이 확 바뀐 것입니다. 각급 학교가 해방 공백기에 어려움을 겪은 건 마찬가지였지만, 특히 대학에서는 전공 교수가 없었어요. 적당히 사람을 데려와서 메울 수도 없으니 전공 교수의 부족이 대학의 가장 큰 어려움이었지요. 당시 대학교수의 자격은 기본적으로 대학 학부 졸업생, 학사 학위 소지자였지만 그 수가 매우 적었기 때문입니다.

1946년 8월에는 미군정청에서 대학을 인가하기 시작했어요. 우후죽순처럼 난립하는 거의 모든 대학에 국어국문학과가 설치되었지요. 그런데 이 분야의 교수 자격자, 즉 학부에서 조선어문학 전공자를 배출한 대학은 오직 경성제국대학 '조선어급조선문학' 전공 출신밖에 없었습니다. 그래서 그들이 크게 각광을 받게 되었지요. 이들은 해방 후에 우리 국어국문학계를 선도한 제1세대가 됩니다. 우리가 식민지 시대를 겪었기 때문에 도리가 없었지만, 어떻게 보면 참 한심하고 불행한 역사였다고 말할 수 있습니다.

2-2. 국어국문학 1세대의 활동과 신세대의 출현

●●● 국어국문학 전공은 선생님께서 언급한 1세대에 이어 해방 이후에 각 대학에 입학한 이들을 2세대로 볼 수 있을 것 같습니다. 다른 분야도 양상이 비슷할 수 있겠습니다만, 국어학 분야도 이렇게 세대 구분이 가능하겠지요. 선생님께서 경험하신 바를 바탕으로 하면, 국어국문학 분야에서 각 세대는 어떻게 나눌 수 있을까요?

◆◆◆ 해방 후 국어국문학 제1세대는 사실상 교수급이었고, 그즈음에 대학에 입학한 2세대에게는 은사들이기도 했지요. 이 교수들을 국어국문학 1세대로 규정해야 되지 않나 생각합니다. 그런데 제1세대 앞에는 꼭 '해방 후'라는 말을 붙여야 정확합니다. 저는 해방 직후에 대

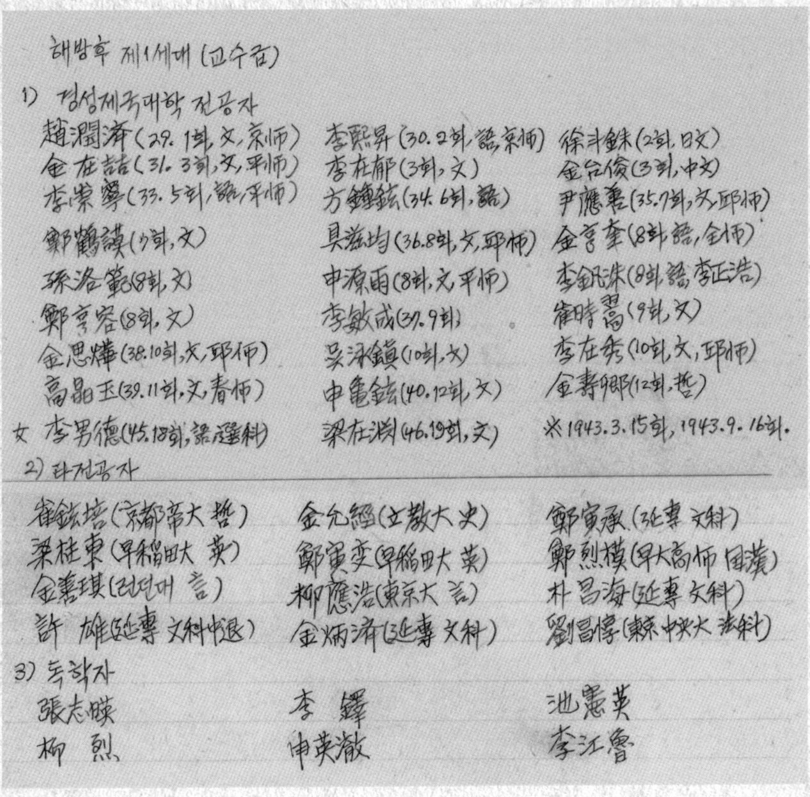

해방후 제1세대 (교수급)

1) 경성제국대학 전공자

趙潤濟 (29. 1회, 文, 京師)　　李熙昇 (30. 2회, 語, 京師)　　徐斗銖 (2회, 日文)
金在喆 (31. 3회, 文, 平師)　　李在郁 (3회, 文)　　　　　　金今俊 (3회, 中文)
李崇寧 (33. 5회, 語, 平師)　　方鍾鉉 (34. 6회, 語)　　　　尹應善 (35.7회, 文, 邱師)
鄭鶴謨 (7회, 文)　　　　　　　具滋均 (36.8회, 文, 邱師)　　金亨奎 (8회, 語, 全師)
孫洛範 (8회, 文)　　　　　　　申源雨 (8회, 文, 平師)　　　　李鈗珠 (8회, 語, 青正浩)
鄭亨容 (8회, 文)　　　　　　　李敏成 (37. 9회)　　　　　　崔時馨 (9회, 文)
金思燁 (38.10회, 文, 邱師)　　吳永鎭 (10회, 文)　　　　　李在秀 (10회, 文, 邱師)
高晶玉 (39. 11회, 文, 青師)　　申龜鉉 (40.12회, 文)　　　　金壽卿 (12회, 哲)
女 李男德 (45.18회, 語 選科)　　梁在潤 (46.19회, 文)　　※1943. 3. 15회, 1943. 9. 16회.

2) 타전공자

睿鉉培 (京都帝大 哲)　　　金允經 (立敎大 史)　　　鄭寅承 (延專 文科)
梁柱東 (早稻田大 英)　　　鄭寅燮 (早稻田大 英)　　鄭烈模 (早大高師 田漢)
金善琪 (런던대 言)　　　　柳應浩 (東京大 言)　　　朴昌海 (延專 文科)
許雄 (延專 文科中退)　　　金炳濟 (延專 文科)　　　劉昌惇 (東京 城大 法科)

3) 독학자

張志暎　　　　　　　李鐸　　　　　　池憲英
柳烈　　　　　　　　申英澈　　　　　李江魯

〈그림 11〉 1세대 국어학자 명단
김민수 선생이 메모한 1세대 국어학자 명단.

학에 입학했으니까, 정확히는 해방 후 2세대입니다. 저에게 가르침을 받은 후학들은 해방 후 3세대, 4세대 이렇게 나갈 수 있지 않을까 생각합니다. 그런데 1세대와 2세대 사이에서 연도나 나이를 아주 분명하게 금 긋기는 어려워요. 서로 들락날락하는 점이 있으니까요. 그렇게 총괄해서 보면 대체로 설명하기가 좀 편하지 않을까 생각을 해요. 그렇다면 해방 후에 국어국문학과는 1세대와 2세대가 함께 이루어 나갔다고 볼 수가 있어요.

식민지 조선의 유일한 대학, 경성제국대학은 해방을 맞았음에도 고요한 침묵만이 계속되고 있었어요. 왜 그랬는지 지금 추측해보면, 당시에 모두들 어떻게 해야 하는지 방법을 몰랐던 거죠. 일본사람들은 다 물러가고 대학에 빈자리가 났는데 교수를 어디서 데려다가 채웁니까? 사람이 없으니까 대학이 제대로 움직일 수가 없었던 겁니다.

●●● 선생님께서 지금까지 국어국문학 1세대가 어떤 성격의 세대인지 말씀해주셨습니다. 이 1세대는 결국 일제강점기에 대학에 들어가서 해방 직후에 각 대학에서 국어국문학 교원으로 활동한 세대로 규정하셨습니다. 그런데 교원이 그렇게 턱없이 부족했다면 대학생들도 많지는 않았을 것으로 판단됩니다. 해방 직후에 벌어진 대학의 설립과 학생들의 복학 등과 관련한 난맥상에 대해 말씀해주시겠습니까?

◆◆◆ 미군정청은 일제 말기에 학병으로 징발된 학생들의 복귀를 기다리며 개학을 했어요. 그런데 식민지 시대부터 조선인 학생을 한정해서 뽑은 탓에 복학생은 손꼽을 정도였습니다. 그 시대에 경성제국대학에서 학생들을 뽑는데 거의 일본 학생을 뽑았어요. 조선 학생

은 4분의 1도 못 되는 20퍼센트 정도를 선발했고요. 아예 학생들을 뽑을 때 인원을 한정해서 별도로 입학 사정을 한 결과가 20퍼센트니까 결국은 10명이 입학했다면 2명 정도가 우리나라 학생이었어요. 8명은 일본 학생이니까 조선 학생 수가 적을 수밖에 없었지요. 그러니까 해방 후에 우선 학생을 복귀시켜야 뭘 하겠는데 학생들이 원천적으로 없는 겁니다. 고작 몇 명밖에 안 되었던 겁니다.

어떡하든지 대학을 복원하긴 해야겠고 학생을 확보하려니 어느 대학 출신이든 상관없다는 거였죠. 원래는 복학생이 제국대학 학생들이어야 되는데, 학생증이나 무슨 수료증 같은 것을 제시하고 간단한 구술 시험만 거치면 다른 대학 학생들도 제국대학에 복학을 한 겁니다. 학년에 따라 편입도 시켰어요. 우리나라 사람이 옛날부터 학구열이 얼마나 강합니까? 모두 다 대학에 가려고 그러지요. 그런데 가만히 보니까 복학이 간단해요. 증서만 하나 내놓고 몇 마디 하면 입학생이 되는 겁니다. 그러니 그런 걸 보고 세상 사람들이 가만히 있었겠어요? 인쇄소마다 어느 대학 학생증, 어느 대학 무슨 수료증, 그것을 인쇄해서 비슷하게 도장을 새겨서 찍었어요. 그 값이 처음에는 꽤 비싸서 지금 돈으로 하면 뭐 10만 원씩 하더니만 나중엔 만 원 아닌 5,000원에도 살 수 있었어요.

1945년 후기부터 1946년, 1947년까지 약 3년 동안 대학생들은 거의 가짜입니다. 조금 충격적이긴 하겠지만, 이거는 내가 직접 목격해서 아니까 증언하는 겁니다. 아마 기록 어디에도 없을 거예요. 증서를 내면 교수가 면접을 꼭 해요. 면접을 하는데 대학 재학생, 수료생이 하도 많이 몰려오니까 이제 진짜와 가짜 구별해야 하는데 방법이 있어야지요. 지금 같으면 그 대학에 우편 등으로 조회를 해서 확인할 수 있는데 그때 그게 돼요? 전혀 안 되지요. 그러니까 학과 교수가 면접을 하는데 이것저것 물어봐도 알 수가 있어야죠. 그래서 대학교 교가를 불러 보라고 그러면 양심적인 학생은 모른다고 해서 입학을 못 해요. 그런데 능청스러운 놈은 아무렇게나 가사를 만들어 불러요. 어쨌거나 노랠 부르면 그다음에 면접을 담당하는 교수가 그게 교가인지 아닌지 알게 됩니까? 그래서 편입을 했다는 우스개 이야기가 돌아다니던 게 지금도 기억이 납니다.

●●● 당시 대학 복학 및 편입 과정에서 벌어진 난맥상에 대해 증언해 주셨습니다. 어찌됐든 해방 후에는 서울대학교를 비롯한 각 대학에서는 신입생을 뽑아 선발해야 되지 않겠습니까? 그런데 이미 언급하신 바와 같이 일제시대에 소학교, 중학교를 다녔던 조선인 학생들의 상황이 아주 복잡한 경우라서 그 학제를 어떻게 대학 입학 자격에 적용시키느냐가 관건이었을 것 같습니다. 당시에 학생들이 대학에 입학할 때 벌어진 혼란은 없었는지요?

◆◆◆ 해방이 되고 경성제국대학은 경성대를 거쳐 1946년 8월 국립서울대학교로 개편됩니다. 그런데 여전히 학부에 입학할 자격자가 없었어요. 서울대학교를 설립할 적에 미국 학제를 모방했으니까 중학교 6년 과정을 마치면 대학 학부에 입학할 자격이 되겠지요. 또한 일제시대에는 학부가 고등학교 3년과 연한이 비슷해서 3년이었습니다. 이런 일제강점기의 학제를 적용하는 한 그 아래에서는 거의 입학 자격자가 있을 수 없었어요.

해방 후에 인가된 대학이 숱하게 많아요. 사립대학교 고려대학교도 그때 보성전문학교에서 대학으로 승격이 됐고요. 그런데 대학을 세웠지만 입학생이 있을 수 없잖아요? 아니 일제강점기에 조선인 자격으로 고등학교 졸업생이 어디 있어요? 그리고 미군정청에서 교육법을 새로 개정해서 중학교를 6년제로 했으니 6년제 졸업생이 나와야지요? 그런데 1948년이 되어야 1회 졸업생들이 나와요. 6년 중학교 졸업생이 1947년까지는 하나도 없는 거예요. 그래서 부활된 예과나 신제 6년제 중학교 출신이 1948년에 졸업해서 나오기까지 이런 난맥상이 계속될 수밖에 없었어요.

1946년 서울대학교가 설립된 후 학칙에 중학교 졸업생도 대학 학부 입학 자격이 있다고 적어놨어요. 일제시대 때 중학교 4년 졸업도 포함시킨 거예요. 고등학교 과정을 완전히 떼버린 겁니다. 이게 무슨 대학입니까? 전문학교지요. 그러니까 나는 대학을 나왔지만 따지고 보면 전문학교, 지금으로 하면 초급대학을 졸업한 겁니다.

당시 서울대학교 학칙 규정은 1946년 신학제에 의한 6년제 중학교라는 뜻이었지만, 구제 4년제 졸업생도 포함시키는 편법이 통용되던 시기였던 거지요. 이게 사실은 말이 안 되는 거죠. 나도 경기공립공업학교 제2전수과 출신인데요, 고등소학교 2년제 졸업을 입학 자격으로 하는 2년제였어요. 일제시대 고등소학교는 심상과 6년제를 졸업한 학생들이 입학할 수 있는 2년제 소학교 고등과였어요. 그래서 결국은 8년이지요. 이 8년을 공부한 고등과 출신을 입학 자격으로 하는 것이 제2전수과입니다. 내가 여기에 입학해서 2년을 공부한 것이 서울대학교 교무처에서 검토한 결과 중학교 4년 졸업으로 인정을 받았지요.

이 혼란은 대학 학부 설립의 시기를 잘못 짚은 미군정청의 과오가 크다고 봐요. 당시에 대학 인가를 바로 하지 말았어야 해요. 나중에 인가와 동시에 예과를 설치하면 몇 해 후에 학부에 학생들이 올라오잖아요. 경성제국대학처럼 예과가 먼저 설립된 후에 몇 해 있다가 학부가 설립되어야 하잖아요? 이 정책을 추진한 사람들은 지탄을 받아 마땅합니다. 지나간 일이지만요.

●●● 해방 전 일제강점기에 경성제대의 교수들은 일본인이었고 이들이 제1세대 국어국문학자들을 가르쳤을 것으로 생각됩니다. 이 일본인 교수 중에는 '내지' 일본과 '반도' 조선을 왔다 갔다 하면서 강의를 하는 사람도 있었을 것 같고요. 일본인 교수 중 주목할 만한 교수는 누가 있었는지요? 그리고 그들에게 교육을 받고 졸업한 조선인 학생들은 일제강점기에 어떤 직업에 종사했는지 궁금합니다.

◆◆◆ 해방되기 전 일제강점기에는 당연히 일본인 교수들이 학생들을 가르쳤어요. 그중 대표적인 사람이 도쿄대학 지나(中国)철학과를 졸업한 다카하시 도루高橋亨로 경성제국대학의 조선문학 교수였어요. 조선어학 교수는 도쿄대학 언어학과 출신의 오구라 신페이小倉進平 선생이었고, 이 두 분이 학생들을 가르쳤지요. 조선총독부 관리로 와서 우리말을 배웠지만 타 전공자였고 당시 전공과목을 체계적으로 강의할 여건도 아니었어요. 더군다나 외국인이었고요. 특히 오구라 교수는 도쿄제국대학 겸임교수로 1933년부터 경성제국대학에서 집중 강의를 했어요. 그러니까 학기 말이나 방학에 경성에 와서 몇 주일 집중 강의를 하고 다시 일본으로 돌아가는 교수였던 셈이지요. 그 후계자 고노 로쿠로河野六郎 선생은 처음에 조교로 왔다가 1941년에 강사가 됐다고 해요. 1945년에 일본이 패망한 후 물러갈 즈음에 조교수였는

데 무슨 강의를 했는지 저는 기록을 찾지 못했어요.

이런 상태였기 때문에 1세대는 이처럼 미비한 상황에서 사회로 배출되자 당시 황국신민의 교화를 위해 중점을 두었던 사범학교 교유로 배치되는 영예를 누렸습니다. 지금으로 말하면 교사입니다. 일제하에서 사범학교 교사로 발령을 받았다 하면 그것은 상당한 영예였습니다. 왜냐하면 이 교유들은 당시 학생들을 완전히 일본 식민으로 만드는 중차대한 책임을 지고 있어서 호봉도 높고 월급도 많이 받았거든요. 어디를 가든 대우를 해주었지요. 어느 모임이나 장소에 가면은 사범학교 교사가 맨 앞자리에 앉아요. 그러니까 그들은 어쩌면 친일파 중의 친일파인 셈이었는지도 몰라요.

당연히 경성제국대학 조선어문학과 어문학 전공 출신자도 졸업하자마자 각처에 있는 사범학교 교사로 전부 발령을 받았어요. 그런데 거기서 거의 해방을 맞이했으니까 이 1세대들은 중등학교 국어 교사에 불과한 사람들입니다. 연구 업적이 전혀 없었는데도 해방되고 교수가 부족했던 덕분에 갑자기 교수가 된 겁니다.

●●● 그럼에도 불구하고 대학 교육에 대한 수요가 늘어나는 현실에서, 일제강점기에 대학 교육을 받고 교유로 활동했던 사람들을 우선순위로 대학교수에 채용한 것은 자연스러운 일이었다고 생각됩니다. 다른 분야에서도 일제강점기에 활동한 사람들이 해방 후에 다시 유경험자로 그 업무에 복귀하는 예는 허다했습니다. 그게 긍정적이든 부정적이든 교육계도 마찬가지였을 것입니다. 그렇다면 이제 본격적으로 국어국문학계의 1세대라고 할 수 있는 분들에 대한 이야기를 들어봤으면 합니다.

◆◆◆ 제1세대의 자격자는 경성제국대학 '조선어급조선문학과' 출신들로 일제하에서 문학사호로 학사호를 받은 사람들이죠. 약 20명 정도였습니다. 해방 후 설립된 여러 대학에서 이 사람들을 교수로 모셔 가려고 얼마나 힘을 들였겠어요? 양주동 선생 같은 분은 해방 직후에 다섯 대학의 겸임교수를 했어요. 이분이 일본 와세다대 영문학과를 나왔는데, 학부에서 영문학과 교수가 아니라 국문학과 교수로 《조선고가연구》라는 책을 냈어요. 그것 때문에 이분이 비전공 교수임에도 적격 교수가 됐던 겁니다. 그래서 전공 교수의 자격으로 수업을 하기 위해 '보따리 장수'로 이 대학 저 대학에서 한마디 강의를 하고 갑니다. 당시에 택시도 없거든요. 그냥 차를 타고 빨리 다른 대학에 뛰어가서 또 떠들고, 다른 대학에 가서 강의하고 떠들고 그랬답니다.

제가 조사를 해보니까 경성제국대학 출신 중에 한 20명 정도의 전공 적격 교수 말고 타 전공 출신자도 있었어요. 예를 들면 경성제국대학을 제2회로 나온 서두수 선생이 대표적이죠. 이분은 경성제국대학 일어일문학과를 졸업했으니까 전공자는 아니었어요. 졸업 후에 이분은 미국으로 건너가서 미국에서 한국어문학, 한국학 분야의 토대를 세우고 원조로 숭앙을 받게 되었어요. 그런 의미에서 이분은 아마 이 계열에 넣어야 될 것 같습니다.

김태준 선생은 중국어문학과 출신인데 당시 《조선소설사》를 집필했어요. 김수경 선생 같은 분은 철학과 출신이었어요. 역시 나중에 전적으로 조선어학 강의 연구에 몰두하셨으니 이 계열에 넣어야 되리라고 생각해요. 이때 또 특이한 분 중 한 분이 이남덕 선생입니다. 이화여자전문학교를 나오고 조선어문학과에 들어가서 1945년에 졸업을 했는데 이분은 선과생으로 졸업을 한 겁니다. 또한 양재연 선생이 학병에 갔다가 돌아와서 1946년에 졸업을 했어요. 이분은 '경성대학' 마지막 졸업생입니다. 이분들이 제1세대에 속하는 분들이죠.

저 같은 2세대가 봤을 적에 교수급과 은사급에 해당하는 분으로 다른 전공 출신인 선생님을 보면, 최현배 선생은 히로시마 고등사범과 교토대학 철학과, 김윤경 선생은 일본 릿쿄대학 사학과, 정인승 선생은 연희전문학교 문과, 정인섭 선생은 와세다대학 영문학과, 정열모 선생은 와세다대학 고등사범부 출신이었지요. 이 고등사범부는 중학교 교사를 양성하는 전공으로 고등사범부 국한문과를 나왔으니까 일본어문학과를 졸업한 겁니다. 김선기 선생은 런던대 언어학과, 유웅호 선생은 도쿄대 언어학과, 박창해 선생은 연희전문학교 문과를 나왔고, 허웅 선생은 연희전문학교 문과를 3학년까지 다녔다고 그래요. 허웅 선생의 경우는 중퇴한 거죠. 김병제 선생은 연희전문학교 문과, 유창돈 선생은 일본 도쿄의 주오中央대학 법과를 졸업했습니다. 이분이 바로 북한의 유창선 선생의 아우입니다.

그리고 독학자로 볼 만한 분들은 연세대학의 교수로 계셨던 장지영 선생, 서울대학 사범대학의 교수로 계셨던 이탁 선생, 그다음에 충남대학의 지헌영 선생과 월북한 유열 선생이 있었어요. 중앙대학에 있다가 납북된 신영철 선생, 그리고 지금 살아계신 이강로 선생(2012년 작고) 등도 독학 출신에 해당돼요.

1954년에 환도해서 수도여자사범대학에 강의를 나오라고 해서 나갔더니 전임 교수가 한 명도 없는 겁니다. 전부 강사가 강의를 해요. 수도여자사범대학 설립자 주영하도 좋게 말하면 대단한 사람입니다. 어떻게 대학을 그렇게 운영합니까? 돈을 벌려고 전임을 하나도 채용하지 않은 겁니다. 자기가 다 운영하면서 나보고 국어교육과 시간표를 짜달래요. 그래서 이강로 선생을 넣어놨지요. 이강로 선생은 자격이 되지는 않았지만, 한문에 유식했어요. 강의는 충분히 할 수 있었거든요. 그래도 강사로 나가니까 참 재미있었어요.

●●● 이강로 선생께서 저희에게 조선어학회와의 인연을 말씀하실 때, 선생께서 보통학교만 나왔는데, 1942년에 같은 항렬의 친척인 이극로 선생을 찾아가 조선어학회에서 일을 하셨고, 해방 후에는 한문을 잘해서 정식 사전 편찬원이 되었다고 하셨습니다. 이강로 선생의 경우는 정식 교육을 받지는 않았지만 오랜 기간 사전 편찬을 하면서 국어학에 대한 소양을 쌓은 경우라 할 수 있을 것 같습니다. 이런 점을 보면 조선어학회의 사전편찬실이 국어학자 양성소 역할을 했다고 볼 수 있겠네요.

◆◆◆ 그 시기에 교수가 필요한데 이미 말씀드린 바대로 적격자가 하도 없으니까 이병기 선생 같은 분이 서울대학교 교수가 됩니다. 이분은 갑오개혁 직후에 한성사범학교 3년제를 나왔거든요. 소학교 교사 자격증만 갖고 있었는데 어떻게 대학교수가 됩니까? 당시 문교부에다 서류로 신청을 했답니다. 그리고 논문 하나를 넣으면 대학교수 자격증이 나왔다 합니다. 이분은 그 자격증을 받은 겁니다. 강의를 나가면 강사 증명서 받잖아요? 그럼 그것과 이력서, 그리고 논문을 넣으면 문교부에서 대학 교원으로 인가를 해줘서 자격증이 나온다니까요. 이런 얘기도 처음 듣지요?

신영철 선생은 강원도 춘천 사람인데 내가 잘 알아요. 중앙대학 교수를 했는데, 이분이 일제시대에 조선어학회의 독자로 글도 보내다가 해방이 돼서 조선어학회가 위력을 부리고 저렇게 되니까 학회에서 연락을 해서 사전 편찬원으로 일을 했어요. 유열 선생도 그와 비슷해요. 유열 선생에 대한 약력은 내가 전혀 모르겠는데 독학을 했으니 역시 비슷해요. 아까 얘기대로 중앙대학이 대학 인가를 받아서 국문학과를 설립했는데 교수가 있어야지요. 그런데 경성제대 졸업생 중 누가 거길 갑니까? 그러니까 중앙대에서 신영철 선생을 끌어왔어요. 당당히 거기 교수가 된 거죠.

이분은 거기에 있으면서 경찰전문학교 교수를 겸임했어요. 당시 경찰전문학교의 교수로 누가 가겠어요? 신영철 선생은 아마 거기서 일반 국어를 가르쳤을 겁니다. 그런데 6·25전쟁이 나고 갑자기 북쪽이 와서 서울을 장악했잖아요? 그때 북은 요직에 있는 사람들을 하나하나 가려냈어요. 북한 입장에서는 신영철 선생이 경찰전문학교 교수로 재직했으니 나쁜 놈이라고 단정하고 북으로 끌고 갔어요. 아마 북에 가서 처단을 당해 죽었을 것 같아요. 물론 이건 제 추측입니다. 중앙대의 문학 교수로는 아까 언급한 양재연 선생이 있었어요. 내가 부산으로 피란을 가서 중앙대학의 전임이 됐으니 사실상 신영철 선생을 보지 못한 상황에서 제가 그분 후임이 된 거죠. 제1세대 전공자는 겨우 20명을 꼽을 정도로 빈약했어요. 결국 교수라고 해도 기대할 것이 거의 없는 황무지의 상태였다고 생각해요.

●●● 국어국문학 1세대가 연구 업적도 거의 없고 그냥 대학에서 학생들을 가르치는 교원이었지만 교수로서 해방 후에 입학한 선생님을 포함하여 2세대 대학생들을 가르쳤을 텐데요. 2세대들은 1세대가 가르치는 교육 내용에 대해 어떤 태도와 생각을 가지고 계셨는지도 궁금

합니다.

◆◆◆ 그런 점 때문에 1세대의 연구는 2세대가 해방 후에 입학해서 연구를 시작한 시기와 큰 차이가 없었습니다. 장덕순 군이 "어정대는 40대"[3]라고 비판했듯이 이들 1세대는 전공의 역량이 부실해서 주전공의 종합서조차 내놓지 못했습니다. 장덕순 군이 《신태양》 잡지에 글을 썼는데, 손낙범 선생과 구자균 선생의 논문에 대한 서평이자 비평의 글이었습니다. 그가 얘기한 '어정대는 40대'는 공부 안 한다는 얘기와 다름없었지요. 이게 뭐, 그때 대학마다 아주 화제가 되었어요. 요점은 1세대가 아무것도 모른다는 걸 구체적으로 꼬집은 거예요.

내가 고려대학교에 전임으로 있을 때인데 구자균 선생님 댁에 한번 갔었습니다. 선생님께서 술을 드시고 취하셔서 나를 보더니 "나는 어정대는 40대야", 그렇게 얘기를 하시고 섭섭한 마음에 2세대가 1세대를 존경 안 해준다며 푸념을 하셨어요. 우리가 아무리 몰라도 그럴 수 있느냐고 말씀한 기억이 지금도 떠올라요. 그런 일이 있을 만큼 장덕순 군 말고 그런 식의 평가를 내린 글은 그 이후에도 아마 거의 없었을 거예요.

자기 주전공 종합서를 내지 못한 1세대는 서울대학 문과대학 국어국문학과에서 정년퇴임한 일석 이희승 같은 분도 마찬가지입니다. 이분은 전공이 문법이라고 했어요. 말이 그렇지 정말 그 전공을 했는지 알 수가 없어요. 난 그분 강의를 들었지만, 일석은 평생 죽을 때까지 문법론 책을 못 내고 죽었거든요. 심악 이숭녕 선생은 음운론 전공자라 하지만 음운론 종합서가 있는지 보세요. 전공에 대한 기초가 없으면 쓸 수가 없거든요. 아까 말한 대로 일제시대에 배웠는데 이들이 무얼 알겠어요? 이들이 아는 수준은 어찌 보면 2세대만도 못해요. 저 같은 2세대가 3세대보다 못한 것도 역시 맞지요. 우리 2세대가 그런 분들 밑에서 배웠는데 무얼 배웠겠어요? 농담 삼아 얘기하는 게 아니라 이 평가가 아마 정확할 겁니다. 1세대라는 분들은 전부 일제하에서 그 시대의 교육을 받은 분들이니까 어디까지나 일본에 의해 일본을 위해 육성된 전공자였다고 보는 것이 아마 정확할 것 같아요.

●●● 이미 위에서 언급한 바 있습니다만, 일본인으로서 1세대 출신을 가르친 경성제국대학의 다카하시 교수는 1967년에, 고노 교수는 1998년에 일본에서 돌아가신 걸로 되어 있습니다. 혹시 이 두 분을 생전에 만나 보신 적이 있으시다면 두 분에 대한 회고를 부탁드립니다.

◆◆◆ 오구라 선생은 일제강점기에 돌아갔으니까 만날 기회가 없었고, 다카하시 선생은 1962년에 일본에 가서 직접 만났어요. 1962년이면 그분이 작고하기 5년 전인데 당시에 85세쯤 되셨지요. 만나서 인사를 하니까 예절과 말씨가 우리나라 유식한 양반 같았어요. 눈을 감고 들으면 전혀 구별 못 할 정도였고 일본사람 같지 않았어요. 이분이 식민지시대에 여기 와서 양반들만 접했던 모양이에요. 한국어 발음도 좋고 그냥 존댓말에 말마디 끝맺는 것도, 내가 명함을 주니까 무릎 꿇고 인사하는 것도 아주 인상적이었어요. 당시에 녹음기라도 준비해서 그 양반 말씨를 충분히 녹음해두었더라면 좋았겠다 싶었을 정도였어요.

고노 선생은 1962년 일본에 학술행사가 있어서 갔다가 만났고 그 후에 여행 갔을 적에도 몇 번을 만났어요. 내가 가서 만났을 적에 이분은 우리말을 안 하고 일본말을 해요. 그래서 나도 할 수 없이 일본말로 응대를 했는데 내가 한번 물었어요. "선생님은 조선어를 아시는데 왜 조선어를 안 하세요?" 그러니까 조선사람들을 만나면 부끄러워서 말이 안 나온다고 그러더라고요. 그게 무슨 의미인지 지금도 모르겠어요. 식민지시대에 뭘 잘못한 게 언짢게 느껴진다는 뜻인지, 조선어가 주 전공인데 흠이 잡혀 욕거리가 될까 염려했는지 그건 아직도 잘 모르겠어요.

●●● 이런 외국인 교수들이 일제시대에 1세대를 가르친 셈인데요. 이런 분들에게 배운 분들 중에서 선생님께서 실력이 있었다고 생각하시는 1세대 연구자는 누구인지요? 또한 타 전공자나 독학자 출신들의 학문적인 활동에 대해서도 말씀해주시기 바랍니다.

◆◆◆ 1세대들 전부를 알 수는 없지만 대학 다니면서 강의를 듣고 그들이 발표한 논문이나 저서 등을 통해서 볼 적에 1세대에 속하는 분들은 거의 초보 단계지요. 연구가 얕을 뿐더러 사범학교 교사로만 지내다가 해방이 돼서 40대 나이에 연구를 시작한다는 게 어렵거든요. 젊었을 때부터 했어야지요. 우선 자료가 별로 없었어요. 우리말에 대해 참고할 문헌이 당시에 뭐가 있어요? 일제시대에 조선어학회 기관지 《한글》이나 조선어학연구회의 《정음》지 그거 읽어봐야 제대로 된 논문은 없거든요. 전부 다 뭐 논설 같은 글이었어요. 그 수준 가지고 뭐가 되겠어요? 1세대는 그런 수준의 글을 접하고 지나왔거든요.

1세대 중에는 전공자가 있는가 하면 경성제국대학 졸업생 중에서도 타 전공자가 있었고, 경성제국대학 출신이 아닌 사람 중에서도 타 전공자가 여러 분 계셨지요. 이분들은 역시 타 전공자로서 제대로 연구를 하지 않았기 때문에 국어국문학 분야의 독창적인 논문이나 저술을 할 수 없었지요. 그럼에도 불구하고 외솔 최현배 선생은 일제시대부터 해방 후까지 국어학 분야에서 현격한 업적을 남기고 훌륭한 공적을 쌓았다고 보는 것이 아마도 일반적인 평가일 겁니다.

그런데 전공자가 이걸 냉정하게 검토해본다면 외솔의 명저라고 할 수 있는 주저는 《우리말본》하고 《한글갈》 둘이에요. 《우리말본》은 1937년에 나온 디럭스 판인데 이것은 1922년에 나온 일본의 야마다 山田孝雄의 《일본문법 강의》를 번역하다시피 베낀 책입니다. 예는 우리말로 바꿨지만요. 그러니까 비전공자로서는 이런 번역 내지 편찬 정도를 할 수 있었어요. 《한글갈》은 1942년에 냈는데, 이것은 오구라의 1920년 《조선어학사》, 1940년의 《증정 조선어학사》의 내용을 거의 그대로 옮겨놓은 겁니다. 그다음에 그저 《시골말 캐기 잡책》이 《방언 조사 수첩》이라고 해서 1936년에 나왔어요. 이것도 1999년에 야스다安田敏朗라는 일본사람이 낸 책을 보니까 도조東條操라는 일본인이 쓴 《방언 채집 수첩》과 내용이 거의 똑같아요. 방언 조사의 어휘까지도 같았어요. 그러니깐 이런 정도가 비전공자가 할 수 있는 일이었던 것이죠. 일제시대에 나온 《우리말본》은 겉에 우리말로 '금' 자가 박혀 나중에 출간되었는데 저는 그걸 보면서 해방을 맞이했지요. 당시 우리는 이 책을 무조건 존경하고 위대하게 봐서 그 학문적인 검토는 한 번도 하질 않았거든요. 이런 것을 보면 비전공자나 독학자는 거의 이런 식이었다는 게 과언은 아닐 겁니다.

●●● 선생님께서는 최현배 선생이 국어학을 전공하지 않았다는 점을 강조하시면서 최현배 선생의 업적에 대한 평가를 하고 계십니다. 심

지어 선생님께서는 《우리말본》이 일본 문법서(야마다 문법山田文法)를 번역하다시피 베낀 책이라고 혹평을 하셨습니다. 그렇지만 문법서 간 유사성이 있더라도 초창기 연구였던 점을 감안하면 외솔 선생이 일본 문법서 틀로 우리말 문법을 종합 정리했다고 평가해야 한다는 시각도 있습니다. 이런 시각에 대해서는 어떻게 생각하시는지요?

◆◆◆ 그건 뭐 내가 봐도 금방 알 수 있는데요. 일본 책 갖다놓으면 내용이 거의 같아요. 그러니까 타 전공자는 그렇게 저술할 수밖에 없지요. 전공자였어야 주관을 가지고 종합할 수 있지 않겠어요?

●●● 《우리말본》의 연구사적 의의를 밝힌 기존 논의에서 일본 문법서와의 영향 관계는 많이 다루어진 바 있습니다. 그렇지만 《우리말본》이 국어 문법 연구에 끼친 영향이 부정된 적은 없었던 것도 사실입니다. 최현배 선생과 대립했던 이숭녕 선생까지도 "이 규범문법은 최현배 씨가 불후의 금자탑(우리말본)을 세운 외에 아직 여기 비견할 것이 나오지 못하고 있다"(이숭녕 1958, 92)고 했을 만큼 《우리말본》의 의의를 높이 평가한 바 있지요.

다만 선생님의 비판은 《우리말본》의 독자성에 초점이 맞춰진 것 같은데요. 이에 대해서는 인상적 비평보다 분석적 비평이 이루어질 필요가 있을 것 같습니다. 특히 영향 관계를 검토할 때 중요한 것은 어떤 부분에서 같고 어떤 부분에서 다른지를 정리한 후 같은 부분의 내용상 성격과 다른 부분의 내용상 성격을 잘 구분해야 한다는 점일 겁니다. 그런 점에서 보다 정교하고 객관적인 분석 연구가 필요하다는 생각이 듭니다.

2-3. 제2세대의 국어국문학 전공 이수 과정
─해방 이후 서울대학교 국어국문학과 상황

●●● 선생님 말씀을 들어보니 2세대는 해방 후에 대학에 입학해서 1세대와 함께 공부하다시피 하면서 국어국문학 전공을 만들어간 주축이라고 이해가 됩니다. 선생님께서도 해방 직후에 대학에 입학하셨으니 2세대라고 볼 수 있을 것 같습니다. 그런데 선생님께서는 대학에 입학하기도 전에 먼저 조교가 되셨다는 말씀을 들었습니다. 그게 가능한 일인지 아주 궁금합니다.

◆◆◆ 해방 직후에는 경성제국대학이 조선의 유일한 대학이었어요. 1945년 10월 16일에 미군정은 군정청 법령 제15호로 교명에서 제국이라는 말을 빼고 경성대학으로 바꾸었어요. 당시 개학을 서둘러야 했는데, 당연히 첫째로 학생이 있어야 했어요. 그런데 일제 말기에 전문학교 대학생들은 다 학병으로 전쟁터로 내몰렸고 나이 든 사람은 징용으로, 군수공장으로 끌려갔지요. 그래서 한마디로 학생이 없는 공백 상태였습니다. 학병으로 출정했던 복교생도 불과 몇 명에 불과했지요.
　그런 사정으로 학교 당국은 방침을 바꿔서 경성제국대학 학생이 아닌 다른 대학생도 복학시킨다고 했어요. 그러나 그마저도 결과적으로는 몇 명밖에 안 돼서 바로 개학을 할 수가 없었어요. 이렇게 1946년부터는 전문학교 졸업생, 재학생들을 받아들입니다. 이런 상황이 되니까 일제시대에 있었던 제국대학의 권위는 완전히 내려앉아버렸어요. 일제시대에도 전문학교 출신을 제국대학에 입학은 시켰지만 선과생 신분이었고 본과생은 될 수 없었지요. 그렇게 보면 1947년에는 대학의 수준이 전문학교 정도로 내려갔다고 봐요. 이러한 배경에서 해방 후 국어국문학 분야의 2세대가 육성되고 있었지요.

나도 전공 공부의 필요성을 절감하다가 1947년 8월에 서울대학교 문리과대학의 일석 이희승 교수를 찾아갔습니다. 일석과는 1945년 9월부터 조선어학회 국어강습회에서 맺어진 사제 인연이 있었지요. 내 뜻을 경청한 학과 주임 일석은 공석 중인 학과 조교가 시급하다는 요청을 나에게 했습니다. 적임자가 없어서 곤란한 상황에 처해 있다고 했어요. 그래서 그 자리에서 응낙을 하고 이튿날부터 출근해서 해방 후 국어국문학과 최초의 조교가 되었어요.

서울대학교 조교가 된 영광보다는 전공을 공부하려는 목표가 있었기에 내가 기대하고 바란 것은 대학 입학이었죠. 조교로 근무하기 위해 서류를 제출했더니 1947년 9월 17일에 서울대학교 총장 미군 대위⁴ 명의의 인사 처리 통지서라는 걸 받았어요. 이게 지금으로 말하면 사령장입니다. 그때 군정청 학무국장은 육군 소령이었어요.⁵ 한국인 국장도 있었는데 제 기억으로는 유억겸 선생이었지요. 대학 총장은 계급상 그보다 낮은 대위였지요. 군정청 학무국은 총독부 편제를 그대로 인계받아 학무국이었지만, 군정청 법령에 따라서 그 후에 문교국으로 바뀌었어요. 그러니까 그때 학무국이 실제로는 문교부였던 겁니다. 1946년 8월에 법이 발효되어 국립서울대학교가 법적으로 승인되었으니 경성대학은 불과 1년 남짓 정도였어요. 이때의 졸업생이 위에서도 언급한 양재연 선생이었어요. 학병 갔다가 돌아와서 졸업생이 된 거죠.

●●● 위에서 말씀드린 바와 같이 아직 대학에 입학도 하지 않은 사람

이 조교로 활동했다는 것이 지금으로서는 상상할 수 없는 일인데요. 국립대는 공무원이 조교를 담당하고 있기도 하지만, 지금의 조교는 대체로 대학에서 대학원 학생이 학부 업무와 교수의 강의 및 연구 활동을 보조하는 역할을 하는 것이 일반적입니다. 그런데 당시 서울대 조교가 지금의 국립대 혹은 사립대 조교와 차이가 있었는지 당시 대학 조교의 전반적인 역할과 생활이 궁금합니다.

◆◆◆ 결국은 내가 학과 최초의 조교가 되었지요. 임명장에는 '교수 조무원'이라는 직위로 표시되어 있었어요. 대학본부에서 궁리하다가 이런 정식 명칭을 사용한 것 같아요. 그런데 일제하에서는 이 직위를 조수라고 불렀어요. 그 사람들은 그 분야에서도 서열이 엄격해서 조수 밑에는 부수를 두었지요. 조수와 부수라는 명칭에서 일본어 냄새가 나니까, 궁리 끝에 교수 조무원이라는 정식 명칭을 만든 것 같아요. 등급은 10급, 1계단이었는데 군정청의 봉급 체계를 따른 것 같아요. 한 달에 2,280원의 월급을 받았습니다. 그 월급이 살 만했는지, 과연 어느 정도의 가치였는지는 지금 기억이 잘 안 나요.

당시 내 근무처는 학과 합동 연구실이었어요. 그때 취임해서 비로소 깨달았지만, 대학이 제대로 되려면 합동 연구실은 학과마다 있어야 합니다. 이 합동 연구실은 교수 연구실의 두 배 내지 세 배로 넓었어요. 거기에는 《조선왕조실록》 영인본 등과 같은 가장 기본적인 전공 서적이 꽂혀 있었어요. 공부하다가 궁금한 점이 있으면, 역사적인 사항에 대해서는 《조선왕조실록》을 그 즉시 들춰봐야 하니까요. 도서가 가득하고 널찍한 방에 카드 상자가 놓인 큰 테이블이 조교의 자리였어요. 그런데 대학에서는 이 카드가 중요합니다. 학문하는 사람은

〈그림 12〉 서울대 국어국문학과 합동연구실 조교로 근무할 당시의 김민수 선생

기본적으로 항상 카드를 만들어야 돼요. 그래야 정리해놓고 필요할 때 찾아볼 수 있거든요. 이게 제가 전공을 공부하기에 앞서 먼저 체험하고 감격한 두 가지 사항입니다. 이 시기에 전문학교에서 대학으로 승격한 사립대학을 보면 이 두 가지가 전혀 갖춰져 있지 않았어요. 그러니까 실질적으로 따져보면 국어국문학과가 있어도 여전히 전문학교와 다름이 없었던 거지요. 그런 환경에서 제2세대가 제대로 육성되어 나올 리 없었죠.

이 합동 연구실은 주로 조교가 관장하고 학생들이 출입했어요. 거기에서 하루 종일 원고를 쓰거나 공부를 해도 상관이 없었어요. 학생이라고 해봤자 한 학년에 불과 3, 4명 정도니까 만원이 될 까닭이 없었죠. 대학의 전공자 규모가 그 정도라야 질적으로 보장되지 않나 싶습니다. 조교의 주요 임무는 합동 연구실에 자유롭게 드나드는 학생들을 상담하고, 교수가 지시한 일을 이행하는 것이었습니다. 조교는 매일 아침에 출근해서 저녁때까지 합동 연구실에 있어야 했어요. 학생들이 이용하고 있으면 밤에라도 근무해야 했고요. 왜냐하면 열쇠를 갖고 있으니까요. 그런데 그게 저로서는 아주 부담이었습니다.

당시 대학생은 본과 구제 3년생 9명, 신제 3년생 3명, 구제 2년생 1명, 구제 별과 6명으로 출석자는 5~6명에 불과했으니까, 대략 짐작이 가시죠? 여기에서 구제는 일제시대에 예과에 입학한 사람으로 학부를 3년으로 졸업하게 되어 있었어요. 이들이 대학 학부 3년을 공부하겠다고 처음에 입학한 학생들입니다. 군정청에서 정한 당시 6·6·4학제에서 학부 4년제로 졸업해야 하는 학생들을 신제라고 했습니다. 이들은 다 본과생이었어요. 그리고 그다음에 별과가 있었는데 그들은 무자격자입니다. 말하자면 일제시대에 선과생과 같은 게 별과라고 보시면 됩니다.

경성제국대학은 법문학부 중에서 문학과는 어문학, 철학, 역사 세 전공이 있었고, 몇 해 후에 이공학부가 생겼지요. 서울대학교가 새로 설립되면서 전문학교 수준의 대학들을 전부 끌어 모아서 합쳤으니까 서울대학교의 다른 단과대학은 전문학교나 다름이 없었어요. 서울대학교는 어느 정도 경성제국대학을 계승했다고 봐야 하고 그 시설과 대학 운영을 이어받은 점도 주목할 필요가 있습니다. 그리고 그러한 구조 속에서 육성된 2세대가 당시 모든 소임을 해내게 된 이유가 그런 환경과 무관치 않다는 점도 여러분이 이해하는 게 좋을 듯합니다.

●●● 경성제국대학이 결국은 국립서울대학교가 된 셈인데요. 이 학교명이 당시 수도 서울 명칭과도 당연히 연관되어 보입니다. 일본의 지배를 받기 전에 조선의 수도는 한양이었고, 대한제국 시절에 한성이라는 명칭으로 바뀐 역사가 있습니다. 그리고 일제강점기에는 이 한성이 경성으로 바뀌어 36년간 수도의 고유명으로 사용되었습니다. 해방 직후 조선의 중심 도시 경성은 어떻게 서울로 바뀌게 된 것인지요?

◆◆◆ 학교 명칭과 관련해서 언급할 내용이 있어요. 해방 직후까지는 경성이 정식 명칭이었어요. 그런 상황에서 민간에서는 이미 한양이든 한성이든 경성이든 개의치 않았고 보통사람들은 다 서울이라고 말했어요. 서울의 어원은 서라벌이라고 되어 있는데 그게 수도의 개념으로 바뀌어 식민지 아래에서도 민간에서 다 서울이라고 사용했어요. 간혹 어떤 필요에 따라서는 경성이나 한양이라고도 한 것 같습니다만

요. 그런 계기로 결국 해방 후에 서울시로 명칭이 바뀌게 됩니다. 국립서울대학교라고 명칭이 붙은 것도 이미 당시에 많은 언중이 서울이라는 표현을 썼기 때문에 그 명칭이 가장 좋겠다 싶어서 결정된 것이겠지요. 해방이 되고 국권을 회복한 상황에서 수도 명칭을 일제시대처럼 경성으로 계속 사용했다면 거부감이 많았을 겁니다. 그렇다고 구시대처럼 한양이라고 할 수도 없었고 선호하지도 않았어요. 우리말 지명을 최초로 공식화하는 여론이 강했기 때문에 서울이라는 명칭으로 고쳐진 것입니다.

●●● 선생님께서는 조교 생활을 하시는 도중에 서울대학교 문리과대학 국어국문학과에 입학하신 것으로 알고 있습니다. 선생님의 기억을 중심으로 해방 이후 2세대의 서울대 국어국문학과의 입학 상황에 대해 말씀해주시기 바랍니다. 선생님께서는 당시에 어떤 자격과 과정으로 입학을 하셨으며, 학업과 조교 업무는 어떻게 병행하셨는지, 그리고 다른 학생들의 학업 분위기는 어떠했는지 궁금합니다.

◆◆◆ 당시 조교를 하고 싶어 하는 희망자도 많았겠지만, 나는 그것보다 전공 학생이 되는 것을 더 기대했어요. 어떡하면 하루빨리 본과생이 돼서 전공을 공부할 수 있을까 하는 일념에 차 있었지요. 9월 초가 되자 신입생 모집 공고가 났고 저는 바로 응시했습니다. 그리고 숙망의 결과, 1947년 9월 13일 용케도 합격을 했어요. 지금 생각하면 어떻게 해서 그렇게 무난히 입학 시험에 합격할 수 있었는지 모르겠어요. 1945년 교원 시험 합격에 이어서 저에게는 일생에서 두 번째 행운이 다가왔지요. 돌이켜보면 저로서는 잊지 못할 큰 성취였습니다.

입학 시험과 관련하여 국어, 영어, 수학 시험이 기억납니다. 국어는 그런대로 썼는데, 영어가 어려웠어요. 아주 어려운 영문을 번역하라고 했는데 아마 점수가 제일 나쁘지 않았나 싶어요. 그다음에 수학은 문과 수학인데 고등수학 문제가 나왔어요. 그때도 대학 입학 시험에 수학 과목이 있었어요. 그런데 그때까지 나는 고등수학을 배운 일이 없었어요. 그런데 자세히 보니까 문제를 다 풀겠더라고요. 나중에 들었는데 입학 시험 최초로 100점이었답니다. 이후에도 수학 100점은 없었다고 해요. 나는 실제로 소학교 다닐 때부터 수학에 관심이 많았어요. 수학이라는 것을 공부해보니까 수학은 대부분 공식을 기억해서 문제를 풀고 맞히는 과목이라는 생각이 들었어요. 내가 문제를 풀면서 해보니까 이거는 추리고 철학이에요.

문제를 채점하고 사정한 학과장 일석이 감탄을 하셨는지 어떻게 수학이 만점이냐 물으시더라고요. 그런데 나는 아무렇지도 않았어요. 수학을 잘했다는 게 제게는 자랑도 안 돼요. 왜냐하면 당시에는 국어 국문학 전공을 해야지 수학을 해서 뭐 하겠느냐는 생각이 강했거든요. 그래서 이제 조교 근무와 학업을 양립하는 생활을 시작하게 되었습니다.

당시 내 생활에 대해서 후일에 사람들이 의아해하며 어떻게 그게 가능했느냐, 도저히 곧이들을 수가 없다는 사람들이 많았어요. 조교 근무와 학업이 어떻게 가능했는지에 대한 설명이 조금 필요할 것 같습니다. 해방 후에 개교한 대학들은 이미 말한 대로 전문학교 학생들도 다 끌어 모아서 학생들을 채우다시피 했어요. 일단은 체제가 그런대로 갖추어졌어요. 그런데 오로지 등교하면서 강의를 듣고 공부하는 학생은 거의 없고, 대부분이 직장을 갖고 있었어요. 그러다보니 학생들이 학교에 제대로 못 나와요. 학기 말에 학교에 와서 시험을 쳐서 학점만 따고 그렇게 졸업을 했으니까 따지고 보면 이들은 대학생도 아니었지요. 그중에 직장을 못 구한 사람들이 겨우 강의실에 몇 명이 앉아서 수업을 들은 거지요. 그때는 텍스트가 없고 전부 그 노트 필기니까 필기한 것을 학기 말이 되면 학생들이 구해왔어요. 남이 필기한 노트를 밤새워 베껴서 공부한 거지요. 노트를 빌려준 사람은 그냥 여기저기 불려가서 점심도, 저녁도 사줘서 먹고, 술 사주면 먹고 그랬어요. 수업에 못 간 학생들은 그 노트를 베껴서 읽고 공부하고 와서 시험 쳐서 학점을 딴 겁니다.

이 사실을 대학 당국도 모두 아니까 이대로 가면 대학이 제대로 대학의 꼴이 되겠는가 싶었지요. 서울대학교 본부에서도 상당히 궁리를 많이 한 것 같아요. 4년 과정이라는 뜻으로 신제를 붙이고, 본과지만 차이를 두기 위해서 신제 별과는 한 학기에 16학점 이상은 취득하지 못한다는 규정을 두고 그 대신에 직장을 가져도 좋다고 했지요. 그들이 실제로 졸업을 하려면 아마 5년이나 6년 걸릴 수밖에 없었을 겁니다.

그런 상황에서 나는 학생으로서 학점을 취득하면서 조교와의 겸무를 합법적으로 했던 거지요. 그런데 저의 이 말을 안 들으면 전부 의아하다고 할 수밖에요. 당시 내가 실제로 이수한 전공은 두 번이 되는 셈입니다. 하나는 1946년에 당시 경성사범학교 부설 임시중등교원양성소 한 학기 국어과 과정을 졸업했습니다. 이게 저의 최초 전공이라고 할 수 있습니다. 그리고 지금 말한 것처럼 1947년 9월에 서울대학교 문리과대학 국어국문학과에 입학해서 학부 4년을 이수한 것이 두 번째 전공입니다.

〈그림 13〉 경성사범학교 부설 임시중등교원양성소 국문과 제1회 졸업사진

●●● 선생님께서는 결국 대학 입학 전에 중등교원양성소에서 국어국문학 강의를 듣고 다시 대학에 입학해서 역시 같은 전공의 강의를 수강하신 셈입니다. 두 번에 걸쳐 전공을 이수한 선생님의 이력은 지금으로 보면 이례적인 일입니다. 당시에 중등교원양성소의 강의 내용과 서울대 국어국문학과의 내용은 어느 정도 달랐을 것으로 생각합니다. 전자는 말 그대로 중등 교원을 키우는 곳이고 후자는 최고의 고등교육 기관입니다.

그렇다면 1946년에 첫 번째로 국어국문학 전공을 배운 경성사범학교 부설 임시중등교원양성소에서는 어떤 과목을 수강하셨는지요? 그리고 1947년 서울대 문리과대학 국어국문학과에 정식으로 입학한 후에 배운 주요 전공 교과목은 무엇이었으며, 담당 교수님들은 어느 분들이셨는지 회고를 부탁드립니다.

◆◆◆ 당시 전공과목에 대한 기억을 되살려보면 우선 1946년 임시중등교원양성소에서는 김수경 선생이 가르친 국어학개론 과목을 수강했어요. 그때도 노트 필기를 했지만 다 분실해서 구체적인 기억은 없어요. 다만 수업 내용이 간결하고 잘 짜인 강의 구성이어서 수업을 들으면서 감동했던 기억은 있습니다. 국어학사 강의를 맡으신 분은 이탁 선생이었습니다. 이분은 후에도 계속 계셨지만 순전히 독학한 분이셨고, 일제강점기에는 독립군의 장교였다고 합니다. 그래서 군인의 풍모가 묻어났는데 강의 내용은 전혀 기억이 나질 않습니다. 국문학개론과 강독을 강의한 분은 정학모 선생이었습니다. 문학개론은 김기림 선생에게서 수강했습니다만 이 강의 내용도 구체적으로는 잘 기억이 안 납니다. 음악과 수업은 김순남 선생에게서 받았어요. 이분은 음

악가로서 저명하셨던 분으로 월북하셨습니다.

1947년 이후부터는 서울대 문리과대학 국어국문학과에 입학해서 전공 수업을 수강했지요. 국어학개론과 국어계통론은 이희승, 국문학개론과 시조론은 이병기, 언어학개론은 유응호, 국어학 연습은 방종현, 국어사와 음운론은 이숭녕 선생이 강의하셨습니다. 1947년 2학기에 소설론은 이무영 강사, 현대문학의 시론 강의는 정지용 강사에게 수강했어요. 1949년에 국어문법론은 이희승, 방언학과 월인석보 연습이라는 강의는 방종현, 고전과 서지 과목은 이병기 선생이 가르쳤습니다. 특히 이병기 교수의 고전과 서지는 아주 특색 있는 강의였습니다. 이게 일종의 국어국문학과의 서지예학입니다. 오랜 기간에 걸쳐 수집한 문헌을 가꾸고 손질한 내용을 이병기 선생이 뜻깊게 가르치셔서 아주 인상적으로 수강했습니다. 1950년 전쟁이 일어나던 해에는 국어학 특수 강의는 방종현, 국문학 특수 강의는 이희승 선생에게 수강을 했어요. 그리고 졸업논문을 꼭 써야 돼서 이조 초기 조사의 연구를 주제로 졸업논문을 쓰고 6학점을 인정받아서 졸업했습니다. 이 논문은 한국전쟁 전에 'ㅎ조사 연구'라는 주제로 연구 간담회에서 발표한 초고를 토대로 작성한 15세기 국어 조사에 대한 연구였습니다.

중등교원양성소나 대학의 강의가 거의 같다고 생각하지만 대학에서 담당 교수가 다르면 강의 내용의 체계나 학설, 구성이 다를 수밖에 없었지요. 양쪽 모든 강의가 실제로 도움이 되었고 전체적으로 좋았다고 생각했어요. 그런데 중등교원양성소는 한 학기 과정이라서 아주 간결한 강의였어요. 그래서 어느 한 부분만을 강의하고 끝났지만, 대학 과정의 강의는 전체를 모두 강의했기 때문에 두 전공 사이의 그런 차이는 있었다고 생각합니다.

●●● 선생님께서 서울대학교 재학 당시에 수강한 강의 중에서 인상 깊었던 수업은 국어국문학과 전공 수업에만 국한되지 않을 것 같습니다. 국어학은 다른 한편으로는 개별 언어학 분야입니다. 따라서 일반 언어학 등의 수강을 통해서 언어 전반에 대한 지식을 쌓아가기도 합니다. 당시 서울대학교에는 이미 언어학과가 있었던 것으로 알고 있습니다. 해방 후에 언어학과의 일반언어학 관련 수업은 어떻게 진행되었는지요?

◆◆◆ 서울대학교 문리과대학에서 언어학개론을 수강했는데, 이때 담당은 유응호 교수였습니다. 요행히도 그때 필기한 노트를 지금도 갖고 있는데 이 강의는 지금 들춰봐도 내용이 아주 훌륭하고 수준도 아주 높아요. 강의 내용 중에서 당시에 제가 놀란 것은 기원전 5세기 고대 인도의 파니니 문법 얘기가 나와요. 유응호 선생께서는 아주 구체적으로 강의를 하셨습니다. 정말 언어학 전공자가 아니면 우리가 강의에서 들어볼 수 없는 내용이 들어 있었습니다.

　유응호 선생은 공주 출신으로 아주 가난한 집에 태어나서 공주고보를 다녔는데 공부를 잘했던 수재였다고 합니다. 학범 박승빈 선생이 자신이 주장하는 것을 계승하는 후계자를 양성해야겠다는 마음으로 인재를 물색하던 중에 수재였던 유응호 선생이 눈에 띈 겁니다. 그래서 학범이 필요한 학비와 비용을 유응호 선생에게 다 제공해주었어요. 우리 분야에서는 익히 다 아는 사실이지만, 일제시대에 이른바 조선어학회의 어원 표시 철자법과 박승빈파의 표음주의 철자법의 대립

논쟁이 아주 격심했습니다. 그 대립과 논쟁은 그 후에도 계속되었는데 박승빈 선생은 일제시대에 법관양성소를 나오셔서 보성전문학교의 법과 교수였어요.

학범의 지원으로 유응호 선생은 일본에 유학을 가서 제4고등학교에 합격했어요. 일제시대에 고등학교 입학이 얼마나 어렵습니까? 중학교 4년 수료 후에 그 어렵다는 고등학교 입학 시험을 치는데 공주고보 출신이 일본에 가서 당당히 제4고등학교에 합격했다는 것은 대단한 일이었죠. 거기를 졸업하고 유응호 선생은 도쿄대학 언어학과에 진입했어요. 언어학을 공부하면서 그것을 토대로 우리말 표음주의 철자법을 체계화하고 그걸 주장했던 분이 유응호 선생입니다. 그때 우리말을 전공하려면 경성제국대학 말고 다른 대학에선 언어학과에 갈 수밖에 없었지요.

해방 후 서울대학교의 언어학과가 창설되었는데 유응호 교수가 학과장으로 취임하셨어요. 그런데 지독하게 가난한 집에서 태어난 이분이 갑자기 무슨 욕심이 있으셨는지 국회의원에 출마하셨어요. 결국엔 낙선을 하셨는데 그 후 월북을 하셨어요. 월북 후 김일성대학 교수로 있다가 평양 외국어대학에 영어 교수로 계셨다는 소식을 들었습니다. 아마 대부분은 모르실 텐데 그 자제분은 조선일보의 유근일 논설위원입니다. 물론 유응호 선생은 지금쯤은 작고하셔서 북에도 안 계시겠지요.

●●● 당시 신문을 보면, 유응호 선생은 1950년 5월 30일 실시된 2대 국회의원 선거에 출마했다가 '남로당 통첩通牒 사건'에 연루되어 수감된 것으로 나와 있습니다. 여러 기록을 종합하면 유응호 선생은 전

쟁이 일어났을 때 감옥에서 나와 서울대학교 자치위원장을 하다가 월북했던 것 같습니다.

그 외 이희승, 이숭녕, 방종현, 이정호 선생님 등은 경성제국대학 출신으로 국어학을 전공한 분들이십니다. 선생님께서 서울대 국어국문학과의 학부생으로 전공 수업을 수강하시던 무렵에 이분들 중에서 세 분이 이미 서울대학교 국어국문학 교수가 됐습니다. 당시 대학 교원이 부족하긴 했지만, 그래도 사정이 그나마 나았던 서울대에서 국어학 전공 설립 과정은 이 세 분에 의해서 이루어진 것으로 봐도 될까요?

◆◆◆ 이미 언급한 바 있습니다만 경성제국대학은 경성대학으로 개교하면서 가장 일찍 대학으로서 교수진을 짜고 개강을 하게 됩니다. 경성제대 졸업생 중에서 제1회 졸업생 조윤제 교수는 국문학, 제2회 졸업생인 이희승 교수는 국어학을 전공했어요. 두 분을 주축으로 하고 국어학에서는 이숭녕, 방종현 두 교수가 함께했지요. 1946년 8월에 각 대학이 인가되고 국어국문학과가 창설하기 이전 상태였지만 경성대는 이렇게 전공 교수를 확보할 수 있었습니다.

그러다가 대학이 여기저기 생기면서 국어국문학과가 여러 대학에서 만들어졌어요. 좋은 대학의 국어국문학과는 국어학과 국문학 각각 한 명씩, 두 명의 교수가 확보되었어요. 예를 들어 고려대학은 경성제국대학 졸업생 출신의 구자균 교수와 김형규 교수가 각각 국문학과 국어학 교수진이었지요. 또한 연희대학이라 했던 연세대학에서는 전문학교 때부터 교수가 전부 타 전공자이긴 했지만, 최현배, 김윤경, 장지연 선생이 교수진으로 포진했지요. 그리고 서울사대는 독학하신 이탁 선생과 정학모 선생과 경성제대 출신의 정형용 교수가 있었어요. 그리고 훨씬 위에 고정옥 선생도 서울사대의 교수진이었습니다.

그런데 여타 대학에서는 국문학과의 교수를 확보하지 못한 거 같아요. 여러 대학에서 전공 학과가 생겼지만 교수가 없었습니다. 이렇게 전공 전임 교원을 확보하지 못한 대학에서는 겸임 교수나 강사로 이런 선생들을 모셔다가 강의를 하는 그런 형국이었습니다. 어떤 분은 5~6개 대학에 출강할 정도였지요. 그러니까 저와 같은 2세대도 대학을 졸업하자마자 즉시 대학 강단에서 강의할 수 있었던 겁니다. 지금 생각하면 다 거짓말 같은 얘기지요. 당시 나와 같은 학부생이 강의를 하지 않으면 여러 대학에서 국어국문학과를 운영할 수 없었어요. 나머지 대학은 그렇게 열악한 상황이었습니다.

●●● 선생님 같은 분이 학부생 자격으로 다른 대학에서 강의를 하셨다는 사실이 놀라울 따름입니다. 그만큼 당시 대학 교원 수급 상황이 열악한 상태였다는 점을 방증하는 것이라고 생각합니다. 그런데 지금도 마찬가지입니다만, 대학 학부에서는 국어국문학을 전공할 경우 국어학뿐만이 아니라 고전문학, 현대문학, 경우에 따라서는 한문학 관련 강좌도 학생들이 선택적으로 수강해야 졸업이 가능합니다. 당시 선생님께서는 학부생으로서 국어학 강의 말고도 문학 강의도 수강하셨다고 들었습니다. 선생님께서 수강하신 현대문학의 이무영, 정지용 선생님 같은 분들의 강의는 어떠했나요?

◆◆◆ 1947년에 서울대 문리과대학 국어국문학과에서 현대문학 강의가 개설된 것은 우리 대학 역사상 최초가 아닌가 싶어요. 왜냐하면 일

제시대에는 대학에 현대문학 강의가 개설되지 않았거든요. 일제는 대학에서 그런 것은 강의할 필요가 없다고 판단했고, 해방 후에도 그런 상황이 지속되었지요. 그런데 학과장 이희승 선생이 어떤 생각을 하셨는지 최초로 현대문학 강의 개설을 제안했어요. 당시 농민소설로 유명해진 소설가 이무영 선생을 초빙해서 국어국문학과에 소설 창작 강의를 개설했어요. 이분은 학벌 없는 소설가지만 잘 짜인 생각을 가지고 질서 있게, 차분하게 소설 창작 강의를 아주 잘하셨어요. 그리고 강의를 수강한 학생들은 모두 단편 하나씩을 써야 했어요. 나도 그때 단편 하나 쓴 것이 있는데 지금도 그 원고를 가지고 있습니다.

정지용 선생은 다들 아는 유명한 시인이시지요? 그때 대학생들이 모두 시론詩論에 관심이 높아서 학과에서 시론 강의를 개설했어요. 그 강의를 수강하려고 그야말로 많은 학생이 운집했어요. 그런데 선생께서는 강의를 시작하고 한 학기 내내 중국 고전 《시경詩經》만 강의했습니다. 당신이 《시경》을 직접 읽고 해석하고 그것으로 수업을 끝냈습니다. 거기에 대한 감상도 학생들 각자에게 맡기고 학기 말 종강까지 그것으로 끝을 내요. 학기 말로 갈수록 수업을 듣는 학생은 계속 줄어들어 얼마 남아 있지 않았어요. 어떻게 보면 참 이상한 강의였지요. 정지용 선생의 뜻은 시와 시론을 알려면 《시경》 정도는 알아야 한다는 의도였던 거 같습니다. 《시경》을 읽고 해석하고 감상하면 모든 시를 다 감상할 수 있고 시론을 터득할 수 있다고 본 겁니다. 저는 그런 뜻으로 이해했습니다. 그런 강의도 당시에 최초였고, 이러한 강의는 아마 그 선생을 끝으로 더 이상 없었을 겁니다.

3.
신세대가 주도하는
국어국문학 연구회

3-1. 초기 서울대학교 국어국문학과
재학생 및 졸업생의 활동

●●● 서울대학교 문리과대학 국어국문학과에 선생님과 함께 공부한 2세대 분들이 계셨을 텐데요. 지금과 같이 대규모의 학생 수는 아니었을 것으로 짐작됩니다. 특히 일제강점기 말기에 경성제대 학생으로 입학한 학생도 해방 후에 졸업을 했겠지요? 해방 당시 서울대학교 국어국문학과 재학생과 졸업생의 현황은 어떠했는지 궁금합니다.

서울대는 경성제대, 경성대를 거쳐 국립교육기관이 되었습니다. 서울대 국어국문학과 말고도 사대 국어교육과에서도 졸업생과 재학생이 있었다고 들었습니다. 그리고 이제 막 국어국문학과가 개설된 대학에서도 학생들이 입학도 하고 그 후에 졸업을 했을 텐데요. 학생

수가 많지는 않았겠지만, 대학들이 많이 늘어서 국어학을 전공한 대학생들의 양상은 다양했을 것으로 생각됩니다.

◆◆◆ 해방 후 저를 포함한 2세대의 국어국문학 전공은 제한된 교수진과 급조된 강의안에 따라 힘겹게 운영되었습니다. 20년 역사의 경성제국대학을 계승해서 1946년 8월에 개편된 국립서울대학교 국어국문학과는 이듬해부터 졸업생을 내기 시작했어요. 국어국문학과가 신설된 다른 대학에서는 빨라야 1950년에 첫 졸업생을 배출했어요. 전공자들이 전공을 살린 경우도 그리 많지 않았어요. 서울대학교 문리과대학 국어국문학과 초기 졸업생은 1947년에 제1회 1명, 1948년 8월 2회 5명, 1949년 10월 3회 4명, 1950년 5월 4회가 4명, 1951년 9월 5회 5명, 1952년 3월 6회 2명, 1953년 7회 2명, 1954년 3월 8회 3명, 1955년 3월 9회 5명, 1956년 3월 10회 5명이었습니다. 이 숫자는 자신의 전공을 발전시키며 평생 국어국문학에 종사한 사람의 수입니다. 이들이 해방 후에 1세대가 담당하고도 모자라는 공백을 메워 온 2세대 사람들입니다.

서울대학교 사범대학 국어교육과는 일제하의 경성사범학교 본과생을 중심으로 개편한 과입니다. 여기도 1948년에 비로소 1회 졸업생이 나옵니다. 1회에 2명, 1949년 2회에 1명, 1951년 9월 4회에 2명, 1953년 3월 6회에 1명, 1954년 4월 7회에 1명, 1955년 3월 8회가 2명 정도가 역시 일생 전공에 종사한 사람들의 수입니다.

1946년 8월에 여러 사립대학에 국어국문학과가 신설돼서 초기 졸업생이 나왔는데 그 수는 그야말로 손꼽을 정도였습니다. 고려대학교 출신으로는 박병채, 신창순 정도입니다. 당시 연희대학이었던 연세대학교는 문효근, 김석득, 동국대학은 이동림, 이병주, 현평효, 김영배 교수가 있었습니다. 중앙대학교의 황희영, 기타 대학에 김준영, 이인호, 홍순탁 이런 분들이 있었습니다. 또 지방 대학에서도 몇 명이 나왔는데 역시 손꼽을 정도에 불과했지요.

●●● 선생님의 증언을 토대로 살펴보면 해방 후에 2세대는 1세대의 공백을 메워 함께 공부하고 가르친 세대가 됩니다. 그리고 아무래도 해방 직후에 적은 숫자나마 학부 졸업생을 배출한 서울대 국어국문학과 출신의 선생님들이 주도적으로 국어국문학의 기초를 닦은 것으로 보입니다. 경성제대 시절에 입학하여 해방 후에 서울대학교를 졸업한 학생들이 그런 역할을 할 수 있었던 건 어느 정도 잘 갖추어진 경성제대의 체제를 이어받았기 때문이 아닐까 싶습니다. 이에 대한 선생님의 생각은 어떠신지요?

◆◆◆ 아마도 그렇게 봐야 될 것 같아요. 서울대는 경성제국대학의 시설을 그대로 계승했어요. 대학으로서 학생들이 연구에 전념할 수 있는 합동 연구실 등의 기본적인 시설이 갖추어진 것도 연구 활동에 어느 정도 영향을 미치지 않았을까 생각합니다. 경성사범을 계승한 서울대학교 사범대학만 해도 기본적인 시설이 전혀 없었어요. 명칭이 대학이지 결국은 전문학교에 불과하지 않았나 그렇게 생각해요. 2세대는 해방된 세상에서 제한 없이 강의를 이수하여 대체로 1세대보다는 질적·양적인 면 모두에서 향상된 전공자였다고 생각합니다. 그러나 이들도 외국어와 같은 학술적 토대는 탄탄하지 못한 편이었다고 봐야 할 것 같습니다. 어쨌든 2세대는 1세대와 함께 3세대를 육성하

는 한편 국어국문학 학계의 초기 형성에도 노력을 기울였습니다. 진취적으로 그 선봉에 섰던 조직은 일찍이 1948년 5월 서울대학교 문리과대학 조선어문학연구회의 명의로 발기했던 제1회 전 서울 각 대학의 조선어문학연구 간담회였습니다.

3-2. 서울 각 대학 조선어문학연구회의 조직과 활동

●●● 선생님께서 말씀하신 바와 같이 1948년에 서울대학교 문리과대학 조선어문학연구회가 먼저 조직되고, 그 조직이 전 서울 각 대학 조선어문학연구 간담회를 만드는 데 중추적인 역할을 한 것으로 알고 있습니다. 국어국문학연구회가 아니라 조선어문학연구회라는 명칭을 통해서 당시에 '국어'보다는 '조선어'라는 명칭이 광범위하게 보편적으로 사용된 것을 추측해 볼 수 있네요. 그렇다면 선생님이 주도적으로 참여한 2세대 연구단체 조선어문학연구회의 조직과 활동에 대해 설명을 부탁드립니다.

◆◆◆ 서울대학교 문리과대학 국어국문학과가 개설된 후 합동 연구실에 모여 연구 활동을 하기 위해 조선어문학연구회를 조직했어요. 재학생과 졸업생을 합친 하나의 연구 공동체였습니다. 지금도 대학마다 국어국문학과에서 운영되고 있는 몇몇 연구회와 같은 것입니다. 이것이 아마 역사적으로 우리나라에서 최초가 아니었나 싶습니다.

그리고 이 조선어문학연구회라는 명칭으로 각 대학의 국어국문학 전공자들이 같이 모여서 공동의 광장을 마련합니다. 7개 대학 50여

명의 학생으로 구성된 이 조직은 나중에 2세대 최초의 학문 공동체로 1952년에 창립된 국어국문학회의 모체라고 볼 수 있어요. 당초에는 회원 대학을 순회하는 연구 발표와 공동 작업으로 문헌 목록 작성 등 대학 사이 교류와 정보 교환을 목적으로 했어요. 각 대학이 서로 연구의 자극제가 될 수 있도록 말입니다.

●●● 당시는 한글학회를 제외하고는 국어국문학계에 제대로 된 학회가 없었던 것으로 보입니다. 물론 방종현, 김형규, 정학모, 구자균, 고정옥, 정형용, 손낙범 등이 '우리어문학회'를 조직하고 회지 《어문》(3회까지 발간)을 낸 적은 있지만, 이는 경성제대 조선어문학과 출신의 소수 인원만 참여한 것이기 때문에 학회라고 하기는 어려운 면이 있었죠. 그런 상황에서 서울대 학부 학생들이 연구회를 조직했고 이를 서울 지역 국어국문학 전공 학생이 참여하는 조직으로 확대한 시도는 국어국문학계에 학회의 시대를 예고한 것으로 국어국문학사에서 중요한 의미를 지닌다고 할 수 있겠습니다. 서울 지역 국어국문학과 학생들의 연구 공동체라 할 수 있는 조선어문학연구회의 확대 과정에 대한 이야기를 좀 더 들어봤으면 합니다.

◆◆◆ 어느 봄날, 당시 서울대 국어국문학과 학생이었던 정병욱 군이 여학생들을 초청해서 야유회를 가자고 제안했어요. 그런데 내가 그 제안을 받아서 간담회로 하자고 역제안을 했습니다. 그래도 서로 만나서 즐거운 시간을 보낼 수 있으니까 연구 간담회로 형식을 바꿔 발의를 했던 것입니다. 그렇게 간담회는 시작이 되었고, 몇 차례 상당히 잘 진행되었습니다. 처음에 이 단체를 조직할 적에는 서로 분담해서

각 대학에 가서 그 학과 학생을 만나서 모임의 취지를 설명하고 함께 모이자고 해서 결성이 된 겁니다. 그러나 바로 전쟁을 겪으면서 연구 간담회를 효과적으로 매듭짓지 못한 것이 지금도 조금 안타깝다는 생각이 듭니다.

각 대학에 연락이 돼서 서울대 문리과대학 국어국문학과 합동 연구실에서 1948년 5월 29일 토요일에 7개 대학 50여 명의 학생이 모였습니다. 그리고 여기서 연구 간담회 창립총회를 열었습니다. 준비한 다과를 먹으면서 서로 인사를 했던 이 모임이 제1회에 해당하지요. 우리가 해방된 이 공간에서 민족학의 한 분야인 국어국문학을 전공하면서 비록 대학은 다르지만 공부하는 과정에서 서로 알고 지내면서 연구하는 데 도움이 되는 의견을 교환하고 교류하는 것이 좋지 않겠느냐는 이야기가 주제였습니다. 이때 모인 대학생들은 이 모임이 절실하게 필요하고 아주 좋다고 모두 찬동했습니다.

그다음 달 제2회가 고려대학교에서 열렸어요. 이때에는 한 대학이 추가되었고, 결석했던 한 개 대학도 와서 8개 대학이 모였습니다. 연구 간담회 성격이었지만, 서울대 문리과대학 김삼불 군이 여기서 발표를 했습니다. 발표 제목이 '주격 조사 〈가〉의 연구'였어요. 김삼불 군은 원래 성실한 학생이지만, 문학 전공자였습니다. 그런데 이 친구는 아주 생각이 광범위하고 다양해서 주격 조사에 대해서도 아주 재미있는 의견을 발표했어요. 아마 거기 모인 각 대학생들이 상당한 충격을 받았을 것으로 추측이 돼요. 당시에는 최초였지만, 이런 발표를 보면 이 연구 간담회 모임이 실제로는 상당한 기여를 하지 않았을까 생각합니다.

3회는 서울대학교 사범대학에서 같은 해 6월에 열렸어요. 그리고

〈그림 14〉 서울대학교에서 열린 제1회 전 서울 각 대학 조선어문학연구 간담회

〈그림 15〉 국학대학교에서 열린 제7회 전 서울 각 대학 조선어문학연구 간담회

방학 때문에 4회는 9월에 이화여자대학교에서 발표회가 이루어졌어요. 그다음 달 10월에는 연희대학교에서 발표회가 있었습니다. 연이어 11월에는 당시에는 남녀공학이 아니었던 중앙여자대학교에서 개최되었지요. 제7회는 해를 넘겨서 1949년 4월에 국학대학에서 열렸습니다. 그리고 8회는 그해 5월에 숙명여자대학에서 개최되었는데 이때 내가 'ㅎ조사 연구'라는 주제로 발표를 한 기억이 납니다.

제9회는 그다음 해에 동국대학에서 열리기로 했는데, 거기에 대해서는 기록이 없어 자세히 알 수가 없습니다. 개최를 어떻게 했는지 이후에 얼마나 계속됐는지 전혀 알 수가 없어요. 더군다나 얼마 후에 전쟁이 일어났으니까 이 발표회는 흐지부지되었어요. 참가한 대학은 서울대 문리과대학, 서울대 사범대학, 연희대학교, 고려대학교, 동국대학교, 중앙대학, 국학대학, 이화여대, 숙명여대였습니다. 뒤에 성균관대학이 참가하면서 9개 대학이 되었지요. 서로 교류할 기회가 거의 없었던 서울대 문리대 국어국문학과와 서울대학교 사범대학 국어교육과는 별개였습니다.

내가 1947년 8월 하순에 조교로 취임하고 합동 연구실에서 조교 업무를 하고 있었는데 평소 재학생들과 인사하고 알고 지내면서 조선어문학연구회의 연구 발표회도 이 연구실에서 매달 이루어졌습니다. 서울대학교 국어국문학과에서 주로 활동한 사람은 김삼불 군과 정병욱 군이었어요. 늘 나오는 학생은 5~6명에 불과하니까 그 사람들이 주도적으로 이끌어 나갔습니다. 그런데 거기서 특별한 것은 합동으로 방언 조사를 하자는 것과 전공과 관련된 문헌 목록을 작성하자는 것, 두 가지를 결정했다는 거예요. 그때로서도 상당히 의욕적인 일이었지요. 그래서 실제로 1948년 12월에 몇 개 대학 학생들이 만나서 공동 작업을 꽤 진행했습니다. 그것도 그나마 전쟁으로 인해서 다 분실되어 하나의 성과나 매듭이 없었던 게 아주 안타까운 일이었습니다.

●●● 서울 각 대학 조선어문학연구 간담회에는 당시의 학생들은 물론이고 1세대에 해당하는 교수들도 관심을 가지고 학생들의 모임에 참여한 것으로 보입니다. 앞서 선생님께서는 2세대가 1세대와 함께 공부한 세대라고 말씀해주셨는데, 그 말씀과 관련지어보면 1세대도 해방 후에 2세대가 조직한 이 조선어문학연구회에 관심이 많았을 것으로 생각됩니다. 그 과정에서 동료 학생들과 직접 경험한 일화나 이 조직에 참여한 교수님들의 활동에 대한 회고를 부탁드립니다.

◆◆◆ 당시 서울대학교에서 교양부장의 보직을 맡고 있던 이숭녕 교수가 정한숙 군을 졸업생으로 착각해서 강사로 발령한 사건이 있었습니다. 1954년 부산 피란 생활에서 환도한 후에 서울대학교에는 교양학부가 만들어졌어요. 당시에 이숭녕 교수가 문리과대학 국문학과 졸업생들을 서울대학교 일반 국어 강사로 임명했는데요. 그때 나도 문리과대학 국어국문학과, 중국문학과, 정치학과의 일반 국어를 강의하고 있었는데 정한숙 군도 강사로 발령 받은 겁니다. 1947년 8월에 내가 조교로 근무를 하던 무렵부터 고려대 국어국문학과 정한숙 군이 거의 매일같이 동숭동 문리과대학 캠퍼스에 왔어요.[6] 그런데 이렇게 자주 동숭동에 오는 정한숙 군을 이숭녕 교양학부장이 서울대학교 문리과대 졸업생으로 착각한 겁니다. 그래서 아니 어떻게 돼서 고대 졸업생 하나가 여길 끼어들 수 있느냐고 문리과대학 졸업생들 사이에서 야단났던 기억이 나네요.

고대의 정한숙 군이 이렇게 문리과대학에 오니까 나도 거의 기회가 될 때마다 정한숙과 술을 마셨지요. 저하고도 한국전쟁 전부터 술친구로 상당히 친했던 거죠. 그런데 정한숙 군은 당시 고려대에서는 생활을 별로 안 한 것 같아요. 평안도 영변 출신으로 영변농업학교를 졸업하고 해방 후에 어머니와 월남을 했어요. 그리고 고려대 국문학과에 입학했어요. 중학교만 나온 상태에서 입학할 수 있는 조건이 됐던 거죠. 그의 어머니는 남대문 시장에서 미군 유출물 장사를 했어요. 덕분에 정한숙 군은 경제적으로 아주 괜찮았지요. 돈을 가지고 있다가 나를 만나면 바로 끌고 가서 술을 샀어요. 친구들도 거의 서울대 문리과대학 학생들이었어요. 연구 간담회에는 3회부터 나오기 시작했지요. 1954년 나는 중앙대에서 고려대로 옮겨갔고 정한숙 군과 동료 교수가 되었지요.

조선어문학연구회의 연구 간담회에 참여한 대학 중에 지금은 없는 국학대학이라는 학교가 있었어요. 처음에는 국학전문학교로 시작했는데, 초대 교장이 월북한 국어학자 정열모 선생이었습니다. 이 전문학교가 당시에 대학으로 승격되어 국학대학이 된 겁니다. 이 대학 말고도 후에 홍익대학교, 단국대학교, 신흥대학교 등 대종교 계열의 대학이 몇 개가 더 있었던 것 같아요.[7]

연구 간담회가 8회까지 진행되니까 국어국문학계 교수님들도 다 들어서 알고 있었어요. 몇몇 교수님들은 아주 필요한 조직이라며 기대를 표하기도 했지요. 김형규 선생은 그때 실제로 간담회를 자세히 보려고 직접 오셨다가 내 발표를 경청하고 내심 감탄하신 모양이에요. 현장에서 나도 한마디 하겠다고 하면서 자기가 평소에 구상하고 있던 주제에 대해서 발표를 하시기도 했습니다. 당시 사전에 미리 김형규 선생에게 연락하거나 초청했던 건 아니었어요. 그만큼 당시 교수들도 관심이 많았었지요.

김삼불 군과 저의 발표 등이 그 시기에 연구 간담회에 모인 대학생 회원들에게 상당한 영향을 준 것 같습니다. 이런 주제 발표를 통해 그런 연구나 논문 작성을 직접 해보지 못했던 다른 학생들도 연구를 깊게 하면 나도 발표를 할 수 있겠다는 어떤 전망이나 가능성을 보여준 것으로 생각합니다. 당시 학생들에게 전공에 대한 열의와 깊이를 더해주는 데 이 발표들이 촉진제가 되었다고 나는 그렇게 평가합니다.

●●● 조선어문학연구회는 서울대가 주축이 되어 발기하고 각 대학의 국어국문학계 대학생이 참여한 최초의 연구 공동체라고 판단됩니다. 남북이 분단되기 직전인 1948년 5월에 결성된 이 조직은 북을 선택한 학생들이 떠난 1949년 이후에도 활동을 이어갔다는 점에서 그 의의를 찾을 수 있을 것 같습니다. 특히 1세대 교수들도 관심을 가지고 지켜보았고, 1952년 창립된 국어국문학회의 모체였다는 선생님의 말씀을 들으니 그 역사적 무게감이 느껴집니다.

한국전쟁은 우리 현대사에서 민족의 비극이었습니다. 당시 대학을 다니면서 이런 연구회에 참여했던 학생들에게도 전쟁은 많은 영향을 주었으리라 생각합니다. 이 연구회에서 활동했던 분들이 한국전쟁 전후로 이데올로기의 차이로 각자의 길을 선택하면서 뿔뿔이 흩어졌을 것으로 추측됩니다. 당시 북을 선택한 분들이 어떤 활동을 했는지가 궁금합니다. 당시 학생들 중에서 기억나는 분이 있으시면 그에 대한 회고도 부탁드립니다.

◆◆◆ 2세대의 이렇게 폭넓은 활동은 사계에 전에 없던 활력이 되었어요. 그리고 축적된 그들의 역량은 더 향상된 3세대의 육성을 기대하게 했지요. 또한 양적인 면은 말할 것도 없고 질적인 면에서도 점차 그들은 부족한 1세대를 보충해갔어요. 그러나 1950년에 돌발한 한국전쟁으로 참여하던 많은 학생이 사라져서 전체 인원이 감소되었습니다. 서울대 문리과대학에서는 안문구와 김삼불, 서울대 사범대학에서 김하명 등이 월북했어요. 문리과대학 민영철, 정희선, 김종익, 박내수, 김세하 등은 안타깝게도 행방불명이 되었습니다. 이 중에서 정희선 군은 예과에서 본과로 진입해서 구제로 졸업을 했는데 월북한 정열모 선생 자제였어요. 그 후의 활동에 대해선 전혀 알 수가 없습니다.

김하명은 남북을 내왕한 점에서 아주 각별한 인물이었어요. 당시 나는 서울대 문리과대학에 매일 오다시피 한 고려대학교 정한숙이 평남 영변 동향이라고 김하명을 소개해줘서 알게 되었어요. 함께 종종 술을 마시며 가까워졌는데 김하명은 자신을 북로당 파견 경성사범학교 세포 조직책이라고 털어놓았어요. 당시 공산당을 별로 기피하지 않았기에 친구로 지냈지요. 평안도 사람이라 성격과 말씨가 아주 시원시원했어요. 원래 나도 술을 잘해서 서로 허물없이 믿었어요. 그런 믿음 때문에 김하명이 내게 자신이 노동당 세포책이라고 얘기했던 거 같아요. 한국전쟁 중에 서울에 다시 왔다가 철수할 때 사대 은사인 정학모, 정형용, 고정옥, 김기림, 김순남 여러 교수를 월북하게 했다는 말을 후에 들었습니다.

김하명은 서울대 사범대학 제1회 졸업생 이을환 군과 동기였어요. 그는 해방이 되었을 때 전문학교 과정 본과 3년생이었죠. 해방 후에 본과생이 된 겁니다. 김하명 군은 평양사범학교 본과생으로 서울대

사범대학에 입학해서 제1회 졸업생이 되었고, 졸업한 후 평양으로 돌아가서 북쪽에서 상당한 중진으로 활동했다고 합니다. 후일 김하명이 저술한 《조선문학사》라는 북쪽 문헌을 본 적이 있는데 이 책은 북쪽에서 유일한 문학사 표준 교재였다는 얘기를 들었습니다. 나중에 중국에서 개최되는 남북 학술행사에 참여하면서 혹시 김하명 군을 만나면 옛날 술친구로서 북쪽의 이런저런 이야기를 물어보면서 함께 기탄없이 이야기할 수도 있지 않을까 기대를 했어요. 그런데 김하명 군은 북에서 교통사고로 작고했다고 하네요. 그래서 영영 그럴 기회 없이 끝나버렸습니다.

●●● 해방 직후에 대학에 입학한 학생들의 처지는 각양각색이었을 것으로 추측됩니다. 다들 다양한 구제 교육과정을 겪으면서 복잡하게 대학에 입학했으니, 같이 입학한 동기들도 동갑이 아니라 나이 차이도 났을 것으로 생각됩니다. 당시 함께 대학 생활을 한 대학생들 면면에 대한 소개와 기억도 부탁드립니다.

◆◆◆ 당시 대학생은 대부분 직장을 갖고 있었어요. 나는 합동 연구실에 있으면서 강의 시간이 되면 강의를 충실히 듣고 열심히 필기를 했습니다. 직장 다니는 학생들에게 학기마다 노트를 빌려주고 끼니마다 얻어먹었어요. 정병욱 군이나 김삼불 군 같은 학생도 나처럼 직장을 안 갖고 충실히 공부했습니다. 이명구라는 학생도 기억이 납니다. 직장을 다니는 학생들은 그저 학점을 따는 게 목적이었고 대개 성인이 됐으니까 처자를 거느려서 수입이 있어야 했지요. 그러니 대학에 나와 매일 공부만 할 수가 없는 상황이었어요.

당시 동기생들은 지금과는 달리 나이 차이가 아주 심했어요. 제대로 진학해서 학병 갔다 온 사람은 나이가 적고 젊은 편이었지만, 그런 사람은 몇 안 됐습니다. 안문구 군 같은 사람은 예과에서 올라왔는데 그 사람도 그냥 충실하게 강의를 들었어요. 전문학교 졸업생과 재학생도 들어왔는데, 전문학교 졸업생으로 들어온 사람은 그때만 해도 사십 넘은 사람들도 있었어요. 대학 못 간 게 한이었다가 기회가 와서 입학해서 다녔으니까 그 사람들과는 연령 차이가 아주 심했지요.

그렇지만 대학 캠퍼스 안이니까 대개 나이가 많은 사람에게는 성이나 이름에 형이라는 존칭도 붙여서 불렀어요. 가령 정병욱 같으면 정형, 그 정 형이 나보고는 김 형, 뭐 이런 식이었지요. 정병욱 군은 연희전문학교를 졸업하고 편입했으니까 나이가 나보다 한 두어, 세 살 위이지 않았을까 싶어요. 김삼불 군도 해방 전에 연희전문학교를 다니다가 서울대학교에 편입했으니까 나보다 역시 두세 살 위였다고 기억해요. 말은 형이라고 붙였지만 서로 존대를 했어요. 서로 존대하면서 형이라는 존칭을 썼음에도 친구라는 건 피차가 의식하고 지냈어요. 1948년에는 여학생 한 명이 입학했어요. 여학생하고는 별로 얘기는 안 했지만, 얘기하게 되면 또 존대해야 되는 상황이었지요.

이 시기에 전공에 관련된 연구 활동은 시대 상황 때문에 모든 학생이 활발하게 활동을 할 수가 없었지요. 무슨 발표 기관이 있는 것도 아니었으니까요. 그저 연구 발표를 한다고 그러면 서울 문리과대학 조선어문학연구회에 나가서 월례 발표를 하는 정도였어요. 나는 조교로 1949년까지 근무를 했는데 종종 내게 와서 상의를 했어요. 그들의 말을 들으면 학생들의 관심이 무엇인지 대개 알 수 있었지요. 한림대학에 있었던 이명구는 문학 전공이 분명했고, 정병욱, 장덕순, 김동욱 군도 마찬가지였어요.

안문구 군은 경성제국대학 예과에 입학해서 학부로 진입해 구제로 1948년에 2회로 졸업했습니다. 당시 문리과 대학 교수였던 안호상 교수의 친조카였는데 졸업하고도 합동 연구실에 종종 나와서 여러 번 만난 기억이 있어요. 1948년에 결혼을 했는데 청첩장을 내가 써줬어요. 순우리말로 써줬더니 그렇게 반가워하고 고맙다고 그러더니 그 후 월북해서 어떻게 살았는지 그 활동은 제가 잘 모릅니다.

1948년부터는 6년제 중학교 여자 졸업생이 나왔어요. 6년제 여중학교 졸업생이 서울대학교 국어국문학과에 입학해서 1952년 6회부터 여자 졸업생이 등장합니다. 전공에 종사한 사람은 많지 않지만, 52년에 김정숙, 1954년에 문주석, 1956년에 정양완이 졸업합니다. 정양완은 납북된 정인보 선생의 따님인 것은 누구나 다들 알고 있죠? 여학생들은 다른 대학에는 거의 없었어요. 그렇게 보면 전공에 종사한 졸업생 중에 김정숙이라는 분이 최초의 여성 졸업생이 되겠네요. 일제 말기에 이남덕 선생이 선과 출신 졸업생이니까 그렇게 보면 두 번째라고 할 수도 있겠네요. 이남덕 선생 직후에 또 한 사람 있긴 했어요. 이정자라는 학생이었는데 그분은 전공에 종사하지는 않았어요.

IV.
한국전쟁기, 국어학의 모색

혼란의 수습과 학풍의 혁신

한국전쟁은 전후 세계 질서를 뒤바꾼 사건이었다. 국제정치에서 미국의 영향력이 극대화되었고 중국의 존재가 전 세계에 각인되었다. 한반도는 전장이 되었으며 우리 민족은 매우 큰 피해를 입었다. 남북한 모두 수많은 사람들이 목숨을 잃고 국토는 거의 파괴되었다. 많은 이산가족이 생겨났지만 분단은 고착화되고 서로에 대한 불신과 적대감은 지금도 이어지고 있다. 전쟁으로 인한 사회적 기반의 손실과 인구의 대이동은 이후 한국 사회를 크게 변화시키는 계기가 되었다.

1945년 광복 이후에 이어지던 국어 재건의 학문적 분위기도 한국전쟁을 겪으면서 전환의 계기를 맞게 된다. 개전 초기 대통령 이승만은 서울 사수를 외치면서도 비밀리에 대전으로 철수했고, 불과 2개월 만에 대부분의 국토를 잃고 수도를 부산으로 옮겨야 했다. 유엔군의 참전으로 전세가 역전되어 9월에는 서울을 되찾았으나 1951년 1월에 다시 빼앗기는 등 일진일퇴를 거듭하면서 1953년까지 전선이 교착되었다. 전쟁 중에 교육계와 학계는 많은 타격을 입었다. 자료가 유실되고 많은 학생과 학자들이 사망했으며 북한으로 납북되거나 월북한 사람도 적지 않았다. 그러나 대혼란의 시기에도 대학은 피란지에서 다시 운영되었으며 학회의 창립과 학회지의 발간 등 학술 활동은 계속 이어졌다.

1950년 9월에 서울이 수복되면서 대학들도 다시 운영을 시작했으나 곧 이어진 1·4후퇴에 따라 부산으로 다시 피란했다. 정부는 모든 국공립 및 사립대학을 전시연합대학이라는 이름으로 결합하여 운영하도록 했다. 부산에서는 서울 소재 대학들을 중심으로 한 전시연합대학이 1951년 2월에 출범하여 운영되다가 1952년 5월에 폐지되었다. 이후 각 대학은 기존 건물은 물론 천막, 창고 등을 교사로 이용하여 종전까지 피란처에서 수업을 이어갔다. 강의와 연구에 필요한 자료도 부족하고 시설도 열악했지만 학문에 대한 의지는 꺾을 수 없었다.

전란으로 부산에 신진 학자들이 모이게 된 것은 역설적으로 자연스러운 교류의 계기를 제공했다. 해방 이후 대학을 졸업하고 이른바 2세대로 통칭되었던 신진 학자들은 이미 대학에 재학할 때부터 학문 공동체를 구상하고 운영하고 있었다. 1948년 7개 대학 국어국문학과의 50여 명의 학생이 조선어문학연구회를 결성하고 각 대학을 순회하며 연구 간담회를 개최하고 있었으나, 한국전쟁으로 그 맥이 끊어지고 말았다. 그러나 이들은 피란지 부산에서 다시 만나 학회를 창립하고 학회지《국어국문학》을 발간하게 되었다.

학회지의 발간과 국어국문학회의 창립 과정은 전쟁의 한복판에서 모든 어려운 여건을 극복하고 이루어낸 분투기이다. 뜻을 같이한 신진 학자들은 대학, 고등학교, 출판사에 재직하면서 사비를 모으고 학술지를 직접 판매하여 출판 비용을 마련했다. 이들은 1952년 9월에 첫 모임을 열어 불과 한 달 후에 창간호를 발간하고, 12월에는 국어국문학회 창립총회를 개최하여 그동안 억눌렸던 학문에 대한 열정을 강한 추진력으로 승화시켰다. 국어국문학회는 휴전이 이루어지고 정부와 각 대학이 환도한 이후에 학술 발표회를 개최하고 분과회를 만드는 등 지속적인 발전을 거듭하여 국어국문학계의 대표 학회로 성장했다.

전쟁 이전의 조선어문학연구회에서 이어진 국어국문학회는 해방 이후 등장한 학문 2세대가 스스로 구축한 학문 공동체였다. 이들의 학문적 태도는 1세대의 민족적 어문 연구 분위기와 구별되었다. 해방 이후 전쟁 이전까지의 국어학계는 민족 부흥과 국어 재건 운동의 영향을 받을 수밖에 없었다. 이들 1세대와 달리 대학이 설립되고 높은 학구열로 국어학을 배우기 시작한 2세대는 역량을 축적하자 기존의 민족주의적 연구 관점과 거리를 두고 새로운 과학적인 방법론의 도입을 추구했다. 이러한 학문적 경향을 공유할 수 있는 학술지와 학회를 갖게 된 2세대는 대학에 자리를 잡게 되면서 점차 학계를 주도할 수 있었다. 이후 한글 간소화 파동 등 국어 정책의 실패에 대응하면서 국어학계의 정책적 영향력을 강화했고, 이와 더불어 객관적이고 실증적인 태도에 입각한 연구가 잇따라 나오면서 학문 재건의 바탕을 형성했다.

1.
전쟁의 폐허 속
대학의 정비

1-1. 대학의 혼란과 국어학자의 선택

●●● 선생님께서 서울대학에 재학 중이시던 1950년에 한국전쟁이 발발했습니다. 정부 수립 후 각 대학의 국어국문학과가 설치되었고 젊은 전공자들이 의욕적으로 학업을 수행하고 있던 상황에서 갑자기 닥친 전쟁이라 학계와 교육계는 물론 선생님 개인도 많은 어려움을 겪었을 것 같습니다. 저희가 알기로는 분단 후 남북이 서로 대립하면서 전쟁을 예상하는 분위기도 있었던 것으로 들었습니다. 당시의 상황과 전쟁 과정에서 어떤 일을 경험하셨는지 말씀해주셨으면 좋겠습니다.

◆◆◆ 한국전쟁이라고도 하는 6·25사변은 동족상잔의 참혹한 전쟁이었습니다. 학계도 이로 인해 막대한 손실과 급속한 변동을 겪게 되었습

니다. 먼저 당시의 시대별 배경을 살펴볼 필요가 있겠습니다. 남북 대립은 1948년 정부 수립 이후부터였습니다. 남측 초대 대통령 이승만은 안호상을 문교부장관에 임명하고 1949년 3월 중학교와 대학에 학도호국단을 창설하여 군대식 조직으로 묶어놓았습니다. 대통령은 또 기회가 있을 때마다 북진통일을 외치면서 무력통일을 주장했습니다.

학도호국단은 1949년 10월 서울운동장에서 개최한 전국학도체육대회에서 분열식을 거행했습니다. 군대 조직이라 분열식이 거행됐는데, 단장인 안호상 장관이 제복에 제모를 입고 단상에 올라 열병식 경례를 하던 모습이 마치 독일 박사답고 히틀러 유겐트를 연상케 했던 기억이 아직도 눈에 삼삼합니다. 장비나 질과 양 모두 충분하지 않은 군대를 갖고 북진통일, 무력통일을 입으로만 외친 것이 북측이 주장하는 한국전쟁 북침설의 구실이 되기도 했을 겁니다.

이승만 대통령은 결국 4·19혁명으로 쫓겨나 망명했지만 오히려 그런 것을 잘 모르고 어른으로, 대통령으로 받든 국민이 가엾게 생각됩니다. 6·25사변이 일어나자 이승만 대통령은 대전에서 방송으로 서울을 사수하겠다고 장담했습니다. 혼자 서울을 몰래 빠져나가 안전지대인 대전에 앉아서 방송으로 "서울 사수한다, 서울 시민들은 움직이지 말고 그대로 있어도 좋다"라고 한 것이지요.

나는 전쟁이 나던 당일, 포성을 들으며 술로 날밤을 샜고, 며칠 굶주리다가 7월 초 근교 농촌으로 식량을 구하러 갔지만 헛걸음하고 굶어죽을 지경이 되었습니다. 생애 두 번째로 어떻게 살아남겠느냐는 고민이 닥쳐온 것입니다. 대학에서는 매일 의용군을 모집했는데 잘 피하다가 끌려간 후 당시 후방인 강원도 원주 보충대에서 석 달 머물렀습니다. 그래서 총탄을 용케 피하고 사변을 겪은 결과가 되었습니다. 거기서 훈련도 없고, 살길을 찾다 보니까 좋게 보였는지 인민군 장교식당에서 일을 하게 되었지요. 먹고 싶은 거 마음껏 먹고 석 달을 지냈으니 그런 부분만 본다면 한국전쟁 중 배부르게 산 사람은 아마 나뿐이 아니었던가 이런 생각도 듭니다.

●●● 그럼 어쩔 수 없이 인민군 원주 보충대에서 근무를 하시게 된 거군요. 다시 수복되었을 때 후환을 겪지는 않으셨나요?

◆◆◆ 1950년 9월 28일에 서울이 수복되고 전세가 반전되자 인민군 보충대가 북송하게 되었습니다. 북송하는 중에 마침 내 고향인 홍천을 지나게 되었을 때 보충대에서 이탈해서 집으로 귀환했습니다. 그리고 경찰에 끌려가서 사흘 동안 조사를 받았어요. 근데 보충대 식당에서 일하면서 보낸 게 별로 죄를 지은 거라고 보지 않은 것 같아요. 경찰에 잡혀가서 사흘이나 조사받고 그러고 놓여났는데, 총살하는 총성을 들으면서 나왔습니다.

그 후 집에서 며칠 생각을 하다가 괴나리봇짐을 지고 걸어서 상경하기로 했습니다. 그때는 교통수단이라는 게 전혀 없으니까 짚세기를 삼아서 신고, 몇 개는 등에다 지고, 하나 가지고 안 되거든. 가다가 이게 떨어지면 버리고 갈아 신어야 하니까. 그러고 서울 오는데 하루 종일 걸어보니까 80리는 걸을 수 있어요. 근데 제일 문제는 발이 부르터요. 부르튼 데에 성냥 황을 대고 불을 붙이면 요게 터져요. 잘 적엔 그렇게 하고 그 발 그대로 이튿날 또 걸어야 했어요.

그래서 양평까지 갔는데 양평에서는 한강다리를 건너야 돼요. 그런데 건너는 이쪽, 저쪽에 군경이 딱 서 있으면서 나 보고 도강증 내라는데 도강증이 뭔지 알아야지. 그러니까 경찰에서 발행하는, 어디 사는 주민인데 한강을 건너도 좋다, 이런 게 있었던 모양이에요. 도강증이 없다고 하니까 "안 돼" 그러니 어떻게 해요? 도로 발길을 되돌려서 집으로 올 수밖에. 그래서 양평 한강에서 되돌아왔는데 시골서 그냥 밥이나 먹고 있는 것도 그렇고 전쟁이 안 끝났는데 그렇게 사는 것도 아니지 않은가 싶어서 10월 10일, 홍천에 주둔해 있던 국군 제5사단 제31연대 정훈요원으로 요청을 받고 군속이 되었습니다. 부대에서 일선을 전전하며 일 년 반 지냈어요. 그러니까 이제는 정반대로 국군의 군속이 된 거지요.

●●● 정리하자면, 전쟁이 발발한 직후 피란길에 오르셨지만 순식간에 국토가 점령되어 어쩔 수 없이 인민군 보충대에서 근무를 하다가 가을에 유엔군이 북진하면서 인민군이 퇴각하게 되자 거기를 탈출해서 결국 군속인 정훈요원이 되신 것이지요? 말씀만 들어도 정말 다급한 상황을 많이 겪으셨을 것 같습니다. 전황이 급변하면서 그 와중에 많은 사람이 희생되었는데 선생님께서는 다행히 화를 면하셨지만 억울하게 희생된 사람들도 적지 않을 것 같습니다.

◆◆◆ 전쟁 중에 정말 많은 사람이 희생되었지요. 부역한 사람을 경찰에서 심사해서 즉석에서 결정하고 산 밑에 끌고 가서 총살하기도 했어요. 그때 서울의 대학생들이 많이 희생됐어요. 의용대로 끌려가서 일선으로 나갔던 남측 대학생들이 인민군 퇴각 때 북쪽으로 가야 하는데 미처 못 가서 남측 군대 경찰에게 잡힌 거지요. 그 사람들이 다 인민군 군복 차림이니까 이거를 몇 백 명, 몇 천 명을 잡아서 전부 죽

인 겁니다. 즉결 심판은 인민군이니까 죽인다는 거였는데 실제로는 남쪽 대학생들이었지요. 그들이 군대 가는 거 좋아서 끌려갔겠어요? 억지로 끌려갔는데 참 억울하지요. 대개 6·25 때 행방불명이라는 거는 아마 거기에 속할 겁니다. 그 가족이, 유족이 어디서 죽었는지 어떻게 알겠어요.

●●● 1950년 10월에 정훈요원이 되어 군대에서 근무하기 시작하셨는데 당시 서울에 있는 대학들이 모두 부산으로 피란했고 군속 재직 중에 다시 부산으로 가서 대학에 복학하고 바로 졸업장을 받으신 후 다시 군속으로 근무하셨어요. 전쟁으로 인해 여러 가지 어려운 상황에서 대학에 복학하는 과정이 쉽지는 않았을 것 같습니다. 부산으로 가기도 어려웠을 것 같고, 대학에 복학하고 졸업장을 받는 것도 서류가 소실되어서 혼란스러웠다고 들었습니다. 그 과정을 조금 더 자세히 말씀해주시기 바랍니다.

◆◆◆ 1951년 9월 부산으로 피란한 대학에 가서 복학하여 제5회 졸업생이 되었습니다. 피란 중에 부산 갔다 왔다 하는 것이 얼마나 힘들었을지 여러분들은 아마 상상도 못 할 겁니다. 당시는 내가 군속이니까 군복을 입고 군속 표시를 하고 있었지요. 그래도 부산까지 걸어가진 않은 게, 길을 걷다가 아무 차나 세우면 그걸 탈 수 있었어요. 부산으로 가는데 갈라져 가면 거기서 내려서 또 있다가 트럭도 타고 군대 차도 타고. 이렇게 부산에 가니까 거기서도 문제가 보통이 아니에요.

당시에 만든 학적부는 다 없어졌어요. 우선 6·25 때 북한군에 의해서 서류가 다 없어진데다가 그다음엔 미군이 주둔하느라고, 캠퍼스엔 큰 건물이 있으니 군대 주둔하기 좋잖아요, 미군이 그걸 다 없애버리는데 겨울에 추우니까 그냥 서류 내다 놓고 불태우고 쬐고 이래요. 그러니 서류가 뭐가 있어요. 그래서 학생이 딱 대학에 가면 우선 요기다 좀 써내요. 무슨 과며 몇 학점 취득했는지, 언제 입학을 했는지 이걸 자기가 쓰는 거예요. 그럼 이걸 심사하겠다 했지만 심사는 무슨 심사를 합니까. 근거가 아무것도 없는데요. 모든 서류를 검증할 증거가 없어서 통과시켰던 관계로 가짜가 도처에 도사리고 있었습니다.

●●● 해방 직후 대학의 난맥상을 말씀해주시면서 가짜 대학생도 많았다고 하셨는데, 전쟁 중에도 역시 검증이 제대로 이루어지지는 않았겠네요. 복학할 때 근거가 되는 문서를 보는 게 아니라 스스로 써낸 서류만 봤다는 건데 놀랍기도 하고 얼마나 혼란스러운 상황이었는지도 짐작이 됩니다. 그러면 졸업도 스스로 작성한 학적에 기반해서 결정되었겠네요.

◆◆◆ 그러니까 저 교무과에서 직원이 용지를 내놓고 써내라 그래서 받으면 교수회의에서 졸업 사정을 할 텐데 개인이 써낸 그 서류를 보고 졸업을 정해요. 그걸 검증을 해야 되는데 아무것도 없는데 뭘로 하겠어요. 내가 1946년 8월에 경성사범학교 부설 임시중등교원양성소 6개월 국어과를 졸업했는데 놀랍게도 그 국어과 졸업생 명부를 보니까 나는 빠져 있고 거의 가짜로 메워져 있어서 정작 나는 국어과 졸업생도 아닌 것으로 되어 있었습니다. 그리고 1947년 9월부터 서울대학교 문리과대학 국어국문학과 학부 4년을 이수했는데 문리대에 입학하고도 수학에 대한 미련으로 수학을 부전공 삼아야 되겠다 싶어가지

고 다시 서울사범대학, 이때는 경성사범학교가 서울대학교 사범대학으로 이름이 바뀌었는데 사범대학 부설 중등교원양성소 2년제 수학과에 입학원서를 내고 시험 쳐서 또 합격이 돼요. 강의를 듣고 한편으로 수학을 하겠다 했는데 세상에 바빠서 할 수가 있어야지요. 아휴, 안 되겠다, 내가 너무 욕심 부렸다, 집어치우자 이랬으니까 한 학기도 안 다닌 거고 학점이 하나도 없지요.

그랬는데 그때 입학하자마자 내가 수학과 학생 명부를 만든 기억이 나요. 등사해서 사람들에게 나눠줬는데 누가 아마 그 학생 명부를 학교에 갖다 준 모양이에요. 갖다 주고 나서 이게 다 그때 증거라고 하고, 사범대 교학과에서는 그걸 그대로 다 올려서 졸업생 명부를, 학적부를 만든 것 같아요. 그러니 얼마나 엉터리예요. 이게 교정이 되겠어요? 그 인원이 그대로 올라가서 졸업생이 돼버렸어요. 그래서 나도 졸업생이 된 겁니다. 그러니까 국어과 졸업생은 아니고 수학과 졸업생이 됐어요.

이러니까 가짜 졸업생이 얼마나 많겠어요. 게다가 이게 서울대학만 그랬겠어요? 다른 대학도 뭐 다 그랬다고 봐야지요. 다른 대학도 캠퍼스 안에 군대가 주둔 안 했겠어요? 그리고 서류가 없는데 어떻게 할 거야. 가짜가 많았다고 짐작이 가지요.

1-2. 부산 피란 시절의 대학과 국어학

●●● 전쟁 중 부산으로 가서 대학을 졸업한 후 군속으로 근무하다가 다시 부산으로 가셨지요? 그리고 임시수도인 부산에서 운영 중이었

던 고등학교와 대학에서 강의를 하시고 또 여러 가지 학술 활동도 시작하신 것으로 압니다. 어떤 계기로 다시 부산에 가게 되셨는지요?

◆◆◆ 1952년 1월 말 군속을 사임하고 원주로 피란을 와 있던 집에 들렀습니다. 하지만 집에 엎드려 있어봐야 뭘 하겠어요. 그래서 생각하다가 곧 임시수도 부산으로 떠났습니다. 군속으로 입던 군복 그대로 입고서요. 왜? 옷이 있어야지. 아니, 양복이 있나, 뭐가 있나. 군복을 그대로 입었고 또 돈도 약간밖에 없었어요. 군속이라는 게 월급이 몇 푼 되겠어요. 그러니 아껴 써야 했어요. 그러니까 결국 맨몸으로 임시수도 부산으로 떠났습니다. 부산으로 가는 길에 대구에 들렀는데 서울대 국문과 동문인 남광우 군이 피란 와서 경찰서 경사로 근무하던 모습이 기억이 납니다. 남 군은 해방 후에 중등교원양성소 국어과를 나오고 서울중학교의 교사가 됐어요. 그땐 국어 교사 자격이 있는 사람이 제1세대 빼고는 양성소 나온 사람밖에 없었거든요.

●●● 선생님께서는 임시수도인 부산에 가야 앞날을 도모할 수 있다고 생각해서 집을 떠나셨는데 부산에서는 어떻게 지내셨나요?

◆◆◆ 2월에 낯선 부산에 도착했는데 몸 건사할 곳조차 막막했습니다. 부득이 부산대 조교수로 관사에 살던 동창인 백영 정병욱 군의 식객이 되었습니다. 아무리 동창이지만 무턱대고 가서 자고 먹고 있으니 얼마나 참, 몸 둘 바를 모르죠. 무위도식 달포 만에 박문출판사 임시 교정원으로 옮겼습니다. 일석 이희승 교수의 《역대조선문학정화歷代朝鮮文學精華》,[8] 일제시대에 나온 책인데 이 책을 서둘러 재판하는 일에

부름을 받고 부산 동대신동 1가에 피란 온 박문출판사 사무실로, 아예 거기서 자고 먹으려고 숙소까지 출판사 사무실로 옮겼습니다. 대학 일반 국어 교재로 개강에 맞추어 내는 3월, 4월 달포에 익힌 편집과 출판에 관한 실무는 나의 평생 문필 생활에 매우 소중한 지식이 되었습니다.

이때 출판에 관한 거를 아주 소상하게 알 수가 있었죠. 그 실무란 가령, 활자문화에서 쪽자라 하는 것, 쪽자라는 게 뭐냐면 활자가 없으니까 활자 2개나 3개를 쪼개서 하나로 붙여서 만드는 걸 쪽자라 그러는데 그걸 자기가 만들어야 돼요. 왜? 인쇄소 직공이 글을 모르잖아요. 쪽자가 될 수 없는 경우에 인쇄는 해야 되고 활자는 없으니까 활자 크기의 나무에다가 글자를 새겨요. 그러면 인제 도장포에 가서 요렇게 요렇게 나무를 깎아라, 요거를 거기다가 새겨라, 보고 틀렸으면 다시 새겨라, 이걸 만들어야 돼요. 인쇄 분야에서의 그런 방식과 용어에 대한 개념을 거기서 알았습니다.

●●● 처음에는 출판사에서 일을 시작하셨는데, 곧이어 강의를 하시게 되었습니다. 1982년에 《경향신문》에 대학 은사인 방종현 선생님과의 인연을 소개한 적이 있으시죠? 거기서 방종현 선생님에게 학문의 방법을 배우셨고 사변 중에도 소개장을 써주셔서 휘문고에서 강의를 할 수 있었던 일화를 읽었습니다. 그 이야기를 좀 들려주셨으면 합니다.

◆◆◆ 그래요. 출판사에 임시 직원으로 있는데 하루는 느닷없이 한 노신사가 찾아와서 명함을 주는 것이었습니다. 명함에는 '김민수 형, 국립서울대학교 문리과대학장 방종현', 후면에는 '휘문고 교장인 이 선

생님이 만나시고자 하오니 가능한 한 이 선생을 원조해드리기만 바랍니다. 4월 8일', 이렇게 적혀 있었어요. 잊지 못할 감격이었지요. 왜냐하면 첫째는 모교 은사가 졸업생에게 형이란 칭호를 쓴 겁니다. 형이란 말은 친구, 평교 간의 친구에게 쓰는 겁니다. 존경할 사람에겐 형이라는 칭호를 못 써요. 그래서 그걸 썼다는 거. 둘째는 피란 시기에 취직이 얼마나 어려워요? 그런 피란지에서 추천한 소개장을 들고 온 서울대학교 철학 교수였던 이계훈 교장의 걸음. 이건 결국 내 생각에 그 교장이 우수한 교사를 구하려고 학장에게 협의를 하니 방 학장이 교장을 찾아가게 만든 거 아니에요? 연로한 교장이 명함을 들고, 아휴 모셔가겠습니다, 이렇게 오게 만들었으니.

세상을 일찍 떠나셨지만 방종현 교수 같은 분이 어떤 분인가 한번 생각해봐요. 모교 은사가 졸업생에게 형이라 한 것은 졸업생에 대한, 제자에 대한 아주 최대의 우대예요. 친구라 하고 소개를 하니까. 근데 내가 비교적 아량, 도량이 있다고 생각하는데 나는 이렇게 못 해요. 지금까지 하지 못했어요. 할 수가 없어요. 이거를 하신 분은 하여간, 어떤 의미에서든지 훌륭한 분으로 추앙해야 되지 않겠나, 그렇게 생각합니다.

방종현 교수와의 인연은 내가 서울대학교 조교를 하면서부터예요. 아직 입학하기 전이지만 조교로서 댁에 찾아뵐 때가 있었거든요. 방종현, 이숭녕 선생이, 옛날 경성제국대학 예과 교사가 청량리에 있었는데, 관사에 사셨습니다. 그래서 무슨 일로 거길 찾아갔어요. 인사를 했어요. 그랬더니 사모님을 시재로 나오라고 해서 "우리 서울대 학과의 조교 아무개 선생"이라고 소개하고 차를 가져오게 하셨어요. 그런 인연도 있었지만 어쨌든 참 넘치는 환대를 받아서 일생 이거를 잊을 수가 없습니다. 방종현 학장은 부산 피란 중에 병환이 나서 회복을 못하고 돌아가셨습니다.

●●● 휘문고등학교에서 강의를 시작하셨는데 당시 상황을 좀 들어보고 싶어요. 전쟁 중이니까 건물도 제대로 없었다고 알고 있는데 이런 상황에서 수업은 어떻게 진행하셨나요? 그리고 한국전쟁 당시에는 문교부가 발표한 〈전시하 교육 조치 요강〉에 따라 초등학교용이나 중학교 및 성인용 전시독본 등 임시 교과서가 발간되었다고 들었습니다. 이런 교재를 사용하셨지요? 그리고 고등학교 수업에서 기억나는 일이나 학생이 있으면 말씀해주세요.

◆◆◆ 그래요. 방종현 학장 소개로 부임한 데가 휘문고등학교인데 부산 중앙쯤에 있는 용두산 중턱에 미군 천막 몇 개를 쳐놓고, 그게 중고등학교 교사예요. 휘문은 교장이 찾아와서 와달라 그래서 갔고, 또 아는 동창들이 시간 강의 좀 나오라 그래서 동덕여중고에서도 시간 근무를 했거든. 부탁을 받고 나가겠다고 그러면 시간표에 넣어 놓고, 그러면 그냥 나가서 수업하고 뭐 그런 거죠. 증명서나 그런 것은 거의 없었던 것 같고, 신분증명서 만들어달라고 사진을 주니까 만들어준 게 지금 몇 가지는 남아 있어요. 그런데 그렇게 해봐야 한 달 받은 수입을 계산해보면 옷도 하나 살 수가 없어요.

수업과 교재 이야기를 하면, 고등학교에서는 어찌 됐든 교과서가 있었어요. 피란용으로 새로 만들어서 책 크기도 작고 그랬지만 이런 교과서가 있으니까 중고등학교는 어렵지 않죠. 그리고 또 교과서가 없어도 가르치는 거야 어렵지 않았는데 대학 강의가 제일 문제였죠.

휘문도 중학교 3학년까지, 고등학교 3학년까지 6개 학년을 가르쳤고 동덕여중고도 그랬어요. 그러니까 어떤 클래스는 복합 학급입니다. 2학년 3학년을 한 클래스에 넣어 놓고 하거든요. 그러니까 6개 학년을 다 가르쳐요.

휘문고등학교를 딱 갔더니 그 교장이 나보고 고등학교 2학년 반 담임을 맡으라고 해서 맡았어요. 가보니까 그때 임영웅이라고 유명한 지휘자 아들이 있는데 2학년 학생이었고 지금은 연극 연출 분야에선 아마 대가로 치는 모양이에요. 그런 게 생각이 납니다. 그때 중학교 2학년 학생이던 이승구 군이 그 후에 졸업하고 고대 국문과로 진학했어요. 대한교과서로 가서 사장까지 지냈습니다. 그리고 동덕 여학생들은 하나도 기억이 안 나요. 아마 그때 같으면 대개 다 공부하고 출가해서 주부가 됐으니까요.

●●●《민족어의 장래》후기 부분에 1953년도 동덕여고 교지에 실린 김민수 선생님 프로필 기사가 있어요. '어딘지 모르게 순진한 대학생'이나 '부호의 큰 자제' 같다는 표현이 20대 중반이었던 선생님을 상상하게 합니다.

대학에서의 강의는 어떠셨나요? 1949년에 공주사범대학 전임강사를 잠깐 역임하셨지만 본격적인 대학 강의는 1952년에 중앙대학에서 시간강사로 시작하신 거지요? 환도 후 1953년에 중앙대 전임강사가 되시고 1955년에는 고려대 전임강사로 옮기셨고요. 저희가 자료를 좀 조사해봤더니 전쟁 낭시 부산, 광주, 전주, 대전에 전시연합대학이라는 게 1951년에 설치되었고, 1952년 3월에 각 대학이 자체적으로 학교를 열면서 해산되었다고 합니다. 서울대도 1951년 10월부터 부산에 임시 교사를 짓기 시작했다니 선생님이 복학과 졸업 신청을 한 1951년 9월에는 변변한 건물도 마련되지 않은 상태였을 것으로 짐작되는군요. 어쨌든 강의를 시작한 시점은 각 대학이 피란지에서 각자 운영을 하고 있던 시기였겠군요. 당시 대학에서는 어떻게 강의를 진행했나요?

◆◆◆ 예, 한편으로는 피란 온 중앙대학에 출강을 요청받아 환대가 동시에 겹쳤습니다. 중앙대학은 국어학에 신영철 교수가 있었으나 사변 때에 납북되었습니다. 신영철 교수는 중앙대학 교수와 경찰전문학교 교수를 겸직했는데 이게 화근이 되어 전쟁 중에 납북됐어요. 남침하면서 경찰과 그 가족들도 처리했으니까 아마도 확실히는 모르지만 북에서 세상을 떠났지 않았겠나 합니다.

그때 국문학 전공에는 양재연 교수가 있었는데 그분이 부산 피란 가서 학과를 재건하던 중에 제게 요청해서 중앙대 국어국문학과와 인연이 맺어졌습니다. 그와는 1947년 연구실 조교로 만나서 알던 사이라 요청을 받아서 강의를 하게 됐는데 강의를 하자고 보니까 맨손으로 강의를 시작해야 됩니다. 얼마나 막막하겠어요? 그래서 1949년 공주사범대학 전임강사로 전공과목과 일반 국어를 강의하던 경험을 되살려서 세 과목 강의를 해냈습니다.

어학 강독, 국어학개론, 일반국어 세 과목이었는데 정말로 아무것도 없이, 책도 가져간 것 없고 맨손인데, 고등학교 교사 같으면 맨손으로도 하지만 대학은 다르잖아요. 그래도 어떻게 했는지 그거를 용케 해냈어요. 전교생을 모아놓으니까 피란 중이어서 중앙대학 전교생이 150명이에요. 정상화되면 전교생이 150명만 되겠어요? 150여 명을 그냥 한 교실에 넣고 교양국어를 강의하는데 얼마나 힘들어요. 그래도 강의를 하면서 《국어》라는 대학 교재를 편찬하기 시작했습니다. '고문 편', '국어 편', '문장 편' 3편으로 이루어진 책인데 금방 출판하기가 어려우니까 유인본을 만들어서 그다음 해부터 이 교재를 학생들에게 공급하고 강의를 했습니다. 가령 '고문 편' 그러면은 처음에 강의할 때부터 교양국어니까 흥미를 느껴야 되기 때문에 우리 과거 작품 중에서 재미있는 부분을 뽑았어요. 당시 학생들이 국어 시간이면 좋아하고 기다렸어요. 재미있는 얘기 들으려고요.

예를 하나 들면, 우리가 《춘향전》에서 뭘 뽑을까 고민하다가 이런 대목을 뽑았어요.

이 도령이 하인, 종을 데리고 춘향이를 만나러 가요. 가다가 종이 갑자기 숨어요. 그래, "야, 어디 갔느냐? 어딜 갔느냐?" 하고 찾으니까. "이번만큼은 제 성명을 불러야 나가겠습니다." 그래. "네 성명이 뭐냐?" "성은 아갑니다." "그래? 세상에 별난 성도 있구나. 이름은 뭐냐?" "버지입니다." 그러니까 이 도령이 할 수 없이 "아버지!" 그러니까 그제야 나와요.

거 얼마나 재미있어요, 유머지. 이런 부분 두 군데를 뽑아서 그거를 얘기하고 읽고, 이게 우리나라 전통적인 유머라고 하니까, 이게 나름 대로 또 재미있거든요.

《흥부놀부전》도 재미있어요. 가령 예를 들면, 흥부가 자식을 왜 그렇게 낳아대는지. 그 시대에는 자꾸 낳을 수밖에 없었잖아요. 그러니 먹이는 것도 힘들지만 옷을 해 입힐 수가 있어야지요. 그래서 생각하다가 멍석을 하나 갖다 놓고 거기다 구멍을 자식들 수만큼 뚫어요. 그래 가지고 거기다 목을 딱 집어넣어요. 그러니까 추운 거는 가리는데 한 놈이 변소에 들어가려면 쭉 따라가야 돼요. 목이 이래 되어 있으니까요. 그거는 또 얼마나 재미있어요.

초기에는 다 갖추지 못했지만, 그런 식으로 해가지고 3편을 갖춘 것이 우리나라 최초의 일반국어 교재입니다. 그 앞에 나온 일석 이희승 교수의 《역대조선문학정화》는 순수한 글, 골수를 모은 거예요. 근데 이게 글은 좋지만 뭐 사실은 무미건조하잖아요? 그래서 학생들을 의식하며 제대로 교재를 편찬한 건 이게 아마 최초라고 생각해요.

●●● 대학 교재를 직접 개발해서 수업에 이용하셨군요. 수업 자료를 어떻게 수집하고 집필하셨는지도 말씀해주세요. 그리고 고등학교에서는 강의로 받은 월급이 매우 적었다고 말씀하셨는데 대학의 전임교수로 부임한 후에는 좀 개선되었는지요?

◆◆◆ 맨손으로 갔으니까 자료는 없었지요. 동창 정병욱 군의 서재, 바로 옆 관사에는 허웅 교수가 있었는데, 거기 서재에 갔을 적에 장서가 고스란히 꽂혀 있고 옆에는 카드 상자가 있는 걸 보니까 넋을 잃겠어요. 나는 그거 전쟁 중에 다 없어졌는데 말입니다. 어휴, 내가 인제 맨손으로 뭘 하나. 그래서 거기서도 염치없이 자료를 빌려 보고 필요한 거는 부산대학 도서관을 특별히 좀 열람할 수 있게 소개를 받아서 자료를 봤어요.

중앙대학은 송도에 있었는데 거기도 휘문고와 마찬가지로 미군 천막 몇 개를 쳐놓은 게 다였어요. 천막에 사무실도 있고, 총장실도 있고, 교수실도 있고. 어쨌든 직장이 생겨서 비로소 숙소로 있던 출판사 사무실을 떠나서 셋방에 살면서 음식은 매식하게 되었어요. 그러나

1953년 4월, 중앙대학 전임강사가 되었어도 역시 박봉으로 피란 생활은 양복을 맞추기조차 어려웠습니다. 대학 전임이 됐으면 아주 괜찮게 살았겠구나 할 텐데 그렇지를 않습니다. 액수는 기억이 안 나지만 생각나는 거는 양복을 맞추려 해도 돈이 없었다는 겁니다. 근데 나만 그런 게 아니라 다 그래요. 그러니까 학교라는 게 피란 가서는 더 재정이 어려웠어요. 학생들한테 등록금을 많이 받을 수도 없고, 고거 가지고 조금씩 월급을 주는데 전임 월급이라야 겨우 먹고살 정도였지요. 1950년대에 중앙대학에 있다가 고대에 전임으로 갔을 때, 고대 월급봉투를 전부 모았다가 고대 교사校史 자료를 달라고 그래서 고대 박물관에 다 줬는데, 그것도 얼마 안 됐고요.

●●● 당시 화폐개혁도 경제적인 어려움을 가중시켰다고 들었습니다. 전쟁 초기인 1950년 8월 28일 대통령 긴급명령 제10호로 〈조선은행권 유통 및 교환에 관한 건〉을 공포하여 조선은행권의 유통을 금지하고 이를 한국은행권으로 바꾸고, 1953년도에 대통령 긴급명령에 따라 제2차 긴급통화조치를 실시하면서 화폐단위를 원圓에서 환圜으로 변경했습니다. 이런 조치가 정치 파동과 연계되었다고 보는 시각이 있는데요. 1952년 5월 25일에 계엄령을 선포하고 7월 8일에 헌법을 개정한 사건이지요. 반대 세력이 내각제 개헌을 추진하자 계엄령으로 이걸 탄압하고 장기집권이 가능하도록 헌법을 개정했는데 헌법의 일부 내용만 유리하게 고쳐 발췌개헌이라는 비난을 받기도 한 사건이었습니다. 이런 정치적 혼란기에 선생님의 삶은 어땠는지 말씀해주세요.

◆◆◆ 그렇죠. 이승만 대통령이 종신집권을 하려고 이른바 발췌개헌

이라고 헌법을 뜯어고쳤는데 그런 파동을 일으키더니 1953년 2월에는 당시 화폐 환화를 100대 1로 절하하는 화폐개혁을 했습니다. 그래서 그때 경제 파동이 일어났어요, 화폐개혁이 돼서 신화폐를 교환해주니까 돈은 갖고 있는데 음식점에 가도 다 문 닫았고, 시장에 가도 채소니 뭐니 먹을 수 있는 음식 파는 데는 전부 철수해요. 그러니 돈 들고 어딜 가도 음식을 먹을 수가 없어요. 결국 굶어서 죽을 지경이 되면 남의 집에서 먹다 남은 밥을 훔쳐서라도 먹어야 했던 상황이지요. 나도 그래서 할 수 없이 아는 사람 집에서 눈치 보면서 거지 아닌 거지가 돼서 좀 얻어먹고 했습니다. 그런 상황이 미안하잖아요, 왜 왔느냐고 하지는 않지만. 그러한 고통을 주었으니 이 대통령을 누가 좋다고 하겠어요? 살림하는 사람이야 그래도 굶지는 않죠, 쌀도 있고 하니까. 나는 방을 하나 얻어 살면서 음식을 사 먹었거든요. 그러니까 어디 가서 먹을 수가 있어야지요. 그때 부산 피란 중에 나 같은 사람이 아마 꽤 있었을 거예요. 부산이 수도니까 앞길을 개척하려면 가정을 두고 수도에 간 사람도 있을 거 아닙니까? 그럼 나처럼 그렇게 지내는 수밖에 없지요.

●●● 전쟁이 터지고 불과 2년 동안 많은 일을 겪으셨네요. 국어국문학계도 수많은 자료와 문헌이 소실된 것은 물론이고 무엇보다도 많은 인물이 목숨을 잃거나 납북되는 등 인적 손실도 컸을 것 같습니다. 그 와중에도 해방 이후 새로 등장한 신진 학자들이 임시수도 부산에 모여 학계를 재건하는 큰 성과가 만들어졌습니다. 객관적 방법론을 지향하는 2세대 연구자들이 선생님과 비슷한 경로로 부산으로 모여들 수밖에 없는 상황이었고, 대학도 임시 캠퍼스에서 다시 연구와 교육

을 시작하게 되면서 동인의 의지가 결속될 수 있었을 것 같습니다. 이제 그 이야기를 들어보려 합니다.

2.
학풍의 혁신과
국어국문학회의 출범

2-1. 국어국문학회의 창립과 학회지 발간 과정

●●● 국어국문학계의 새로운 변화가 전쟁 중에 임시수도 부산에서 일어났습니다. 전쟁으로 전 국토가 초토화되었고 사람들은 빈손인 피란민으로 겨우 연명하며 살던 시기라고 회고하신 적이 있습니다. 그런데 그 와중인 1952년 9월 24일에 신예 국어국문학자들이 과학적 방법에 의한 학문 연구를 표방하고 학술지 발간을 위한 첫 모임을 가졌고 불과 한 달여 만인 11월 1일에 창간호가 출간되었습니다. 이 동인들이 그해 12월에는 아예 국어국문학회를 발족시켰지요. 전쟁 중인데도 불구하고 짧은 시간 안에 국어국문학회를 창립한 추진력이 놀랍기만 합니다. 거의 불가능에 가까운 일을 성사시켰다고 할 수 있는데, 어떤 계기로 이렇게 뜻이 모였고 어떤 과정을 거쳐 학회와 학회지

가 탄생할 수 있었는지 그 이야기를 듣고 싶습니다.

◆◆◆ 부산에서 창립된 국어국문학회는 해방 후 제2세대가 만든 독자적인 최초의 학회입니다. 피란지였지만 직장과 거처가 마련되어 임시라도 좌정하게 된 것은 다행이었습니다. 맨손으로 수업하고 강의하느라 바쁜 나날을 보내면서도 이왕 밟아온 전공을 어떻게 진전시킬 것이냐 하는 일념을 저버린 적이 없었습니다.

1952년 9월 제2학기가 시작되자 급하다고 느낀 것은 전공에 관한 어떤 구상을 발표하고 논의할 방법이 없는 문제였습니다. 이런 생각은 만나는 사람마다 거의 같아서 발표 기관으로 동인지, 《국어국문학》을 창간하기로 하고 우선 모여보기로 했습니다. 1952년 9월 24일 밤 7시부터 동대신동 1가에 있던 저의 셋방 거처에서 《국어국문학》지를 사륙배판, 16쪽으로 월 2회 간행하기로 했어요. 그런데 비용이 없으니까 동인들이 한 달에 6만 원씩 회비를 내서 동인지를 출판하자고 했어요. 회비를 내지 않은 사람은 자연 이탈하는 것으로 비교적 엄격하게 규정을 정해서 시작했습니다. 그때 화폐 가치를 잘 기억을 못 해서 구체적으로 말하기는 어려운데 적은 돈은 아닐 거예요.

우선 동인회의 임원 선거를 하자 해서 양재연을 대표로 하고, 정병욱을 부대표로 했습니다. 재정에 역시 부산에 사는, 비교적 경제적으로 나은 정병욱·허웅, 그다음에 편집에 김동욱·김민수, 판매에 정한숙·장덕순, 섭외에 전광용·김정숙, 기획에 이태극·강한영, 이렇게 우선 동인회의 구성을 완료했습니다. 이때 모인 사람은 중앙대학의 양재연, 부산대학의 정병욱, 동아고등학교 김동욱, 동덕여고 이태극, 무역업을 하고 있던 강한영, 중앙대학에 출강하던 저, 이렇게 여섯이

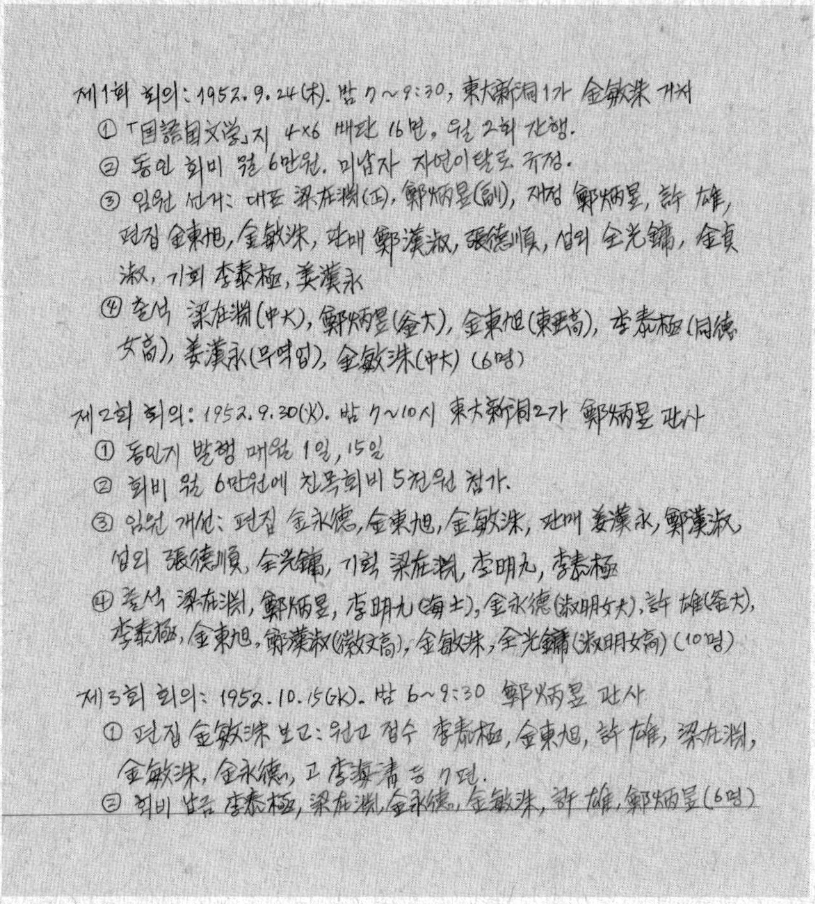

제1회 회의: 1952. 9. 24 (木). 밤 7~9:30, 東大新洞1가 金敏洙 거처
　① 「国語国文学」지 4×6 배판 16면, 월 2회 発行.
　② 동인 회비 월 6만원. 미납자 자연이탈로 규정.
　③ 임원 선거: 대표 梁在淵(王), 鄭炳昱(副), 재정 鄭炳昱, 許雄,
　　　편집 金東旭, 金敏洙, 판매 鄭漢淑, 張德順, 섭외 全光鏞, 金貞
　　　淑, 기회 李泰極, 姜漢永
　④ 출석 梁在淵(中大), 鄭炳昱(全大), 金東旭(東亞高), 李泰極(同德
　　　女高), 姜漢永(무역원), 金敏洙(中大) (6명)

제2회 회의: 1952. 9. 30 (火). 밤 7~10시 東大新洞2가 鄭炳昱 판사
　① 동인지 발행 매월 1일, 15일
　② 회비 월 6만원에 친목회비 5천원 첨가.
　③ 임원 개선: 편집 金永德, 金東旭, 金敏洙, 판매 姜漢永, 鄭漢淑,
　　　섭외 張德順, 全光鏞, 기획 梁在淵, 李明九, 李泰極
　④ 출석 梁在淵, 鄭炳昱, 李明九(海士), 金永德(淑明女大), 許雄(全大),
　　　李泰極, 金東旭, 鄭漢淑(微文高), 金敏洙, 全光鏞(淑明女高) (10명)

제3회 회의: 1952. 10. 15 (水). 밤 6~9:30 鄭炳昱 판사
　① 편집 金敏洙 보고: 원고 접수 李泰極, 金東旭, 許雄, 梁在淵,
　　　金敏洙, 金永德, 고 李壽濬 등 7편.
　② 회비 납부 李泰極, 梁在淵, 金永德, 金敏洙, 許雄, 鄭炳昱 (6명)

〈그림 16〉 국어국문학회 회의 기록 메모
국어국문학회 1회, 2회, 3회 회의를 기록한 김민수 선생 육필 메모.

었습니다.

이렇게 작정만 하고 헤어졌다가 며칠 후인 9월 30일에 두 번째 회의를 열고 이러저러한 논의를 했습니다. 훨씬 지나서 10월 15일 밤에 제3회 회의를 했는데 그사이 원고를 쓴 사람이 있어서 이태극, 김동욱, 허웅, 양재연, 김민수, 김영덕, 고인이 된 이해청, 이렇게 일곱 편의 원고가 들어왔습니다.

●●● 선생님께서 국어국문학 동인지 발간을 위한 회의 개요를 메모해서 저희에게 보여주셨죠. 이걸 보니까 첫 회의에는 말씀하셨던 6명, 두 번째 회의에는 양재연, 정병욱, 이명구, 김영덕, 허웅, 이태극, 정한숙, 김민수, 전광용 이렇게 10명이 참석했고, 세 번째 회의에서는 이태극, 김동욱, 허웅, 양재연, 김민수, 김영덕, 이해청, 이렇게 7편의 원고가 비로소 모였습니다. 동인회의 임원이나 회의에 참석한 분들, 투고자 명단 등을 보면 앞에서 언급되고 저희에게도 알려진 분들이 있는 반면에 낯선 이름도 꽤 보이는데 이분들에 대해서 좀 말씀해주시겠어요?

◆◆◆ 강한영 군은 저하고 서울 문리대 국문학과 동기인데, 재주가 좋아서 부산에서는 무역업을 했어요. 부산에 피란한 동창 중에는 돈이 제일 많았어요. 그래서 학보 낼 적에도 돈을 많이 보태주었습니다. 돈이 많아서 식사도 주로 요리를 먹곤 했지요. 환도해서는 사업 집어치우고 숙명여대 교수로 있다가 정년퇴임을 했고 아마 지금 구십 몇 센데 아직도 살아 있지 않나 합니다(2009년 작고).

멤버들 가운데 두 사람도 모두들 낯설게 생각할 겁니다. 한 사람은 김정숙, 그리고 이해청. 김정숙은 1948년 부산여고 6년제를 나와 서울대에 입학했는데 이게 6년제 최초의, 제1회 졸업생입니다. 집은 부산이고 서울에 유학을 온 건데, 갑자기 전쟁이 탁 일어난 거예요. 걸어서 피란을 가니까 인민군의 일선을 지나야 돼요. 거길 지나고, 곧바로 대천 국군 일선을 지나고, 부산 집에 갔어요. 대학 3학년생 처녀가 걸어서. 이런 이야기는 희귀하지 않아요? 세계적으로 희귀할 겁니다. 이건 김정숙에게 직접 들었지요. 학교 다닐 때부터 물론 잘 알았지만 부산 피란 가서 자기 집에 있던 김정숙을 만나 이 얘기를 들었어요. 이분은 현재는 아마 미국에 뉴욕대학 버팔로 분교에 있을 건데, 이름을 곧 바꿨어요, 김석연으로. 지금은 김석연이에요. 김석연이라는 이름이 무슨 저서에 있을 겁니다. 내가 기억나는 거는 버팔로에서 훈민정음에 관해서 책 하나 낸 게 있는데 내용은 잘 기억이 안 나요.

이해청 군은 조선 왕조 마지막 왕 순종의 친동생의 아들이에요. 그런데 이름을 이해청이라고 한 거는 전주 이씨 집안에서 양자를 나가서 이해청이라고 이름을 붙였지요. 왕자 같으면 성을 안 붙이거든요. 그런데 이해청 군이 내가 1947년에 대학 갔을 때 거기서 처음으로 알았는데 일제시대에 일본서 초등학교, 중학교, 고등학교 과정을 학습원에서 다녔어요. 학습원이 어떤 학교인지 아마 잘 모를 거예요. 귀족만 가는 게 아니라 지금 천황도 거기 다녀요. 특수한 학교고 보통사람은 입학을 안 시킵니다. 고등학교 과정을 거기서 가르치니까 제국대학 학부에 직접 진학이 가능해요. 이해청 군은 학습원 나오고 도쿄대학 언어학과에 진학해서 공부를 하다가 해방이 되니까 언어학과 2학년인가 다니다가 서울로 나와서 서울 문리대 국문학과에 편입을 했어요. 그래서 제2회 졸업생입니다. 그랬는데 졸업을 하자마자 숙명여대 국문학과 전임으로 부임했어요. 일제강점기에 조선 왕조의 왕족을 관리하던 이왕직[9]이라고 있었는데, 지금은 그게 문화부 소속으로 명칭이 달라졌을 거예요. 숙명여대를 바로 이왕직에서 설립했거든요. 그래서 같은 재단이니까 여기로 간 거죠. 그런데 숙명여대도 부산으로 피란을 갔는데 거기 가서 교수로 강의를 하다가 부산 해운대에서 여름에 해수욕을 하다가 바다에 빠져 죽었어요. 참 애석하게 죽었는데 우리가 부산서 추도회도 했지요. 그래서 여기에 고故 자를 붙인 거예요.

●●● 김석연 선생님은 훈민정음을 영역한 《1446년의 한글*The Korean Alphabet of 1446*》이라는 책을 출간했네요. 지금 말씀하신 분들은 모두 서울대 국문과 동문들이지만 이외에도 조선어문학연구회에서 교류했던 많은 분들이 부산에서 다시 만날 수 있었던 것으로 보입니다. 《국어국문학회 50년사》에서 선생님이 설명하신 그 당시 상황을 보면 피란을 온 사람들이 활동 공간이 한정되어 있으니까 오히려 자주 만날 수 있었다고 들었습니다. 자연스럽게 교류하면서 동인지 발간에도 뜻을 모으고 바로 일을 추진할 수 있었던 것이 아닌가 합니다. 그럼 다시 돌아와서 동인지 1호의 발간 과정에 대한 이야기를 듣겠습니다.

◆◆◆ 예, 제3회 회의를 하고서 같은 해 10월 22일에 제4회 회의를 역시 김민수 거처에서 개최했어요. 이때 제1회 편집회의라는 명칭으로 들어온 원고를 가지고서 《국어국문학》 동인지 제1호를 편집했습니다.

이튿날 편집을 마친 원고를 경문사로 보내서 조판을 시작했어요. 경문사는 동인 중 한 사람인 장덕순이 운영하던 출판사였는데 여기서 또 문제가 일어났어요. 결국 발행은 부산 박문출판사에서 했습니다.

11월 1일에 제5회 회의를 소집했는데, 이 회의는 《국어국문학》 동인지 제1호가 나오는 날짜를 계산해서 이날 회의에서 동인지를 배포하고 이것을 중심으로 회의를 진행하려고 계획했던 겁니다. 그런데 책이 그날 못 나왔어요. 그리고 드디어 11월 3일에 동인지 제1호가 인쇄되어 나왔습니다. 이틀 늦게 나온 거지요.

그런데 사륙배판, 16쪽이라고 하면 바로 신문지 1장 전체를 접은 거예요. 그러니까 학보라고 하기 어렵지요. 호주머니 돈을 모아서 내는데 그 이상 책다운 책을 인쇄할 수가 없었죠. 어쨌든 신문지 1장의 양인 이 학보가 나오기까지는 숱한 가시밭길을 걸어야 했습니다. 이때 양재연 대표가 거금 30만 원을 희사했어요. 그때 30만 원이면 대학교수 한 달 월급이었던 것 같아요. 그 돈으로 마카오 갱지 2연을 샀습니다. 마카오 갱지는 인쇄하는 종이인데 그때 국내에서는 종이를 생산하지 못 하니까 마카오에서 수입을 해와서 마카오 갱지라고 그러는데 그게 무슨 종이냐 하면 신문 종이입니다. 인쇄하기 전의 그 하얀 신문 갱지 말입니다.

종이는 확보되었으나 장덕순의 경문사는 경영난인데다가 활자가, 특히 고활자가 하나도 없었어요. 계속 쪽자와 목각을 해야 됐고. 조판소가 따로 있고 인쇄소가 따로 있으니까 조판을 인쇄소로 옮겨야 되는데 어떻게 옮기겠어요. 지게꾼 불러서 지게를 받쳐놓고 그 활자 묶은 판을 들어다가 지게에다 올려놓고 또 그 위에 올리고 해서 16쪽분, 16개를 놓아야 하는데 그렇게 하는 동안에 어떤 아이가 뛰어가다가 지게 짚은 작대기를 탁 쳐서 이게 뒤집어졌네, 아이고, 그것 때문에 이렇게 이틀이 늦어졌어요. 다시 이거를 가져 올라가서 다시 다 조판을 해야 될 거 아니에요.

하도 답답해서 나도 거기서 쪽자를 만들어가지고 넣었습니다. 거기에 이희승을 보니까 이조승으로 되어 있어요. 비칠 조 자가 왜 넉 점 찍으면 같잖아요. 최남선은 뭐로 됐더라. 최남희. 착할 선 자를 기쁠 희로 넣어놨어요. 활자가 거꾸로 됐으니까 이렇게 보면 '아, 이거지' 하고 잘못 집어넣은 거지요. 예정된 회의에서는 늦어져 배포하지 못하고 나온 후에는 어이없는 오식이 많아 아주 괴로웠어요.

반면에 학계에서는 많은 찬사를 받았어요. 2세대는 물론 제1세대 어른들도 그걸 보고 모두 감탄했습니다. 부산서 어떻게 이렇게 나오느냐고. 그래서 1세대도 나중에 여기 원고 몇 편을 실어요. 어려운 시대가 아니었다면 대단하지 않았겠죠. 어쨌든 그 후 12월 1일에 동인지 제2호를 내고 동인지로서는 그것이 끝이고 이제 학회지가 되죠. 그런데 처음에는 너무 욕심이 많아서 요렇게 몇 쪽 안 되는 거니까 한 달에 두 번 내자. 초하룻날 내고 15일 날 내자. 월 두 번은커녕 한 번도 내기가 힘들었어요. 동인지를 서둘러 내고 개인 명의로는 이런 활동이 불가능하다는 것을 깨달았습니다. 정열만으로 세운 모든 계획도 거의 여의치 않았습니다.

●●● 역사적인 순간이었을 것 같습니다. 해방 후에 대학에서 공부를 시작한 제2세대 국어국문학 전공자들이 조선어문학연구 간담회를 8회나 진행하다가 전쟁으로 중단되는 어려움을 겪었지만 결국 전쟁의 한가운데에서 다시 모여 국어국문학회를 창립했다는 것도 간담회의 유산이 이어진 것이 아니었나 생각됩니다. 어쩌면 전생 때문에 젊은 학자들이 임시수도인 부산에 모두 모이게 된 것이 학회지 발간과 국어국문학회 창립의 조건이 되었을 수도 있겠네요. 선생님께서도 《신국

어학사》에서 말씀하셨지만 "요란하게 단체를 조직하여 실속보다 형식을 과장하거나 감투에 방불한 명목을 붙여 개인을 과시하지 않는 조직으로 결속하겠다"는 태도로 임했기에 어려운 상황에서도 학회를 만들 수 있었던 것 같습니다. 그럼 두 번의 동인지 발간을 한 직후 바로 국어국문학회 창립 준비를 시작하신 것인지요?

◆◆◆ 예. 동인은 학회를 발기하기로 뜻을 모아 1952년 12월 14일 부산의 서울대학교 본부 강당에서 국어국문학회 발기회 및 창립총회를 개최했습니다. 해방 후 제2세대의 공동 활동체로서 첫 번째 전공 학회가 드디어 탄생한 겁니다.

유의할 부분은 이것이 1948년에 창립된 '조선어문학연구 간담회'와 연결된다는 점입니다. 1952년 12월에 6회 회의가 역시 동대신동 2가 김민수 거처에서 열렸는데 이때 국어국문학회 발기인 회의를 하고 거기서 학회 회칙 초안을 작성했습니다. 그러니까 이 셋방이 국어국문학회 산실이 된 거죠. 이때 출석한 사람이 7명이었는데, 중앙대학의 양재연과 김민수, 동아고등학교의 김동욱, 휘문고등학교의 전광용과 남상규, 남상규는 서울 문리대 국문학과 동기인데, 신문사 기자를 했었습니다. 또 숙명여대의 김영덕, 부산대학의 정병욱, 이렇게 일곱 사람이 모여서 국어국문학회 창립회를 해서 발기하기로 했습니다.

1952년 12월 14일에 아까 언급했던 광복동 서울대학교 본부 강당에서 국어국문학회 창립 발기회를 열어서 회칙을 통과시키고, 회칙이 통과된 후에는 회칙이 발효하게 됐으니까 국어국문학회 창립총회를 즉시 열어 임원을 선거했습니다. 이게 제1대, 초대 국어국문학회 임원인데 대표에 양재연, 총무에 허웅·정병욱·김영덕, 이렇게 셋이 총무를 맡았고, 편집에 김민수·김동욱·정한숙, 여기에 또 특이한 것은 학회의 주축이 제2세대이기 때문에 제1세대에서 고문을 모셨는데, 고문으로 국어학 분야에서 이희승·이숭녕·최현배·김윤경, 또 국문학 분야에서 조윤제·이병기·양주동·박종화, 이렇게 모두 여덟 분을 고문으로 모신 것이 특색이라고 할 수가 있습니다.

●●● 국어국문학회 고문의 면면을 보니 오히려 한글학회보다 폭이 넓은 통합적인 학회를 만들었다는 생각이 듭니다. 이런 구성이 가능했던 것은 결국 "객관적 방법론으로서 수립하자는 태도"로 학회를 창립했기 때문이라고 생각합니다. 그런데 정작 선생님께서는 그 시기에 부친상을 겪고 장례를 치르느라 총회에는 참석하지 못하셨다고 들었습니다.

◆◆◆ 그래요. 당시 나는 부친상을 당해서 총회에 참석치 못했습니다. 갑자기 맨손으로 원주를 가서 내가 다 장사를 지내야 하는데, 돈 모으느라고 한 주일을 못 갔어요. 돈을 마련해야 가서 장사를 지내잖아요. 그러는 동안 장례 발기인을 했는데 학회 회원들이 다들 아니까 부의금, 부조를 하자 그래 가지고 12명이 60만 원을 걷어줬습니다. 아버지께서는 1·4후퇴 때 원주 학성동 피란민촌에 가셨다가 거기서 79세로 운명하셨어요. 선친은 젊어서 한때 상경했으나 진외조부인 화서 이항로 선생의 유지를 받들어 친일개화에는 휩쓸리지 않았어요. 위정척사는, 위정은 바른 것을 보호하고, 척사는 옳지 않은 것을 물리친다, 전통적인 것을 수호하고 친일개화를 물리친다는 그런 뜻입니다. 그 제자 중 한 분이 대마도로 끌려가서 단식 끝에 돌아가신 최익현 선

생이지요. 그런데 오늘날은 그때의 그 개화기를 개화라고만 하는데 사실은 친일개화거든요. 친일이라는 말을 꼭 넣어서 해야 되는데, 역사가들은 그렇게 피하고 가니까요. 친일을 빼면 설명이 잘 안 돼요. 바로 그 화서가 진외조부니까, 그 유지를 받들어 지조를 굽히지 않으려고 선비의 일을 죽 일생 동안 지켰습니다. 종신 전, 1952년 4월에도 순 한문 편지에서 의연하게, 자식을 지도 편달한 이희승 교수에게 사례하는 것을 잊지 않으신 예절, 이것은 과거 선비의 도리입니다.

●●● 국어국문학회가 출범하면서 《국어국문학》이 동인지에서 학회지로 개편되었습니다. 그런데 학회 운영과 학회지 발간에도 재정적 문제는 여전했을 것 같은데 이런 어려움을 어떻게 해결해가셨는지 궁금합니다. 당시 발간에 도움을 준 사람이나 기관이 있었나요?

◆◆◆ 그런데 역시 국어국문학회가 창립됐지만 재정이라고 하는 것은 아무것도 없고, 또 학회지를 내지만 돈이 없으니까 회비를 1년 연회비가 아니고 월 회비를 매달 5만 원씩 내자. 그러니까 이때 이 사람들은 정말 고생을 하고 애를 쓴 거지요. 그것만이 아니고 매월 5만 원씩 회비를 낼 뿐만 아니라 각각 30부를 가져다가 다시 팔아서 돈으로 바쳐라, 그러니까 이걸 못 팔면 자기 월급에서 내야지요. 그러면 제일 만만한 게 자기 모교니까 고등학교에 가서 교장 선생님 붙잡고 "하나 사 주세요" 했죠. 교수들이 그 구걸을 어디 가서 하겠어요? 그리고 교무실에 가서 교감 선생님보고 "이거 하나 사 주세요" 그리고, 거기 또 아는 선생 붙잡고 "선생님, 이거 사 주셔야 합니다." 그렇게 했는데도 30부 파는 게 쉬운 거 아니에요. 초기에 《국어국문학》이 16쪽으로 얄

팍하게 나왔지만 계속 발간된 것은 학보를 판매한 돈과 회비를 합쳐서 그 돈 가지고 한 거지요. 지금 같으면 출판사에서 내지 누가 돈을 내요? 근데 피란 때는 자기네들이 죽을 지경인데 이런 거 내는 출판사 없거든요?

당시에 임시 사무소로 삼은 동대신동 2가 411번지, 여기는 부산대학의 허웅 관사입니다. 정병욱 관사 바로 옆집인데, 이곳을 임시 사무실로 썼습니다. 우리 학계에서 이 시기에 이 사람들이 애쓴 것을 지금은 다 잊어버리고 모르는데 이때 이 사람들에게 '그럼으로써 우리 분야가 성장을 하게 된 거다' 이러한 찬사를 학계에서는 아껴서는 안 되지 않겠나 이런 생각이 듭니다.

동인지 《국어국문학》은 3월부터 학회 기관지가 됐지만 여전히 회비와 학보 판매로 출판비를 충당하는 길밖에 없었습니다. 특히 내가 임시 교정원으로 있으면서 잠시 인연 맺은 곳이었던 박문출판사에서 《국어국문학》 1호부터 5호까지를 무료로 인쇄해주었습니다. 학보를 인쇄해준 박문출판사 사장은 이응규, 이분은 경성제대 법과 출신이었는데 그 호의는 값진 것이었습니다. 역시 학회로서도 이응규 사장의 고마움을 기록에 남겨서 잊지 말아야 한다고 생각합니다. 출판물은 출판 등록이 있어야 해서 박문출판사 이름으로 냈는데, 인쇄를 내 낯을 보고 무료로 해준 거니까 참 고마운 일이죠.

●●● 1953년 8월에 정부가 서울로 돌아가자 대학과 연구자들도 뒤따라 환도하면서 학회지도 부산을 떠나 발간하지 않았나요? 저희가 찾아본 바로는 《국어국문학》 7호까지는 부산에서 냈지만 8호부터는 서울에서 발간한 것으로 알고 있습니다. 특히 서울로 환도한 후에는 재

정이 점점 더 궁핍해져서 급기야는 8호 발간을 위해서 양재연 대표가 월급의 반을, 편집 임원인 김민수 선생님이 월급 전액을 내셨다고 《국어국문학 50년사》에서 회고하셨어요. 도움을 많이 받으시기는 했어도 학회지 발간을 담당한 학자들의 책임감이 성공적인 발간의 초석이었다고 생각합니다.

◆◆◆ 그렇습니다. 6호, 7호, 8호는 정한숙 편집이 잠시 차렸던 출판사에서 담당을 했습니다. 정한숙은 뭔가 좀 뜻을 두고 출판사를 설립했던 것 같은데 여의치 않았는지 얼마 하다가 걷어치웠어요. 그리고 9호부터 12호까지는 학회가 스스로 출판사 등록을 해서 자체 비용으로 출판해서 12호까지 냈지요. 그중 큰 개혁은 1955년 6월에 정병욱의 주선으로 학회지를 《사상계》에서 내게 된 거예요. 그때 국판 260쪽으로 낸 것이 《국어국문학》 제13호입니다. 비로소 겉모양이나마 책 같고 학회지다운 책이 이때 나온 겁니다.

여기에 일화가 하나 있어요. 그때 전쟁 중이기 때문에 미국의 록펠러재단인가 거기서 전쟁에 휩싸이고 그러니까 문화 찬조로 책을 내는 데에는 종이를 무상으로 기증한다 그랬어요. 그래서 그걸 신청을 했더니 마카오 갱지 30연이 나왔습니다. 그런데 그때 마침 《사상계》 회사에서 학보를 내기로 했으니까 사상계가 재단에 가서 종이 30연을 받아왔어요. 그때 30연이면 대단한 거예요. 국판 250쪽을 내는 거하고 비교하면 훨씬 돈 가치가 많은 종이지요. 근데 나머지는 말도 안 하고 장준하가 꿀꺽 삼켜버렸어요. 학회지에 뭐 기록이 남아 있을 겁니다. 《사상계》에서는 우리가 출판해주니까 조판비 이런 것은 자기네 돈을 내서 하는데, 종이는 우리가 가서 받아와라 그러니까 장준하 사장이 뭐 사람 시켰겠지요. 가서 종이를 받아왔거든요. 그러면 그게 《사상계》 회사에서 창고나 사무실이나 어디 쌓아뒀을 거 아니에요. 그러고 나서 입 딱 다무니까 꿀꺽한 거지요. 그 후에 결국 신구문화사로 또 옮겨가요. 거기서도 또 문제가 생겨요. 그러니까 학회라는 게 참 이렇게 힘들어요. 그렇게 생각하면 지금 세대는 얼마나 편하게 해요? 그냥 원고만 쓰면 되는데.

●●● 전쟁이라는 어려운 상황에서 학회지를 만들고 학회를 창립한 일이 기적과 같이 느껴집니다. 대부분 해방 이후 대학에서 공부를 시작한 분들이 학문의 지향점을 스스로 발견하고 주도적으로 앞날을 개척한 대단한 성과인데 허웅 선생이 1956년 《조선일보》에 기고한 글에서 당시 2세대 학자들의 학문적 방향을 짐작할 수 있습니다.

"확고한 방법론의 토대 없는 암중모색 식의 재래의 연구방법을 지양하여 새로운 과학적인 방법론에 입각한 국어국문학을 수립하고 국수주의적이라고 불리우기 쉬운 국어국문학계에 생신生新한 생명을 부여해야 한다는 것이 당시 우리들이 지향하는 바이었습니다. 생계를 지탱하지도 못하는 박봉이면서도 우리들은 각자의 호주머니를 털어 그해 11월 1일에 《국어국문학》 제1집을 내게 되었습니다. 사륙배판 16페이지의 팸플릿이었으나 이것을 처음 손에 들었을 때의 기쁨이란 이루 형언하기 어려울 정도이었습니다. 이것은 다만 우리들만의 기쁨만이 아니라 여러 선배 동지들에게서 감격에 넘치는 환영을 받았던 것을 지금까지 잊을 수 없습니다"라고 회고하신 바 있습니다.

국어국문학에 과학적 방법론을 도입하려는 뚜렷한 의식이 2세대 학자들에게 공유되고 있었으며 국어국문학계 전반에 큰 영향을 준 사건임을 알 수 있습니다. 그럼 이제 국어국문학회의 연구 활동을 조금 자세히 들어보고자 합니다.

2-2. 국어국문학회의 연구 활동과 성과

●●●《국어국문학》지를 통해 발표된 논문들은 해방 후 등장한 신세대 국어학자들의 성과입니다. 어떤 특징이 있었는지요? 전쟁 전에 이어지던 조선어문학연구회의 경향이 계승된 것으로 보이는데 1949년 숙명여대에서 열린 제8회 간담회에서 발표하신 〈ㅎ조사 연구〉가 창간호에서 완성된 것도 그런 사례일 것 같습니다.

◆◆◆ 1950년대 초기의 연구 활동은 피란지였지만 중단하지 않았다는 것이 우리 학문 역사상 아마도 뚜렷이 나타내야 될 부분입니다. 그것은 얄팍한 제2세대 유지의 호주머니를 털어서 힘겹게 출판한 《국어국문학》지를 중심으로 해서 조촐하게 전개되었습니다. 이것을 기준해서 볼 때 1952년 10월부터 1953년 7월 기간에 수록된 연구를 발표순으로 본다면, 국어학에 중앙대학 김민수, 부산대학 허웅, 무학여고 이남덕, 부산제일고등학교 나진석, 국문학에는 중앙대학 양재연, 동아고등학교 김동욱, 숙명여대 김영덕, 동덕여고 이태극, 부산대학 정병욱, 경문사 경영하던 장덕순, 부산고등학교 이가원, 역시 무역업을 하던 강한영, 이런 순서로 등장을 했습니다. 이들은 몇 사람을 빼면 거의 1948년 연구 간담회 소속원이었습니다. 이들 업적은 지면의 제약으로 극히 간결한 논문이 되었지만 그렇다고 결코 과소평가할 수준은

아니었습니다.

우선 김민수의 〈ㅎ조사 연구〉는 1949년 5월 제8회 연구 간담회에서 구상을 발표했던 것으로, ㅎ조사를 취하는 특수명사라는 양주동 선생의 1942년 《조선고가연구》의 주장을 정면으로 반박한 논문이었습니다. 그래서 이것이 제2세대가 제1세대를 정면으로 반박하고, 또 반박이 먹혀 양주동 선생이 패배해서 화제가 됐던 논문입니다. 중세 국어에서 '따히, 따흘'처럼 ㅎ이 조사에 있는 것처럼 보이는 것은 사실 ㅎ을 말음에 갖는 명사라고 보는 것이 타당하고, 명사의 일부인 ㅎ이 갖는 음성학적 특성을 고려하면 받침에서 폐쇄음으로 바뀌거나 다른 소리와 혼합되거나 탈락하는 여러 현상을 설명할 수 있다는 것이었습니다.

다음에 허웅의 〈이, 외, 에, 애의 음가〉라는 논문은 중세어 음운의 한 과제를 천명한 논문으로 역시 평가되었고, 나진석의 〈미래 시상, 보간, 보조어간, 리와 겠의 교체〉는 형태 '겠'의 생성을 밝힌 논문으로 역시 평가가 되었습니다. 당시 국어학 연구가 이처럼 중세에 쏠린 추세는 저항기인 일제시대의 이념적 운동보다 객관적이고 냉정한 학문적 사실 구명을 지향하려는 제2세대의 시대적 경향을 반영한 것이라고 봐야 할 것이며 이런 점에서 이념적인 제1세대와 구별된다고 생각합니다.

국문학에서는 양재연 〈민족문학 연구 서설〉이 제2세대가 장차 지향할 국문학 연구의 지표를 예시한 논문으로서 주목받습니다. 역시 저항기에 이은 혼란기를 뛰어넘을 새 나라 민족문학의 서광이 비치는 듯 아주 선명한 논문이었습니다. 이어서 각론적인 주제를 규명한 논문이 관심을 받았는데 이 시기의 경향 중 하나는 거의 고전문학 분야에 편중되어 있었다는 것입니다. 대학에서 현대문학 강의가 아직 터 잡혔다고 보기 어려운 시대상의 반영이라고 봐야 할 것입니다.

●●● 이념을 지양하고 객관성을 확보하려는 게 2세대의 경향이라고 할 수 있겠습니다. 《한글》지나 《진단학보》가 1세대 발표지의 구실을 했다면 그것과 《국어국문학》은 어떤 차별성을 가지고 있었는지가 궁금합니다. 물론 두 학술지 모두 1955년이 되어서야 다시 발간되었으니 《국어국문학》 발간 초기의 경향과 단순 비교하기는 어렵겠습니다만요.

◆◆◆ 이 시기에 진단학회의 《진단학보》는 간행돼 나온 게 전혀 없고, 활동도 정체였고, 역시 한글학회도 정체였으니까 요 시기만은 그것들을 관련지을 수가 없어요. 한글학회는 환도한 이후에 《큰사전》 편찬을 다시 시작하면서 《한글》지가 속간되는데 그때 나도 《큰사전》 편찬원으로 고려대학교 전임으로서의 강의 이외의 시간은 《큰사전》 편찬에 종사했지요. 또 가서 막상 이렇게 하다 보니까 《한글》지를 편집할 사람이 없으니 나보고 좀 해야 한다고 해서 수년 동안 내가 《한글》지 편집을 했어요. 그러니까 《한글》지는 그 시기만은 《국어국문학》과 큰 차이가 없지 않았겠나 그렇게 생각합니다.

그리고 부산에서 역사학회가 창립되면서 《역사학보》 1호가 부산에서 나왔어요. 그게 아마 국어국문학회하고 역사학회가 제2세대들의 거의 비슷한 시기의 활동이 아닐까 합니다. 그런데 《역사학보》 제1호를 보면 국판으로 도톰하게 제법 책 모양은 갖춰 나왔으니까 아무래도 우리 국어국문학회보다는 조금, 역사 연구하는 사람들이 풍요했던 게 아닌가 해요. 그것이 속으로 얼마나 속상했는지.

●●● 학회지 1호와 2호까지는 2세대 학자들의 동인지 성격이 강했지만 학회지로 발전하면서 1세대 학자들의 평론이나 논문이 실리게 됩니다. 앞서 학회지가 발간되자 선배들도 찬사를 보냈다고 하셨는데요. 국어국문학회지에 대한 학계의 기대가 매우 컸다고 할 수 있을까요?

◆◆◆ 그렇습니다. 이 학회지는 발표처가 전무했던 시기에 일부분이나마 제1세대의 발표지 구실을 한 점도 있었습니다. 3호에는 급서한 일사 방종현 교수에 대한 이희승의 조사弔詞, 4호에 이숭녕의 조사에 관한 논문, 8호에 이해구의 사뇌에 관한 논문, 사뇌가 국악의 시나위라는 것을 최초로 규명한 논문입니다. 특히 창간 1주년 기념호 권두에 실린 연희대 대학원, 이때는 연세대가 아니고 연희대학교였습니다, 김윤경 원장의 이 학회지에 대한 비평은 1952년 8월 부산에서 집필한 제1세대의 소중한 충고와 장회였습니다. 역사적으로도 유의할 자료라고 여겨져서 다음에 간추려 보이겠습니다. 김윤경의 1953년 《국어국문학》 비평을 한번 보지요.

첫째, 여러 많은 소장 학자님들을 지상으로 대면하게 됨을 무한히 기쁘게 여깁니다. 이게 그러니까 제1세대와 제2세대에 소통하는 그러한 하나의 구실을 《국어국문학》이 했다는 것을 이렇게 자인하고 있으니까 역사적인 의미가 있습니다.

둘째, 진지한 연구 태도와 열성에 감사합니다. 앞에서 설명했다시피 이념적인 것을 떠나서 학술적인 것에 치중하는 점이 2세대의 특징인데, 그것을 바로 직감하고 이러한 찬사를 보낸 겁니다.

셋째, 활자가 없어서 부득이 빼거나 잘못 박힘을 흔히 보게 되어 딱하게 느껴집니다. 이것도 이제 뭐 다 보면 아니까 이런 시대에 그 어려운 상황도 지적하면서 위로한 것을 생각할 수 있습니다.

넷째, 국어학 방면 연구 제목이 전체의 3분의 1도 못 되는 것 같아 보이며 국문학 방면에 지지 않을 만치 연구하시는 분이 더 많아지시기를 희망합니다.

다섯째, 교육사절단장 코르렐의 예비보고서를 인용하고 나서, 《국어국문학》도 〈한글 전용법〉 시행을 지도해야 옳겠다고 생각합니다. 이 부분은 김윤경 선생이 한글 전용을 희망한다는 걸 밝힌 부분이겠죠.

여섯째, 김민수 님의 〈ㅎ조사 연구〉는 흥미롭게 읽었습니다. 또 각자병서 음가론도 흥미롭게 읽었습니다. 이 글 중에 대부분이 이 두 개 논문에 대한 이야기입니다. 그러니까 아마 이분은 그걸 읽고서 아마 뭔가 느꼈다고 할까, 충격이 많았던 거 아닌가 이런 생각이 듭니다.

끝으로 연구 자료 같은 매호 부록은 지면을 아끼는 점과 참고의 편의를 위해 단행본으로 펴내는 편이 낫지 않을까 합니다. 이것 역시 김윤경 원장의 평가였습니다.

●●● 그런데 김윤경 선생님의 《국어국문학》 비평을 보면요. 교육사절단장 코르렐이라는 사람의 예비보고서를 인용해서 '〈한글 전용법〉 시행을 지도하여야 옳겠다고 생각됩니다'라는, 일종의 한글 전용과 관련된 간접적인 권고가 있습니다. 1945년 조선교육심의회가 한글 전용을 결정하고 1948년에는 〈한글 전용법〉이 법률로 제정되는 등 한글 전용 정책이 오랫동안 이어져왔는데도 또다시 전용에 대한 언급을 한

것은 학계에서는 한글 전용이 제대로 정착되지 않고 있다는 상황을 반증하는 것처럼 보이는데요. 이 언급이 어떤 맥락인지요?

◆◆◆ 미국이 근본적으로 미국의 극동 정책에서 이 일본과 한국에 대해서 한자를 없애는, 그러니까 일본 같으면 가나만 가르치고 써라, 우리 같으면 한글만 쓰라고 했어요. 기본적인 이유가 뭐냐 하면 태평양 전쟁 때 일본 특공대가 비행기를 타고 미국의 항공모함에 떨어져서 여러 척이 바다에 가라앉아서 아주 많은 손해를 봤어요. 그래서 미국에서 연구하기를 왜 자폭을 할 수 있나, 그랬더니 이게 충효사상이다, 이거는 한문을 배워서 그렇다, 거기에 충효사상이 있다, 이걸 없애려면 한문을 가르치지 말아야 한다, 이렇게 논리가 그래요.

그래서 교육사절단이 우리나라에 와서 여러 가지 교육에 관한 거를 쭉 보고 조사하고 거기 종합보고서를 만들어서 우리 정부에 주고, 미국 정부에도 물론 제출했어요. 그래 거기에서 교육을 한글 전용을 해야 된다 그래서 학회가 한글 전용을 지도해라 한 거지요. 그런데 국어국문학회 회원들은 생각이 달랐어요. 한글 전용해서 어떻게 제대로 국어 발전이 되겠는가 싶었던 거지요. 그런데 연세대가 원래 미션계 학교로서, 미션계 학교로 가면 교인이 돼야 하고, 교인이 되면 교회에서 정한 것을 절대 신봉해야 하는데 기독교가 처음부터 서민들에게 선교하기 위해서 성경의 모든 문서가 한글 전용입니다. 지식인은 안 읽혀도 좋다. 왜? 지식인은 교인 만들기 어렵거든요. 그러니까 이제 김윤경 선생이 연세대학에 있으면서 그런 얘기 나오는 건 당연하고, 또 자기 말로만 하기 뭣하니까 교육사절단의 보고서 구절을 인용하면서 그렇게 된 거라고 생각합니다.

●●● 선생님께서는 모든 성경이 한글 전용이라고 하셨지만, 근대 초기에 국한문으로 된 성경도 발행했었던 만큼 기독교계가 "지식인은 안 읽혀도 좋다"라는 생각을 가졌다고 보기는 어려울 것 같습니다.

말씀을 들어보면, 선생님께서는 한자 사용을 억누르고 한글을 전용하는 정책이 미국이 의도한 것일 수도 있다는 생각을 하시는 것 같습니다. 그런데 1946년에 미군정의 자문기관인 조선교육심의회에서 한글 전용의 방향을 제시한 것이 최현배 선생이라는 주장도 있습니다. 그렇다면 미국의 의도라기보다는 당시 어문 정책의 방향 수립에 영향을 미칠 만한 자리에 있던 한국 인사들의 판단이 반영된 것으로 볼 수도 있겠습니다.

다만 국어국문학 전공자들 사이에서는 한글 전용에 대한 의견이 일치하지 않았고, 특히 1세대 같은 경우는 대립도 분명했다고 보입니다. 궁금한 것은 2세대 학자 사이에서도 한글 전용과 관련하여 의견의 대립이 있었는가 하는 것입니다.

◆◇◆ 그렇지 않았다고 기억이 됩니다. 허웅 교수는 그때만 해도 자기 논문도 국한 혼용으로 썼고, 한마디도 한글 전용을 이야기한 적이 없어요. 그런데 환도하고 훨씬 후에 최현배 선생이 픽업해서 그것을 물려주려는 상황이 되니까 한글 전용으로 싹 돌아선 겁니다. 비위를 맞춰야 되겠으니까 그렇게 했지요.

외솔 최현배 선생의 한글 전용 주장은 어디 근거하는가. 그가 공부한 교육 이력, 학력을 보면 경기고등학교의 전신인 관립 한성고, 그게 일제시대에 중고등학교 과정으로서 두 개가 서울에 있었어요. 경성제일고보가 후에 경기고가 되고, 경성제이고보가 경복고가 됐거든요.

그 전신 학교를 나오시고, 원래 울산의 부잣집 자제로 일본으로 건너가서 히로시마 고등사범학교 국한문과를 나왔습니다. 그때 국한문과는 일본어입니다. 그래서 일본어 교사 자격증이 있어요. 그다음에 이어서 교토대학에 입학을 했는데 학부에서는 철학과를 나오셨습니다.

철학과에 입학해서 전공은 교육학을 하셨지요. 고등사범학교에서 교육학을 배웠으니까 그걸 더 깊이 있게 전공을 하신 겁니다. 그러니까 이 국어학 분야에는 아주 비전공인데 주시경 선생 생전에, 한말에 중학교 다니실 적에 주시경 강습소에 다니셨어요. 《한글모 죽보기》[10]에 보면 최현배 선생의 그런 이야기가 죽 나옵니다. 젊었을 때 거기서 주시경 선생에게 감화를 받고 그 감화가 작고할 때까지 한글 전용으로 이어진 거죠. 아마 지금 소개한 최현배 선생의 학력으로 보면 한글

외솔 최현배의 전공에 대한 이견

김민수 선생은 외솔 최현배 선생이 "국어학 분야에는 아주 비전공"이라고 평가했지만 이에 대한 이견도 있다. 고영근 선생의 《최현배의 학문과 사상》(1995)에서 정리한 외솔의 수학 기록을 보면 외솔은 1910년 16세에 관립 한성고등학교(경성고등보통학교)에 입학하고, 내종형 박필주와 친구 김두봉의 권유로 상동교회에서 열린 주시경 선생의 국어강습회에 참석했다. 1910년 10월부터 1911년 6월까지 사동 천도교 사범강습소에서 개최한 국어연구학회 제2회 강습소에서 배우고, 1911년 9월부터 1912년 3월까지 박동 보성중학교 조선어강습원 중등과를 수료했다. 1912년 3월부터 1913년 3월에는 조선언문회 고등과 1회를 최우등생으로 졸업했다. 고영근(1995, 51)은 외솔이 일본 히로시마 고등사범학교를 졸업하고 동래고등보통학교에 재직하던 1920년부터 1921년 사이에 《우리말본》 초고를 만들었다는 증언과 외솔이 1970년에 펴낸 《한글만 쓰기의 주장》에 자신이 교토제국대학 재학 시절에 신무라 이즈루新村出 교수에게 언어학을 배웠다는 내용을 인용했다. 다만 고영근은 외솔의 교토대학 학적증명서에 언어학을 수강한 기록이 없다며 이에 대한 후학의 확인이 필요하다고 첨언했다(고영근 1995, 26).

전용을 반대할 그러한 학력인데, 그거에 앞서서 더 젊었을 적에 주시경 선생의 감화가 있었고, 그것이 이렇게 연결된다고 생각합니다.

●●● 허웅 선생이 1969년에 후반에 〈한자는 폐지되어야 한다〉는 글을《한글》지에 싣는 등 이후에는 한글 전용론자가 되었지만 1950년대에는 그런 갈등이 표면화되지는 않았고 적어도 국어국문학회를 창립하고 학술지를 발간하는 데 주축이 된 2세대 학자들은 초기에는 한글 전용에 대한 갈등 상황에 있지는 않았다고 봐야 하겠군요. 1953년 4월에 이승만 대통령이 한글 간소화를 지시하자 그해 7월 10일에 국어국문학회는 임원회에서 반대를 결의하고, 선생님이 직접 반대 성명서를 작성하셨는데, 이것은 전쟁을 겪으면서 학문 공동체를 스스로 형성한 젊은 학자들의 공유된 의식을 보여주는 사건이었습니다. 한국전쟁은 국어국문학 신진 세대가 급진적으로 출현하여 학계의 중심으로 발전하는 계기였던 것 같습니다. 이제 전쟁이 끝나고 환도한 후의 국어학계의 발전에 대해 알아보도록 하겠습니다.

V.
《큰사전》의 완간
그리고 국어 정책과
국어학의 전환

근대적 과제의 완결과 새로운 문제 제기

전쟁 시기 서울에서 임시수도 부산으로 이동한 정부와 기관, 학교는 휴전협정 이후 1953년 8월부터 서울로 돌아왔다. 전쟁의 생존자, 피란민이었던 국어학 연구자와 학생들도 전쟁 직전에 재학하거나 근무했던 학교로, 또 고향으로 돌아왔다. 자신의 학문적 뜻을 펴기 위해, 또는 납치되거나 회유되어 이북으로 향한 연구자들도 있었다. 전쟁 중에 행방불명되거나 사망한 경우도 있었다. 이 과정에서 대학을 중심으로 남북 국어학계가 재편되었다.

1950년대부터 국어 연구, 국어 교육, 국어 정책의 중심은 대학으로 이동했다. 이는 당시 대학의 양적 팽창과 관련이 있다. 1950년대는 전쟁과 정치적 혼란 속에서도 고등교육의 수요가 증폭된 시기였다. 해방 직후부터 시작된 사립대학 설립으로 미군정기부터 대학 수가 증가했다. 전체 인구에 비하면 대학 진학률은 낮았지만 고등교육 수요를 억제했던 일제강점기와 비교할 때 대학의 숫자나 입학 정원은 큰 폭으로 늘었다. 당시 대학 수 증가 현황에 대해 김정인(2018, 101)은 1948년 현재 국공립과 사립을 포함한 고등교육 기관 수는 37개, 재학생 수는 2만 4,000여 명으로 1945년 해방 당시 19개 고등교육 기관의 6,948명의 재학생과 비교하면 대학생 수가 세 배 이상으로 늘었다고 했다. 여기에 한국전쟁 당시 만 25세까지 징집을 연기할 수 있는 전시 학생증 제도의 시행으로 대학생이 더 증가했다는 강명숙(2018, 140)의 보고, 대학생 징집연기 조치로 인해 1952년부터 1953년까지 대학생 수가 1만 1,000여 명 이상 늘었다는 김정인(2018, 106)의 보고도 있다.

1950년대 대학의 증가에 따라 각 대학의 국어국문학과 수도 급격히 늘어났다. 강명숙(2018, 116)이 제시한 1955년 3월 기준 인문계열 학과 및 학생 수를 보면 법학과 29개 7,160명 재학, 경제학과 18개 4,400명 재학, 국어국문학과 33개 3,941명 재학, 정치학과 16개 3,520명 재학, 영어영문학과가 23개 2,791명 재학 순으로 나타났다. 어문계열 중에서는 국어국문학과가 가장 학과 수도 많고 재학생도 수도 많았다. 이 시기에는 대학을 중심으로 국어학 연구 단체들이 생겨났다. 1952년 국어국문학회, 1959년 국어학회, 1955년 서울대학교 사범대학 부설 국어교육연구회(현 한국어교육학회), 1956년 한국언어학회가 시작되었다.

일제강점기부터 이어진 한국어의 어문 규범 정립, 사전 편찬, 한국어 연구와 교육을 위한 토대 마련이라는 근대적 과제는 해방 이후 교과서 편찬, 1950년대의 《큰사전》 발간 등으로 일단락되고 있었다. 그러나 근대적 과제를 완결하는 단계에서 어문 규범을 둘러싼 격렬한 의견 충돌이 발생했다.

이 시기에 사회적으로 가장 주목을 받은 의견 충돌은 이른바 '한글 간소화 파동'이다. 이 한글 간소화 파동은 근대 초부터 지속되었던 형태주의 표기와 표음주의 표기 간 충돌의 연장선으로 볼 수도 있지만,

조선어학회 한글 맞춤법에 익숙한 세대와 그렇지 않은 세대 간의 문화적 차이에 따른 충돌의 성격도 있었다.

1930년대에 나온 조선어학회의 한글 맞춤법은 언론과 출판에서 수용되고, 미군정기의 교과서에도 반영되어 20년 가까이 통용되고 있었다. 그런데 구한말에 출국하여 해방 직후 귀국한 이승만 대통령은 자신이 구한말에 사용했던 익숙한 철자법이 통용되지 않는 데 대해 불만이 있었다. 1953년 4월에 이승만 대통령은 국무회의에서 현행 철자법이 너무 어려워서 한글 전용에 대한 법률이 실효를 얻지 못한다며 철자법을 개정하라고 지시했고, 정부 공문서는 즉시 간이한 구철자법을 사용하라는 국무총리 훈령 8호가 각 부처장 및 도지사에게 전달되었다. 한글 간소화 파동의 시작이었다.

당시 《큰사전》의 편찬과 출판 작업을 병행하고 있던 한글학회에 한글 간소화는 일제의 탄압에도 저항하며 편찬하여 완성 단계에 이른 《큰사전》의 근간을 흔드는 문제였다. 이런 맥락에서 한글 간소화 정책은 연구자들에게 어문 운동 탄압이자 민족 독립 운동의 소중한 결실을 파괴하는 것으로 받아들여졌고, 이러한 인식은 출신 학교나 소속된 조직을 넘어 국어학 연구자들을 집결시키는 도화선이 되었다.

이 시기를 회고하며 김민수 선생은 당시의 많은 사람이 맞춤법, 외래어 표기, 한글 전용 등 어문 규범과 국어 정책에 다양한 의견을 내지 못하고, 다양한 의견을 들을 수 있는 분위기나 공간을 형성하지 못한 상황에 대해 반복적으로 아쉬움을 드러냈다. 어문 규범에 대한 다양한 의견이 제기되고 의견을 조율하는 것은 필요한 일이었지만, 권력의 돌출적 개입으로 인한 파동은 결과적으로 어문 규범의 논의 폭을 좁히는 계기가 되었기 때문이다.

한글 간소화 파동 이후 당시의 젊은 국어학자 사이에는 국어 정책에 대한 다양한 목소리를 수용하고 이를 객관적 조사와 연구를 통해 검토하는 공적 기관을 설립해야 한다는 문제의식이 커졌다. 이에 따라 어문 정책 연구를 전담하는 공적 연구 기관, 즉 국어연구소의 설립을 추진하기에 이르렀지만, 1950년대의 상황에서 이러한 제안은 받아들여지지 않았다. 어문 정책 연구를 전담하는 공적 연구 기관인 국어연구소는 1984년에 이르러서야 설립되었고, 그 국어연구소가 현재의 국립국어원이 되었다.

1.
전후 국어학계의 재건과
국어 정책적 대응 활동

1-1. 환도 후 국어학계의 재건 활동

●●● 한국전쟁 이후 서울로 환도하면서 국어학계도 재건되었습니다. 환도 이후 국어학계에서 이루어진 재건 활동에 대해 알고 싶은데요. 우선 선생님께서 경험하신 대학에서의 연구와 교육 활동을 중심으로 말씀을 해주셨으면 합니다.

◆◆◆ 1953년 7월에 2년 끌던 북미 휴전협정이 조인되자 8월, 정부가 임시수도 부산에서 환도하고 9월 초에는 각급 학교도 서둘러 환도했습니다. 나는 환도 후 흑석동 중앙대학의 전임강사로 연구와 강의에 전념했습니다.

제 첫 직장은 한국전쟁 전 공주사범대학 전임강사였습니다. 1949

년 8월에 나는 한국문화연구소의 계룡산 학술답사에 참석했습니다. 당시에 찾아간 2년제 공주사범대학 유증소柳曾韶 학장은 연희전문 문과 출신으로 내가 1947년에 근무한 춘천고등여학교 교장이었습니다. 그분이 내게 공주사범대학 국어학 교수를 구하지 못했다며 강요하는 바람에 그 자리에서 결정짓고, 9월에 취임한 것이었습니다.

서울에서는 3월에 덕수상업중학교 야간반 교사로 부임했습니다. 이 학교는 야간뿐이었으니까, 그 야간반 교사는 계속했습니다. 그러고는 서울대 조교만 사임하고 공주사범대에는 통근을 했습니다. 교통이 어려운 그 시기에 서울에서 공주로 통근을 하려니 참 힘들었습니다. 일주일에 반쯤 거기 가서 자고 강의하고 돌아와야 했습니다. 스물세 살 때였는데 결국 교통 불편으로 힘겨워서 두 달 만에 종강 겸 사임으로 공주사범대학의 교수 일을 끝내고 말았습니다.

1954년 4월 신학년에는 중앙대학 조교수로 승진했습니다. 전쟁 이후 대학이 안정되면서 대학생이 늘어 보강하는 서울대 문리대, 이화여대 강사진에 끼어 저도 출강하기 시작했습니다. 이때 고려대 국문학과 김형규 교수가 서울대 사범대학으로 옮기고 고려대에 자리가 났습니다. 그 빈자리를 메우지 못하다가 학과장인 구자균 교수가 나를 초빙하려고 직접 찾아왔습니다. 그래서 우선 고려대에 2학기부터 출강하기로 했고, 1955년 4월에 고려대 전임강사로 옮겼습니다.

그때 강의 교재는 학생을 시켜 강의 필기 노트를 유인본으로 만든 것이었습니다. 강의 노트 대신 유인본 교재로 수업의 질과 양을 높이니 수강생의 호응은 뚜렷해졌습니다.

●●● 제대로 강의가 이루어지기 위해서는 그에 걸맞은 교재가 있어

야 하니 강의 교재 편찬이 중요한 일이었겠다는 생각이 듭니다. 강의 교재 편찬이 국어학 연구와 발맞춰 진행된 면도 있고요. 1955년 당시 선생님께서 사용한 국어학 강의 교재는 어떤 형식이었나요?

◆◆◆ 그때는 교수가 강의 노트를 읽고서 학생들에게 필기를 시키면서 강의를 했습니다. 어느 대학이나 그렇게 했습니다. 그런데 가만히 생각해보니까 이래 가지고선 진도도 그렇거니와 그때 학생들의 수준으로 봐서 강의의 질과 양을 도저히 소화할 수가 없었습니다. 그래서 강의 노트를 밤새워가며 완성해서 유인본을 만들어 학생들에게 실비를 받고 전달했더니, 학생들이 그렇게 좋아해요. 그때 그 교재 유인본은 고려대학교 도서관에 보존되어 있습니다.

당시 교수들은 강의 노트 한두 회 분량을 미리 써서 강의를 할 때였는데요. 바빠서 노트 작성을 못 하면 휴강을 하던 시대였습니다. 나는 강의 노트를 쓰기 시작하면 밤을 새우다시피 해서 끝까지 썼습니다. 이제 와서 보면 젊었으니까 가능했던 거라고 생각합니다.

●●● 《경향신문》 1950년 1월 21일 자 기사를 보면 당시 김형규 선생의 《국어학개론》 출판기념회가 광화문에서 열렸다는 기사가 실렸습니다. 《조선일보》 1954년 12월 6일 자 기사에는 당시에 나온 국어학 서적으로 《국어학사》(김형규), 《국어학개론》(이숭녕) 등이 소개되어 있습니다. 1954년 12월 20일 자 1면에는 김윤경 선생의 《조선문자급어학사》의 신문광고도 나왔습니다. 이전에 말씀하신 최현배 선생의 《우리말본》도 있고, 당시 선생님께서 강의 노트를 만들 때 주로 참고하신 책이 궁금합니다.

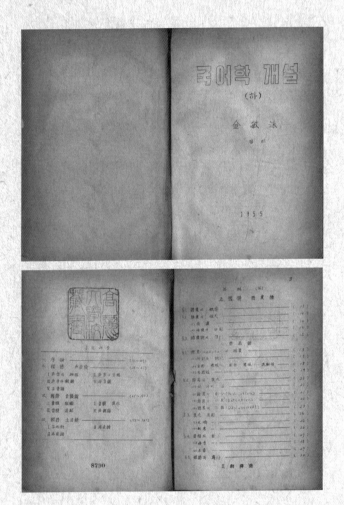

〈그림 17〉《국어학개설》(1955)

김민수 선생이 저술한 유인본 《국어학개설》(1955).

◆◆◆ 강의 노트를 만들기 위해 제가 구할 수 있는 내에서 국내외 책을 가능한 대로 다 보았습니다. 그런데 1950년대라는 시대 배경을 생각해야 합니다. 당시 사람들이 볼 수 있는 외국 서적이 극히 제한되어 있었다는 거예요. 주문도 안 되고, 구해볼 수도 없고, 그래서 제한된 외국 서적을 보고 생각을 하고, 결국 교수는 자기 생각으로 강의 노트를 작성하게 됩니다.

저는 그때 만든 강의 노트를 기본으로 해서 나중에 《신국어학》과 《신국어학사》 책을 냈습니다. 그런데 그것 가지고는 만족스럽지 않았어요. 그 후 1980년대에 와서 '전정판全訂版'이라고 이름 붙이고 완전히 새로운 책을 다시 썼어요. 그렇게 새로 쓴 책을 보면 내 학문이 성장한 자국을 더듬는 기분, 보는 기분이 나요. 이렇게 얘기하니까.

●●● 당시 선생님께서 가르친 고려대 국어국문학과 학생들은 어떠했습니까? 기억나는 학생들이 있다면 어떤 분들이 있을까요?

◆◆◆ 당시 고려대 국어국문학과의 인원이 많지는 않았습니다. 1학년에는 거의 전공과목이 없으니까 54학번은 그때 2학년이고, 53학번이 3학년, 52학번이 4학년이었습니다. 또 그때 군대 갔다 온 사람을 '늙은 학생'이라고들 했습니다. 그때 학생으로 기억나는 사람이 한국학중앙연구원 교수를 지내다 퇴임한 신창순 군이에요.

고려대 국어국문학과는 1946년 8월에 '국문학과' 명칭으로 창립되었습니다. 당시 교수진이 국문학에 구자균, 국어학에 김형규였는데, 이분들이 경성제대 1936년 제8회 졸업 동기예요. 이분들이 중진으로 국어국문학 연구의 제2세대를 육성했습니다.

고려대 국어국문학과는 1950년 5월에 제1회 졸업생을 배출하기 시작했지만 졸업생 중에 전문적으로 국어학 연구에 종사한 이는 많지 않았습니다. 그런데 왜 1회 졸업생이 5월에 졸업했는가? 아마 모르는 사람은 아무리 찾아봐도 그 이유를 모를 겁니다. 답이 안 나올 겁니다. 처음에 미군정 때 신학년을 미국식으로 9월로 했어요. 그런데 9월에 졸업하고 입학하고 이렇게 몇 대를 지냈어요. 그런데 8월에 졸업을 하니 모두 더워서 지치고 이러니까 '아휴 도로 신학년을 4월 시작으로 하자', 그렇게 의견이 나왔습니다.

그래서 한 학년을 한 학기 변경하니까 학기를 늘이든지 줄여야 되거든요? 그렇지요? 근데 늘일 순 없고. 줄이니까 한 학기를 짧게 하다 보니 이때 5월에 졸업하고 6월이 신학년이에요, 1950년만. 그다음에 이제 4월로 가는 거지요.

1950년대 당시 졸업생 중에서 전문적으로 연구에 종사한 이가 적었다고 하는 것은 그 졸업생의 자질이나 배운 것이 부실했다고 봐야 되지 않나 생각합니다. 그런데 이런 상황은 여타 대학도 거의 같았습니다. 고려대에서의 제1회 졸업생 중 연구에 종사한 사람을 적어 보면 인원 수가 아주 적고, 또 도중하차라고 할까 학업 중단을 한 학생이 많았음을 자료를 보면 알 수 있습니다.

●●● 1955년 12월 25일 자《조선일보》에 당시 중앙대학교 김동욱 강사가 그해 국어국문학계를 정리한 글을 실었습니다. 글을 보면 서울에 있는 각 대학의 국어국문학과 학생이 1,500~1,600명, 지방에 약 1,000명 정도가 있을 것으로 추정되고, 그 학생 중 현대문학 전공이 90퍼센트로 추정된다는 내용이 있습니다. 그리고 교수진은 "대략 50

퍼센트가 고전 계통, 30퍼센트가 어학 계통, 나머지 20퍼센트 남짓이 현대문학 계통이다. 또 현대문학 계통의 90퍼센트 이상이 현역 작가, 시인, 평론가"로 학생의 요구와 교수진의 동태가 괴리를 이룬다고 논평하고 있습니다.

기사를 읽어보면 1955년 당시 국어국문학과의 학부생들의 다수는 현대문학을 지망했지만 현대문학을 학술적으로 배우기는 어려운 상황이었고, 교수진의 다수는 고전문학을 포함한 문학 전공으로 국어학 전공 교수의 수는 문학 전공에 비해 소수였다고 정리할 수 있겠습니다. 기사에 담긴 정황을 보면 선생님께서 1950년대 국어국문학과 학생 중에 국어학 연구를 지향하는 학생이 적다고 느끼신 것은 어찌 보면 당연하다는 생각도 듭니다. 그러면 선생님 보시기에 1950년대 당시 고려대 국어국문학과의 교수진과 내부의 분위기는 어떠했습니까?

◆◆◆ 당시는 먼로주의라고 할까, 각기 자기 대학 졸업생을 선호해 교수진을 보강하는 풍토가 있었습니다. 그래서 타 대학 출신은 냉대하거나 중상까지 하는 경향이었습니다.

당시 후배 이기문 군이 고려대 교수로 초빙돼 왔는데 저에 대한 고려대학교의 억측과 질시는 음양으로 매우 극심해졌습니다. 실제로 이기문 군이 고려대 전임으로 오게 된 거는 잘 모르는 사람은 누구나 다 "아, 그 아무개가 자기 서울대 후배 끌고 왔다" 이러는데 그렇지 않습니다. 이건 알아두는 게 좋을 것 같아서 설명을 보탭니다.

그때 문과대학인가 문리과대학인가 명칭이 아리송한데, 그 학장이 나중에 고려대에서 대학원장도 했습니다. 그분이 경성대학 제1회 영문학과 출신인 조성식 교수인데, 1946년에 졸업을 하셨지요. 그분이 하루는 나를 불러서 "그 이기문이라는 사람이 있는데 불란서 학자 도테의 《언어지리학》도 번역을 했더라. 그거 보통이 아닌데, 당신이 가서 그 사람에게 고려대로 오겠느냐고 좀 물어보겠느냐" 이렇게 말씀하셨어요.

그래서 내가 이기문 군을 만나러 갔어요. 가서 이야기를 했더니 냉큼 고려대로 오겠다고 해서 고려대로 온 거거든요. 그게 아마 1959년인가 1960년인가, 그때쯤 돼요.

교수 채용에서 자기 대학 출신들을 선호하여 발생하는 갈등은 특히 역사가 긴 대학일수록 심했습니다. 한때 외부에서는 고려대 국어국문학과 내의 많은 갈등과 소문에도 불구하고 고려대에서 계속 재직하고 있는 제게 "한림대학으로 옮기셨다지요?"라고 질문하며 오히려 내가 느끼는 그 갈등을 과장하여 회자하는 정도였습니다.

●●● 이기문 선생이 번역했다는 불란서 학자 도테의 《언어지리학》은 도자Albert Dauza의 《언어학원론》을 잘못 말씀하신 듯하네요. 이 책은 1955년에 초판이 나왔고 현대 언어학 이론을 소개하고 보급하는 역할을 한 책으로 평가되고 있습니다. 이제까지 선생님 말씀을 들어보면, 선생님께서는 여러 어려운 상황에서도 고려대에서 계셨던 것을 중요하게 생각하시는 것 같습니다.

◆◆◆ 당시 나는 교직 생활의 진수는 피교육자의 요구를 수용함에 있다고 생각했습니다. 고려대에서 저는 제가 학생들을 위해 할 수 있는 일을 하려고 했습니다. 1955년 4월에는 문법론, 국어학개론을 위시, 국어 표기법, 국어학사 등의 교재를 등사했고, 1956년 1월에는 고려

대 국어국문학과 학생회지를 창간했습니다.《국문학》1호를 제가 창간을 했어요.

이렇게 1호 담당 등으로 고려대학교 학생들과 친근해진 때문인지 그 이후로 고려대를 떠나려고 해도 도저히 발길이 돌아서지 않았습니다. 결국 나는 정년퇴임 명예교수로 고려대와의 인연이 오늘에 이르렀습니다.

●●● 선생님 말씀을 들으니, 지금도 그런 면이 있지만, 1950년대 당시에는 학벌주의가 더 심했던 것 같습니다. 그런데 선생님께서는 중앙대에서도 교수 생활을 하셨는데 그곳에서도 교수들 사이의 갈등이 있었는지요?

◆◆◆ 제가 중앙대학 전임으로 갔을 적에는 거의 그런 저항이 없었어요. 1954년에 고려대학교에 가서 겪어서 아는 거지요. 그렇게 보면 아까 언급한 대로, 역사가 비교적 긴 대학이 그렇게 자기 대학 학생을 선호하고 타교 출신과 갈등이 있다고 생각합니다. 가령 중앙대학교라고 그러면 옛날 중앙보육학교가 대학으로 승격을 했고, 내가 갔을 당시 졸업생도 거의 없다시피 하고, 몇 명이 있어도 그게 뭉쳐도 힘이 안 되고. 아마 그래서 그런 게 아닌가 생각합니다.

한 가지 또 내가 묘하다고 생각한 것은 저에 대해 당시 고려대 학생들의 반응은 좋았다는 거예요. 그건 아마 내가 강의를 제대로 하니까 그랬던 거라고 생각합니다. 아까 말한 것처럼 저는 학생들을 보고 있었습니다. 그렇지 않았다면 벌써 거길 떠났겠지 뭐 하려고 엎드려서 있었겠어요.

학생, 피교육자의 마음을 헤아려본다면 자기네들이 공부하면서, 아마 잘은 모르지만, 저 선생이 괜찮다고 느낀다면 선생의 모습을 그대로 수용하는 것 같아요. 그런데 동료 교수라거나 학계 주위에서는 사람을 그렇게 대하지 않았다고 생각합니다. 고려대 졸업생도 별로 그렇게 자기를 가르친 교수에 대해 이렇다 저렇다 말하고 다니고, 이런 건 아니었습니다. 저는 주로 동료 교수들이 그렇게 내부 갈등을 일으키고, 그렇게 했다고 생각합니다.

1-2. '한글 간소화' 파동과 국어학계의 대응

●●● 앞에서도 부분적으로 언급이 되었지만, 1950년대 국어 정책에서 큰 사건이라고 하면 한글 간소화 파동을 들 수가 있을 것입니다. 선생님이 기억하시는 한글 간소화 파동에 대해 말씀해주셨으면 합니다.

◆◆◆ 환도 후 1년도 되기 전에 아직 사람들의 주변 환경이 안정되지 못한 1953년 10월 초에 문화 파동이라고도 했던 한글 파동이 터졌습니다. 이 파동의 경위는 이승만이 초대 대통령으로 취임한 이듬해 1949년 10월 한글날에 내놓은 철자 간편화의 요구가 발단이 되었습니다. 이승만 대통령은 11월에도 철자 간편화를 재차 요구하더니 1950년 2월에는 더욱 강력히 주장하고 우선 정부만이라도 시행할 것을 천명했습니다.

그러다가 드디어 1953년 4월 피란 중에 국무회의에서 기음記音 철자법을 사용키로 결의해서, 현행 철자법 사용의 폐지와 구식 기음법 사용을 지시한 4월 23일 자 국무총리 훈령 제8호가 시달되었습니다. 요것이 한글 간소화 파동의 전반부 상황이라 생각됩니다.

●●● 이승만 대통령은 1948년 한글날 기념식 담화부터 철자법을 바꾸라고 요청했습니다. 1948년부터 1950년까지 이승만 대통령의 담화나 기자회견을 보면 당시 맞춤법에 대해 '불편하다'와 '어렵다', '보기 좋지 않다'는 표현이 반복되어 나타납니다. 그리고 1953년 4월 27일에 당시 백두진 국무총리가 훈령 제8호로 "우리 한글은 철자법이 복잡 불편하니, 교과서, 타이프라이터에 대하여는 준비상 관계로 다소 지연되더라도, 정부용 문서에 관하여는 즉시 간이한 구 철자법을 사용하도록 함이 가하다"고 했고, 이후 1953년 5월 9일 전국문화단체총연합회가 한글 간소화 반대 성명서를 발표했습니다.

◆◆◆ 그렇게 대통령이 하도 강력하게 지시를 하니까 정부가 대통령의 뜻을 받아서 "앞으로 한글 맞춤법은 폐지하고 기음 철자법을 사용한다. 우선 정부만이라도 이걸 사용한다", 이게 국무총리 훈령 8호입니다. 그런데 구체적으로 어떻게 쓰느냐에 대한 것은 표시가 없어요. 그리고 당시 문화계의 반대 성명이 있었으니 이걸 1차 파동이라고 하겠습니다.

그런데 당시에 나온 기사나 자료를 봐도 구식 기음법의 실체는 구체화되지 않았습니다. 그러니까 이승만 대통령이 주장하는 구식 철자법이라는 게 구체적으로 뭐냐, 실제로 간소화안을 가만히 보면 그 안에 모순이 꽤 많습니다. 뭔가 체계적으로 통일성이 있어야 하는데 말입니다.

●●● 한글 간소화안을 누가 만들었느냐에 대해서는 여전히 알 수 없는 일로 남아 있습니다. 《동아일보》 1954년 12월 23일 자 〈갑오 기자 수첩(4) 한글 간소화〉를 보면 한글 파동 당시 한글 간소화안의 작성자를 "7개 국어에 능통한 재사", "이 대통령과 정치적 견해가 180도로 틀린 저명한 학자", "열렬한 간소화 운동자로 알려진 서상덕 씨는 '그것은 정경해 씨가 작성한 것이다'"라고 했다는 등 당시 작성자에 대한 소문이 있었다는 내용이 나옵니다. 선생님은 혹시 들은 내용이 있으신지요?

◆◆◆ 당시 이선근 장관과 밀약으로 서울대 동료 김선기 교수가 작성하고 허웅 교수가 중세어 자료를 제공했다고, 그게 비밀 아닌 비밀이라는 소문이 있었습니다.

●●● 그러면 당시 《동아일보》 기사에 나오는 '7개 국어에 능통한 재사'라는 말에서 1934년에 프랑스 유학을 하고 1937년에 런던대학에서 석사학위를 받은 조선어학회 회원 김선기 선생을 추정하고, '고어에 능한 후배 교수'가 허웅 선생이라 추정할 수 있다는 말씀이네요. 그러나 현재 공식적으로 전해지는 기록은 없으니 소문이 진실인지 확인하기는 어려운 상황입니다. 정재환(2013, 248)도 "이선근 장관의 대학의 동료로서 '한글 맞춤법 통일안' 작성에 참여했던 교수가 고어古語에 능한 후배 교수의 협조를 얻어서 비밀리에 작성한 것이고, 그 공으로 후에 모 고관을 지내게 되었다는 소문이 떠돌았으나 끝내 확인되지 않았다"고 적고 있습니다.

그리고 한글 간소화 논쟁이 한창이던 1953년 당시 국어심의회가 생겼습니다. 당시 김법린 문교부장관이 국어심의회 규정을 제정하고, 1953년 12월 29일 문교부장관실에서 국어심의회 한글분과위원회에 한글 간이화 방안을 제시했습니다. 《경향신문》 1953년 12월 31일 자 기사를 보면 "결국 '한글 간이화 방법은 한글을 가로 풀어쓰는 데 있다고 인정함'이란 주요한 씨의 수정 동의를 찬성 10, 반대 1, 기권 3으로 채택함"이라는 내용이 나옵니다. 한글 간소화 파동에서 국어심의회의 역할에 대해 당시 들은 이야기가 있으면 더 말씀해주시기 바랍니다.

◆◆◆ 문교부가 설립한 국어심의회가 1953년 연말 회의에서 이 대통령의 지시와 국무총리 훈령에 대해 여러 번 회의를 하다가 한글 간이화 방법은 '가로 풀어쓰는 데 있다'라는 최종 결정을 내렸습니다. 이것은 오리발 내놓는 격이 아니겠습니까? 이승만이 볼 적에는 오리발 내놓은 거지요. 그래서 당국의 최현배 편수국장, 김법린 장관이 잇달아 물러났지요.

대통령의 3개월 내 시행 유시에 따라 지원한 이선근 장관에 의해 1954년 7월 초 발표된 한글 간소화 방안은 각계의 치열한 반대로 한글 파동이 격화되었을 뿐 결국 1955년 9월 대통령의 철회로 파동은 끝나고 말았습니다.

●●● 선생님 말씀을 보충할 겸, 1954년 1월 7일 이후의 상황을 자료를 통해 확인해 봤습니다. 1954년 2월 10일에 김법린 문교부장관이 사임했고 1954년 3월 27일에 석 달 안에 한글 간소화를 시행하라는 이승만 대통령 특별 담화가 발표되었습니다. 그리고 한글학회 총회에

1) 리승만. 「독립정신」(1904) 한글 표기

　을투다 나라이 읍스면 집이 어딕 잇스며 집이 읍스면 나의일신과 부모쳐자와 형
뎨자매며 얼후 자손이 다 어딕셔 살며 어딕로 가리오 그럼으로 나라이 인진된자는
상하귀쳔을 물론호고 화흉안위가 다 일톄로 그 나라에 달녓나니 비컨디 만경
창파에 배탄것 갓후여 바람이 순호고 물졀이 고요홀쌔는 웃망고 노졋누기를
젼혀 사롱을의게 맛쳐우고 모은 셤객들은 각각 졔 누씃대로 울녀가 잠도자며
한가히 구경도호며… (1면 쥼로 모우)

　이적은 일아젼쟁젼에 셔울 감옥셔에셔 거젹 소리와 챡코빗쳬 쏭쏭 갑초아
가며 지톡호야 一九○四년九월에 쳘슐가와 잡셰방송되엿다가 一九○五년간에
박학소 웅만씨의 루뎡코빗챵에 참초여 태뎡양을건나 하와이을 지나 미쥬
에들어가 쵸흔조슈텬디에셔 방어업시 어려움을넘어나니다가 一九○九년一
월에 덩녕 미쥬에셔 쳐음으로 츨셰홀나 졉후 위협호졍졍도 만혀지벗거니와
맛츰닉 츨셰호겻은 실로 희한호다 홀겟다 (1917. 3. 1. 뎨二챠셔문 모우)

2) 문교부. 「한글簡素化方案」(1954. 7. 3) 한글 표기

　셰계 만방에 으뜸가는 글자을 가지고 잇는 우의 겨레로셔는 그간 시대에 맞
고 족민이 오죽하는 통일된 뤂기을 애써 왓스며, 특히 이를 위하여 전력을
기우린 학자와 유지의 공헌으 큰 바가 잇섯다. 그러나, 새로 졍리된 그 어룬

서 1954년 4월 18일에 한글 간소화 방안 반대 성명이 나왔고 이선근 신임 문교부장관이 1954년 4월 22일에 취임했습니다.

◆◆◆ 그러면 이승만 대통령이 생각한 기음법이란 어떤 것인가? 추정 해본다면 우선 1904년에 이승만이 저술한 《독립정신》이라는 책이 있어요. 거기에 쓴 철자를 한번 생각해볼 수가 있어서, 그 예를 들 수가 있겠습니다.

또 그다음에 1954년 한글 간소화 방안이라는 것이 실제로 발표됩니다. 거기 나온 표기를 보면, 공무원들이 한글 간소화 방안을 정해서 발표하기 전에 이승만 대통령한테 그래도 물어보고 했을 테니까 거기 나온 표기가 이승만 대통령이 바라는 거 아니었겠나 싶어요. 그러면 그 간소화라는 게 아마도 우리 전공 분야에서 말한다면 이른바 그 표음 표기라고 해야 되지 않겠나 싶습니다.

●●● 선생님께서는 한글 간소화가 발표되었을 때 문화계의 반대 성명이 있어서 1차 파동이라고 하셨습니다. 한글 파동을 1차 파동과 2차 파동으로 구분한다면 1차 파동은 언제고, 2차 파동은 언제인지, 그 차이는 무엇인지 다시 한번 말씀해주시겠습니까?

◆◆◆ 한글 간소화에 대해 제일 먼저 반대가 나온 게 아마 무슨 문학 가협회인가. 그 명칭이 얼른 기억이 잘 안 나는데…….

●●● 전국문화단체총연합회입니다.

◆◆◆ 결국 파동이라고 그러면 반대가 일어나야 파동이니까 1953년 국무총리 훈령으로 한글 간소화를 결정하고 발표한 거는 파동이라고 하기는 어려울 거예요. 제1단계라 할 수는 있어도. 1954년 7월에 구체적으로 〈한글 간소화 방안〉이라고 하는 제목으로 정식 발표가 됐습니다. 그런데 이전부터 한글 맞춤법에 대해 학계 일각에서는 못마땅하게 생각하는 의견이 있었습니다.

지금 기록으로 남은 것을 본다면 1947년에 《국어교육의 당면한 문제》라는 저서를 내신 당시 서울대 국문학과 교수 조윤제 선생께서 하신 말씀이 있는데, 이것은 전공계에서 모두가 공감하는 가장 정확한 지적이고 평가라고 할 수가 있습니다. 그 책에서 한글 맞춤법에 대해 비판한 부분을 읽어보겠습니다.

"이미 한글 맞춤법에 대하여 정연한 논리와 조직적인 설명과 과학적인 문법미를 갖추어 누구나 조선어의 세계적 우수성에 감탄하고 자부심을 가지지 않을 수 없으나 이런 전제하에 이것을 냉정히 다시 생각하여 좋게 보면 어원론이요, 나쁘게 말하면 문자의 노름이다. 만일 이것이 노름이라 한다면 길게 할 것은 아니요, 어원론이라고 한다면 학자의 연구실에서나 쓰일 수 있을 일이지 일반 대중에게는 사용될 성질의 것은 아니다. 사실로 나는 확실히 단언하노니 한글식 철자법은 학자 연구용이지 일반 국민용은 아니다."

이것은 아마 비교적 정확한 평가라고 볼 수 있습니다.

●●● 말씀하신 '전공계'란 서울대 문리과대학 국문학과와 관련된 사람들을 가리키는 말로 보입니다. 그래도 조선어학회 맞춤법에 대한 이견을 보여주셨다는 점에서 필요한 자료라고 봅니다. 당시 표기법

문제로 학계 내에서 갈등이 심했습니다. 당시 상황에 대해 선생님의 생각을 듣고 싶습니다.

◆◆◆ 1947년에 한글 맞춤법에 대해 조윤제 선생의 신랄한 비판이 있었지만, 한글 맞춤법에 대해서는 성안 전인 1932년 12월부터 이른바 정음파와 한글파의 대결이 매우 거셌습니다. 그리고 1933년 10월 한글 맞춤법이 발표된 후에는 더욱 가열되었습니다.

한글 맞춤법을 둘러싼 이 투쟁은 일제의 조선어학회 사건 조작으로 투옥된 조선어학회의 중진들이 해방 후 출옥해 나오면서, 맞춤법 문제는 한글파의 판정승으로 끝났습니다. 즉 정음파는 쑥 들어가고, 한글파가 판정으로 이겼다 이렇게 볼 수 있습니다. 그래서 해방과 함께 아무 저항도 없이 국어 규범으로 굳어졌는데, 이번에 대통령의 권력에 의한 도전을 다시 받게 되었던 것입니다.

당시 명칭이 한글 간소화라고도 하고, 한글 간이화라고도 하고 두가지 용어가 쓰였어요. 이 대통령이 자기가 젊어서 사용하던 구식 표음 표기 기준에서 현행 한글 맞춤법을 복잡하고 괴이하게 보고 폐기를 요구할 때 사용한 명칭입니다.

그런데 한글 맞춤법 통일안을 해방 후에 국어 규범으로 사용한다는 기록은 어디에도 없어요.[11] 그러니까 자연히 굳어진 거라고 생각합니다. 이는 조선어학회가 일제하에 민족 운동을 했기 때문에, 으레 다 그렇게 알고, 또 그래서 한글 맞춤법을 반대한 사람이 거의 없었다는 정황을 생각할 수 있습니다.

한글 간소화 파동 와중에 급속히 활동이 활발해진 것은 해당 학계였습니다. 국어국문학회는 선두에 서서 반대 성명을 냈고, 각 대학 해당 교수들이 단합하여 교수단 명의로 반대했으며, 한글학회도 나서서 반대했습니다.

●●● 한글 맞춤법 통일안은 한글학회에서 만들었기 때문에 한글 간소화 방안에 반대한 것은 자연스럽다 할 수 있지만, 당시 국어국문학회가 한글 간소화 방안을 선두에 서서 반대한 이유가 무엇이었는지 궁금합니다.

◆◆◆ 국어국문학회가 반대한 이면을 들여다보면, 맞춤법을 이 대통령의 권력에 의해 바꾼다는 데 대한 반항도 있지만 그거보다 더 강했던 것은 독재자 이승만을 기회만 있으면 규탄하고 싶다는 마음이 있었다고 생각합니다. 특히 국어국문학회의 회원들은 그때 거의 20대로 젊고 혈기 발랄한데, "독재를 보고는 참을 수 없다" 그래서 가장 먼저 선두에 섰습니다.

지금 회고해보면 당시 국어국문학회에서 발표한 한글 간소화의 반대 성명서를 내가 썼어요. 국어국문학회에서 나보고 쓰라 했지요.

그래서 내가 반대성명서를 쓸 적에 〈한글 간소화 방안 이유 편에 대한 반대〉라 해서 학술적으로 반대하겠다는 그런 의미에서 썼어요.

●●● 국어국문학회의 여러 회원 중 선생님을 지명한 이유는 무엇이었는지 궁금합니다. 그런데 아까도 말씀하셨지만 선생님은 조윤제 선생의 한글 맞춤법에 대한 비판을 비교적 정확한 평가라고 하셨습니다. 성명서를 쓰신 것과 조윤제 선생의 비판에 동조하신 것은 모순된다고 할 수 있는데, 그렇다면 선생님의 한글 맞춤법에 대한 당시 솔직

한 생각은 어떠셨는지 궁금합니다.

◆◆◆ 나는 말하자면 해방 전부터 조선어학회 한글 맞춤법 통일안을 비교적 일찍이 꿰뚫고 있었습니다. 또 해방이 되자 조선어학회의 국어 강사 자격 검정 시험에 합격해서 그것으로 전공을 잡았고, 그것이 계기가 돼서 국어학을 전공하게 된 거라고 볼 수 있습니다. 그러면서도 내 스스로 생각하기에는 "맞춤법 이게 너무 어렵다, 민중을 생각할 때 어떻게 하면 좋으냐" 이런 생각이 한편으로는 있었습니다.

그런데 국어국문학회에서 한글 파동이 터지자 모두 나보고 "(한글 간소화) 반대 의견문을 써라" 그랬어요. 내가 전공이니까 나보고 쓰라고 했어요. 당시 (국어국문학회 내에서) 어떤 말이 돌았느냐 하면 '우리나라에서 현행 맞춤법을 가장 정확하게 아는 것은 김민수밖에 없다' 그럴 정도였습니다. 그래도 오랜 시일 동안 제가 맞춤법을 알고 썼으니까.

당시에 맞춤법은 원래 어려우니까 전공 교수라도 거의 틀렸거든요. 또 국어 교사도 거의 다 틀리거든요? 그런데 내가 쓴 거 보면 다 맞았으니까, 그래서 내가 국어국문학회 내에서 현행 맞춤법을 가장 정확하게 안다고 한 것 같아요.

그런 상황에서 내가 "야, 그러면 나처럼 맞춤법 잘 아는 사람만 살아남고 (맞춤법 모르는) 다른 사람은 다 죽어야 하느냐?" 그렇게 생각하지 않았어요. 누구나 무조건 맞춤법을 다 알아야 한다고 생각했냐면 그렇지 않았어요. 나는 성격상 그런 생각이 전혀 없었어요. 그런데 이렇게 한글 간소화 사건이 나고 또 학회에서 한글 간소화의 반대 의견문을 쓰라고 그러니까. 그래서 내 생각을 학회를 통해서 발표한 거예요.

●●● 선생님은 정식으로 한글 맞춤법 교육을 받지 않은 다른 사람들에 비해 맞춤법을 잘 알고 계셨지만 다른 사람들도 선생님처럼 한글 맞춤법을 다 알고 있어야 한다고 생각하지는 않으셨다고 이해하겠습니다.

그렇다면 선생님은 심정적으로나 학술적으로나 한글 맞춤법에 대해 비판적인 생각은 가지고 계셨으나, 당시에 간소화 방안을 주장하신 분들의 논리도 부족했기 때문에 그에 대한 학술적 반론을 국어국문학회 성명서에 쓰신 거군요. 그럼 당시 한글 간소화안에 대해서 세대별로 견해가 다르지는 않았습니까?

◆◆◆ 연로한 측에서는 한글 간소화에 대해 자세히 모르지요. 사실은 전공자 아니면 맞춤법에 대해 자세한 걸 모르니까, 연로한 사람은 '아 이래야지, 쉬워야지' 하고 한글 간소화를 지지하는 편이었죠. 한글 맞춤법에서 가장 문제가 되는 게 가령 '죽음' 하면 '죽다'에 'ㄱ' 받침을 하는데, '주검' 하면 발음대로 써요. 이걸 당시 일반 사람이 어떻게 기억하겠어요. 그걸 구별 못 하거든. 한글 간소화안은 말하자면 그런 것을 일반화해서 쉽게 하겠다는 데 있으니까요.

●●● 앞서 나눈 이야기처럼 한글 표기의 규범화 과정에서 의견이 다른 사람들이 있었는데 결국 한글 맞춤법이 공식화되었습니다. 그런데 그렇게 공식화된 한글 맞춤법에 대해 국어국문학회가 반발한다는 인상이 듭니다.

◆◆◆ 국어국문학회가 한글 파동이 지난 후, 5·16군사쿠데타 이후에

박정희 정부에 건의한 게 있었습니다. 국어국문학회 자체에서 간소한 맞춤법안을 만들어서 현행 맞춤법을 수정해야 한다는 제안을 한 거지요. 이것이 당시 국어국문학회 내에서의 분위기였죠. 대부분 공통되는 분위기가 그때 나타난 것이지요.

그렇지만 이승만 대통령의 한글 간소화 파동 때에는 무슨 일이 있어도 일단 독재를 물리치고 봐야 한다, 이것 때문에 국어국문학회가 한글 간소화 파동 때는 반대한 것으로 배경을 짐작할 수 있습니다. 그런데 맞춤법이라는 게 전공자 아니면 사실 이 문제는 말할 수가 없는 부분입니다.

국어국문학회의 〈국어정서법〉안

국어국문학회에서 제안한 국어정서법의 총론은 "국어정서법은 우리말을 표음문자의 본질과 표의성의 장점을 조화시켜 적는 것을 원칙으로 한다"이다. 이에 따라 《한글 맞춤법 통일안》보다 표음성을 강화했다.

구개음화한 말의 경우 해도지(해돋이×), 가치(같이×), 구지(굳이×), 가치다(갇히다×) 등으로, 'ㄷ받침'의 경우 이튿날(이튿날×), 며칫날(며칟날×), 홋이불(홑이불×) 등으로, 피사동사의 경우 발키다(밝히×), 노피다(높이다×), 나추다(낮추다×) 등으로 표기한 것이 대표적이다.

●●● 그러나 국어국문학회의 제안은 받아들여지지 않았지요. 독재자의 돌출적 결정이 아니라 전공자들의 학술적인 검토 결과였는데도 수용되지 않은 것은 맞춤법을 바꿀 수 있는 시기가 지났다는 정책적 판단이 내려졌기 때문이 아닐까 생각합니다. 그런 점에서 이숭녕 선생의 "바꾸려면 해방 직후에 바꿨어야 한다"(〈국어교육계의 과제〉, 《조선교육》 1-2, 1947)는 지적이 생각납니다.

◆◆◆ 내 생각에 해방 직후에 서둘러서 조선어학회가, 이제 새 시대가 왔으니까, 그때는 학회만이 아니라 학회 이외의 사람도 모아서, 학회가 새로운 맞춤법안을 작성해서 정부에 냈어야 옳아요. 근데 내가 보기엔 전부 좁쌀알들만 모여서 생각도 안 하고 새로운 맞춤법안을 정부에게 낸다고 그러면 다 역적으로 몰려고 했던 분위기가 있었지 않나 짐작을 합니다.

'얼음'. '얼음' 하면 '얼다'에서 와서 '얼음'인데, '거름'하면 '걸다'에서 왔는데 또 발음대로 '거름'으로 써요. 그걸 어떻게 구별해요? 이게 문제가 있는 건 확실하죠. 그러니까 그런 경우에는 전부 발음대로 쓰게 얼음도 어름, 거름도 거름으로 써야 하죠. 그때 그 시기에 그런 안이 수용됐으면 지금 국어 규범이 변했을 텐데 그대로니까 안 된 거지요. 학회의 반대나 의견보다 지금 그 공무원들 정부 고위층에서 나태했던 게 문제라고 생각합니다. 그냥 그대로 두는 게 제일 편하다고 생각하니까 아마 그랬던 것이 아닐까 싶어요.

●●● 당시 한글 간소화와 관계된 정부 관료들이 누구였는지 그리고 한글 간소화에 대한 그분들의 입장과 태도는 어떠했는지에 대해 기억하고 계십니까?

◆◆◆ 그때 이선근이라는 사람도 서울대 문리과대학 정치학과 교수였는데, 괴상한 사람이지, 장관하고 싶어서 "한글 간소화를 하겠다, 석 달 안에." 이것도 참. 그렇다고 또 그런 사람을 냉큼 장관을 시키는 그런 시대였어요.

김법린 장관 같으면, 그 사람이 불교인인데 한글 간소화를 대통령이 자꾸 하라니까, 이거 어떻게 문교부장관이 그런 걸 하나, 그래 물러나야 되겠다 생각한 거 같고 또 최현배 편수국장은 사실 자원해서 국어 정책을 완전히 수중에 장악해서 뜻대로 하려고 들어갔는데, 한글 간소화를 하라고 하니까……, 짐작이 가죠. 이게 건의해도 수용이 안 되고 어렵겠다 싶었던 거죠. 또 실은 본인도 조선어학회 사건으로 감옥에서 징역을 살고 나왔는데, 조선어학회를 대표하는 사람으로서 이승만 대통령의 한글 간소화안을 수락하는 것이 도저히 안 되겠다고 생각해서 물러난 거 같아요.

●●● 저희가 자료를 찾아보니 1978년 8월 8일에 발표한 심악 이숭녕의 회고문인 〈한글 소동〉[12]을 보면 한글 간소화안을 채택하기 위해 열린 국어심의회 이야기가 나옵니다. 김법린 문교부장관이 이승만 대통령의 뜻에 어느 정도 부응하는 것으로 보이기 위해 국어심의회를 조직하고, 한글분과위원회 위원장으로 이숭녕 선생을 임명해 회의를 진행했다는 이야기죠. 여기에 국어심의회의 최종 선택 과정에서 이숭녕 위원장이 '부ㅊ'를 선택해 논의가 원점으로 돌아갔고, 이를 수습하는 과정에서 국어심의위원회 위원장 백낙준이 김법린 장관과 최현배 편수국장에게 한글 맞춤법을 지키고자 한다면 사임할 것을 권유했고, 김법린 장관과 최현배 편수국장이 이를 수락했다는 내용이 나옵니다.

◆◆◆ 당시 국어심의회에서 한글 간소화를 어떻게 할 거냐, 할 거냐 말 거냐를 결정해야 하는데, 최종 결론이 '한글 간소화는 풀어쓰기에 있다'고 결론을 내린 거예요. 사실 그러한 결론을 내리라고 한 게 아닌 것은 누구나 다 알지요. 그 상황은 국어심의회 위원들이 대통령에

게 오리발을 내놓을 수밖에 없는 상황이어서 그렇게 결론을 낸 건데, 그건 장관이나 편수국장이 예상한 게 아니었을 겁니다.

1-3. 로마자 표기법에 대한 의견

●●● 앞서《들온말 적는 법》의 문제에 대해 언급하셨지만, 이러한 로마자 표기법 규정이 만들어지게 된 맥락을 중심으로 선생님의 말씀을 들어봤으면 합니다.

◆◆◆ 앞서도 말했지만, 로마자 표기와 관련한 정부의 정책으로《들온말 적는 법》이라는 것이 있었습니다. 1952년 10월이니까, 전쟁 중에 부산에서 책으로 출판이 됐습니다. 환도해서 교과서 편찬이나 이거 할 적에 이《들온말 적는 법》을 정부에서 결정해야 했습니다. 왜냐하면 이것을 적용해서 교과서 편찬을 해야 됐거든요.

《들온말 적는 법》이 1952년 10월 부산 피란 때 나왔는데, 그 책의 설명에 보면 당시 그 위원회에서 결정한 거다 그랬거든요? 근데 내 짐작에 그거는 거짓말 같아요. 책에 보면 가령 외래어 표기에 F는 ㅍ 옆에다가 동그라미를 하게 돼 있어요. V는, V 자는 ㅂ 옆에 동그라미. 이렇게 쓰는 근거가 어딨느냐? 외솔의《한글갈》에 나와요. 외솔이 자기주장을 갖다가 규범으로 제시한 거라고 봅니다.

그런데 편수국장 됐다고 자기 맘대로 그러면 돼요? 그러다가 결국 이게 폐지되고. 다음에는 김선기가 나서서 또 자기 안대로 해놓고. 정부 정책이라는 게 이러면 안 되는 거라고 생각합니다. 왜? 자기가 권력을 잡았으면 그 장관이나 차관이 됐으면 사계의 사람들 많이 모아 놓고 거기서 난상토의를 하고, 어떠한 방향을 잡아서 할 수도 있잖아요? 그걸 못한다면 그게 사실은 장관이나 차관 자격이 없는 거죠.

이 규정을 적용하다보니까 문제가 하나둘이 아니에요. 1956년에 정부는 국어심의회에 로마자 표기 문제에 대한 방안을 위촉하게 됐어요. 그 과정에서 이 책의 내용이 당시 한글의 로마자 표기법으로 채택되었습니다.

우선 ㄱ을 k로 할 거냐 g로 할 거냐. 요게 기본적인 문제가 돼요. ㄱ을 k로 표시해도, 그 반대의 경우도 마찬가지죠. k를 ㄱ으로 하나 ㅋ으로 하느냐. 그래서 ㄱ을 k로 표기하는 것을 B안이라 했어요. 1958년 10월에 로마자 〈로마자 한글화 표기법〉에서는 ㄱ을 g로 표시, 표기하자. 이것을 A안이라고 했어요. 그래서 A안을 결정, 공포했습니다. 또 1959년 2월 한글의 로마자 표기법으로 폐기했던 A안을 결정, 공포했습니다. 이것은 취임한 문교부차관 김선기가 그해 국어심의회 의장으로서 한 결정이었습니다.

이 문제는 이후 왔다 갔다 그렇게 다시 번복되는 혼란을 겪게 됩니다. 부산에 온 외국인이 P자를 표기한 부산은 어디냐고 묻는 해프닝이 나돌기까지 했습니다. 근데 김선기는 자기 이름도 김을 GIM으로 써요. 그래서 김선기 교수에게 이건 짐이 아니냐고 그랬더니 "짐 아니다 김이다" 그런 일도 있었습니다.

전에 정신문화연구원(현재의 한국학중앙연구원)에서 세미나가 있었습니다. 거기서 내가 주제 발표를 했어요. 그래서 외래어 표기에 대해 발표하며 김선기 얘기를 죽 했어요. 김선기가 참석을 했는데, 아주 못마땅해서 웬만한 건 다 아니라고 그러고, 그런 게 좀 기억이 나네요.

●●● 선생님이 방금 전에 말씀하신 에피소드가 1979년 당시 한국정신문화연구원에서 펴낸 《국어의 순화와 교육》에 실려 있습니다. 이 책 147~164쪽에 선생님의 발표문인 〈외래어 표기에 대한 반성과 문제점〉이 실렸고, 당시 선생님 발표 현장에서 김선기 선생이 정정 요구를 한 내용이 실려 있습니다. 책을 보면 선생님께서는 그 자리에서 1958년 문교부의 〈로마자 한글화 표기법〉이 김선기 선생의 개인 안이라고 하셨고, 김선기 선생은 "국어심의위원회 외래어분과장으로서 그 안을 만드는 데 조력은 많이 했으나 저 개인의 안이 아님을 밝힌다"고 반박하셨다는 기록이 있습니다. 기록 확인을 통해 선생님 말씀을 정리하고 다음 주제로 넘어가겠습니다.

2.
국어 규범 사전의
출판

2-1. 한글학회 편《큰사전》의 완간과
규범 사전 시대의 개막

●●● 1950년대 후반은 우리나라 최초의 규범 사전이라고 할 수 있는 한글학회《큰사전》이 발간된 시기입니다. 선생님께서는《큰사전》편찬에 직접 참여하셔서서 이와 관련하여 하실 말씀이 많으실 것 같습니다. 사전 편찬과 관련한 이야기를 하시기 전에, 사전 편찬을 마무리할 시기의 시대 상황에 대해 먼저 짚어주셨으면 합니다.

◆◆◆ 환도 후에 정계는 1954년 11월 그 부결된 개헌안을 다시 또 통과시키는 이른바 사사오입 개헌, 1958년 12월 여당만의 법안 통과, 이른바 2·4파동 등으로 소용돌이쳤습니다. 종신집권을 위한 이승만

대통령의 이러한 부정은 1960년 4·19혁명으로 좌절되었고 결국 이 승만 대통령은 권좌에서 쫓겨나게 됩니다.

내 생각에 이승만 대통령의 가장 큰 죄악은 국민에게서 산 많은 원한이었습니다. 언급한 대로 그는 사변이 터지자 대전으로 내려가버렸습니다. 서울 사수를 장담하더니 9월 수복 이후에는 서울에 남은 사람들을 부역자라고 해서 무수히 총살해버렸습니다. 보도연맹원의 집단 학살, 미군의 양민 몰살 등도 다 불법 살해였습니다.

그때 국어학계의 활동은 점차 본격화되어갔습니다. 1956년 11월 대구에서 어문학회가 창립되어 어문학 학회지가 창간되었는데 이것이 제가 알기로는 최초의 지방학회였습니다. 그리고 1958년 11월 국어국문학회에서 최초로 전국 연구발표대회를 개최하기 시작한 것은 경향 각처 학계가 하나의 광장에서 연구의 교류와 심화를 도모한 점에서 주목할 일이었습니다.

●●● 앞서도 말했지만, 선생님께서는 한글학회 《큰사전》 편찬 일을 하셨습니다. 자료를 보니 《큰사전》 여섯 권은 한꺼번에 나온 것이 아니라 10년에 걸쳐 나오게 되었습니다. 첫 권이 나왔을 때 무슨 일이 있었는지 이야기해주시기 바랍니다.

◆◆◆ 6·25사변으로 중단된 한글학회 《큰사전》 전 6권의 완간은 일제하 민족 운동의 한 징표이기 때문에 거족적 기대 속에 소생하기 시작해서 드디어 결실을 나타내게 되었습니다.

《큰사전》 완간 10년은 짧지도 않고 우리 민족 수난사처럼 험로를 걸어왔습니다. '사전 여섯 권 간행하는 데 10년이 걸렸다' 그러면 '참으로 기구한 생애였다'라고 해야 하겠지요. 1942년 10월 일본 경찰의 원고 압수뿐만 아니라 해방 후 사전 편찬을 재개한 후에도 고난이 연속되었습니다. 이 사전 제1권이 출판되자 문화계의 환영은 대단했습니다. 이듬해 종로 YMCA 강당에서 출판기념회가 개최되었습니다. 이 건물은 나중에 화재가 났어요. 화재 나기 전에는 적벽돌 건물이었습니다.

출판기념회, 좌파 주최 축하회는 성황을 이루었습니다. 정지용 시인의 유머러스한 사회로 월북한 홍명희 조선문학가동맹 위원장이 기념사를 하게 되었는데 그때는 기념사를 정지용 시인, 그러니까 사회자가 대독을 했습니다. 당시 기념회에 참석해서 그 순간, 그 장면을 보고 긴장했던 기억이 아직도 삼삼합니다.

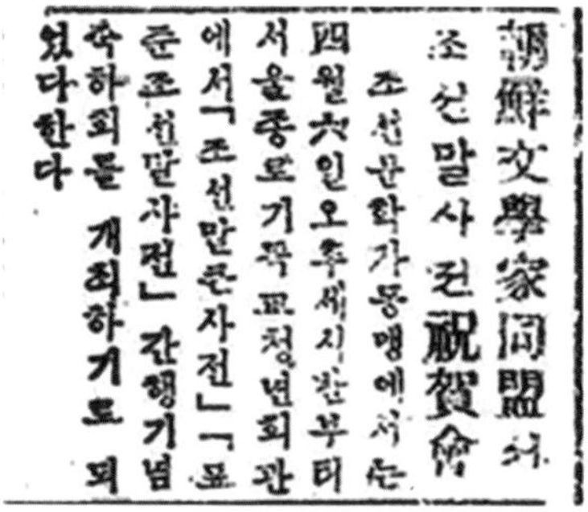
朝鮮文學家同盟서
조선말사전祝賀會
조선문학가동맹에서는 四월六일오후세시반부터 서울종로기독교청년회관에서「조선말큰사전」「표준조선말사전」간행기념 축하회를 개최하기로 되었다한다

〈그림 19〉 조선문학가동맹의 《조선말사전》 축하회 기사
《경향신문》 1948년 4월 6일 자에 실린 조선문학가동맹의 《조선말사전》 축하회 개최 기사.

《조선말큰사전》 간행 기념회

《신민일보》 1948년 4월 5일 자 기사에는 조선문학가동맹 주최 《조선말큰사전》, 《표준조선말큰사전》 간행기념회 회순과 가람 이병기의 시조 〈국어대사전간행축國語大辭典刊祝〉이 실려 있다. 기사에 실린 회순과 김민수 선생이 기록한 회순을 비교하면 다음과 같다.

- 1948년 4월 5일 《신민일보》에 실린 축하회 회순

  사회: 정지용
  개회사: 염상섭
  기념사: 홍명희
  조선말큰사전 간행에 대하여-이극로
  이윤재 선생과 표준 조선말사전-정인승
  시 낭독: 이병기, 설정식
  축사: 안회남, 박태원
  답사: 장지영, 김병제
  을유문화사와 어문각에 감사장 전달

- 김민수 선생이 육필로 기록한 축하회 회순

  1948.4.6.(화). 하오 3시 반부터. 서울 종로 기독교 청년회관에서.
  주최: 조선문학가동맹 대표 이병기
  사회: 정지용 시인
  축하회 진행 순서
  기념사: 문학가동맹 위원장 벽초 홍명희(사회 대독)
  말씀: 이극로 "조선말큰사전 간행에 대하여"
  말씀: 정인승 "표준조선말사전과 이윤재 선생"
  축가: 박은용(음악가동맹) 축복의 독창
  축시 낭독: 가람 이병기 시조 "조선말큰사전 간행을 축하함"
  축사: 박태원(소설가)
  축시 낭독: 薛貞植 "桓山 李允宰 先生께 드리는 노래"
  축사: 안회남(소설가)
  화분 증정: (이극로 박사 대표로 받자 박수)
  축사: 중앙여자대학 국문학부생 대표 조명시 "기려 올리는 말씀"
  답사: 정지영 "조선말큰사전에 대하여"
  답사: 김병제 "표준조선말사전에 대하여"
  감사장: 조선문학가동맹 중앙위원회 致謝 語文閣(표준조선말사전)
  감사장: 조선문학가동맹 중앙위원회 致謝 乙酉文化社(큰사전)
  폐회: 밤 6시 넘어
  만찬회: 출판사 정음사 최영해 초청(2층 식당에서)

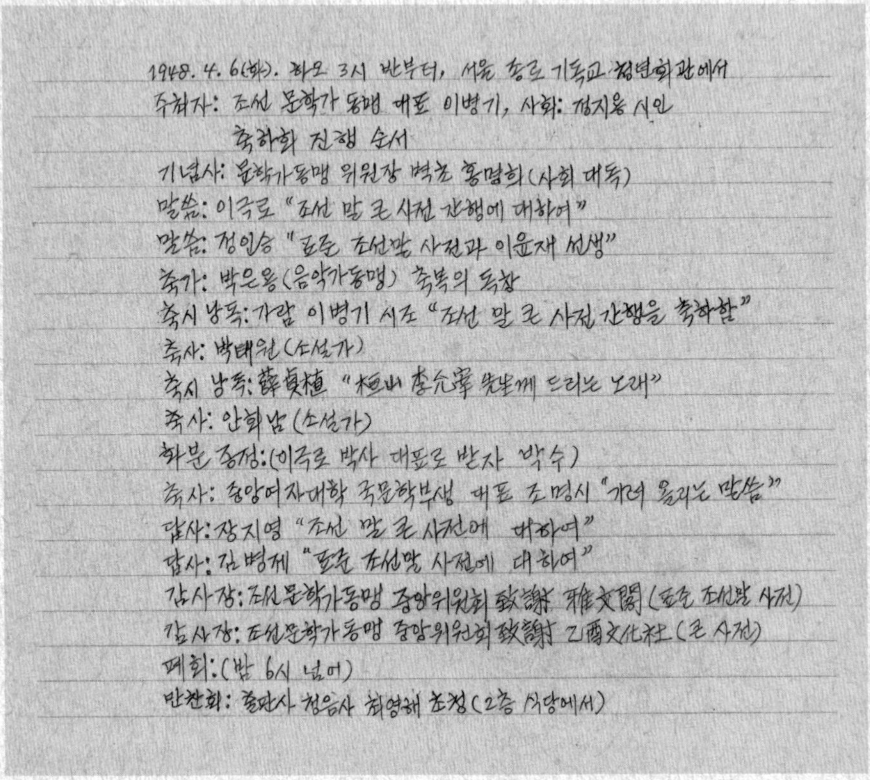

1948. 4. 6(화). 하오 3시 반부터, 서울 종로 기독교 청년회관에서

주최자: 조선 문학가 동맹 대표 이병기, 사회: 정지용 시인

　　　　축하회 진행 순서

기념사: 문학가동맹 위원장 벽초 홍명희 (사회 대독)

말씀: 이극로 "조선 말 큰 사전 간행에 대하여"

말씀: 정인승 "큰 사전 조선말 사전과 이윤재 선생"

축가: 박은용 (음악가동맹) 축복의 독창

축시 낭독: 가람 이병기 시조 "조선 말 큰 사전 간행을 축하함"

축사: 박태원 (소설가)

축시 낭독: 薛貞植 "桓山 李允宰 선생께 드리는 노래"

축사: 안회남 (소설가)

화분 증정: (이극로 박사 대표로 받자 박수)

축사: 중앙여자대학 국문학부생 대표 조명시 "가려 올리는 말씀"

답사: 장지영 "조선 말 큰 사전에 대하여"

답사: 김병제 "큰 조선말 사전에 대하여"

감사장: 조선문학가동맹 중앙위원회 致謝狀 雅聲閣 (큰 조선말 사전)

감사장: 조선문학가동맹 중앙위원회 致謝狀 乙酉文化社 (큰 사전)

폐회: (밤 6시 넘어)

만찬회: 출판사 청음사 최영해 초청 (2층 식당에서)

〈그림 20〉 축하회 회순

김민수 선생이 육필로 기록한 축하회 회순.

●●● 선생님 말씀에 의하면 좌파 주최 축하회였는데요. 조선어학회에서 직접 축하회를 하지 않고 조선문학가동맹에서 축하회를 하게 된 경위는 혹시 알고 계시나요?

◆◆◆ 내막은 자세히 모르겠지만 아마도 제 추측에 출판기념회를 조선어학회 스스로 하기보다 이런 전국적인 문화단체가 했다는 것으로 더 영광스럽게 하자는 뜻이 아니었을까 그렇게 생각합니다. 조선어학회의 민족어 운동, 또 조선어학회 사건, 사전 편찬, 이런 것들은 당시 북측에서도 존경하던 것이었습니다. 그래서 그렇게 됐고.

이 기념회의 또 하나의 특징은 명칭입니다. 명칭이 '조선문학가동맹 주최 《조선말 큰사전》, 《표준 조선말 큰사전》 간행기념회'였습니다.

《큰사전》 제1권은 1947년 10월에 《조선말 큰사전》이라는 명칭으로 간행됐는데, 요거는 일제시대의 《조선어 대사전》을 우리말로 바꾼 명칭입니다. 그리고 《표준 조선말 사전》, 이거는 이윤재 선생이 개인으로 사전 편찬을 해서 원고를 작성하다가 감옥에 가서 옥사하는 바람에 미완성인데 그 사위인 김병제 선생이 해방 후에 정성을 들여서 그 원고를 완결지어서 출판을 한 겁니다. 그래서 이 행사에는 그 옥사한 이윤재 선생의 영혼을 추모하는 의미도 있었다고 생각합니다.

이날 이 두 책에 대한 기념 축하회를 동시에 열었고 이 기념회에는 조선문학가동맹 그리고 대표는 이병기 이렇게 표시해서 청첩을 돌렸습니다. 내 생각에는 위원장 홍명희가 북쪽에 월북한 관계로 아마 이병기 선생이 대표로 이렇게 되었다고 봅니다.

●●● 당시 《경향신문》 1948년 4월 20일 자, 《동아일보》 1948년 4월

21일 자 기사를 보면 평양에서 열린 남북연석회의 참석을 위해 4월 19일에 김구 선생 출발과 함께 홍명희 선생도 북한으로 출발했다는 내용이 있습니다.[13] 말씀하신 시기를 정확하게 파악해보면 4월 6일 조선어학회와 조선문학가동맹의 출판기념축하회 때는 홍명희 선생이 월북한 상황은 아니고 다른 일로 못 오신 게 아닌가 싶습니다.

그런데 이병기 선생이 조선문학가동맹 이름으로 청첩을 돌렸다고 하셨는데, 그때 선생님이 보시기에 이병기 선생의 정치적 성향은 어 떠했다고 기억하십니까?

◆◆◆ 이병기 선생은 제 서울대 문리과대학 은사이신데 그분은 좌파, 우파라는 개념을 안 가지고 계세요. 일생 동안 시조 부흥 운동을 일으 키고, 시조 작가를 하다 보니까 문인들하고 교류가 많았어요.

사실 해방 후에 문학가들은 거의 좌파였어요. 우파는 김동리와 조 연현 등 몇 사람뿐이었고. 그런 점에서 보면, 이병기 선생이 조선문학 가동맹에서 활동하신 것은 친구가 다 거기 있으니까 어울리신 것 아 닌가 그렇게 생각합니다. 이병기 선생은 그 활동 때문에 6·25사변 후 에 큰 곤욕을 치르셨어요. 문학가동맹에서 무슨 활동을 했느냐 하면 서 끌려가서 고문도 당하시고 고초를 겪으셨습니다.

당시 선생의 명목은 문학가동맹 대표로 되어 있으니까 6·25 지난 후에 그런 일이 가능할 법 했겠네요. 그 6·25 후에 요것이 문제가 된 게 아니라 문학가동맹에 관여한다는 거는 뭐 다 알려진 사실이니까, 그래서 경찰에서 아마 그렇게 했던 것 같아요.

●●● 당시 조선어학회와 조선문학가동맹의 사전 출간 축하연은 어떤

행사였습니까?

◆◆◆ 그때 보면 이극로 선생이 《큰사전》에 대해 말씀하셨고, 정인승 선생은 이윤재 선생의 《표준 조선말 사전》에 대해 말씀을 하셨고, 음악가가 축복의 독창도 하고, 가람이 또 시조, 그 축시를 낭독을 하셨어요.

설정식薛貞植이라는 분은 아주 뭐 철저한 좌파 시인인데 환산 이윤재 선생께 드리는 노래, 아주 장시예요, 길어요. 서사시예요. 이걸 낭독했는데 그 시가 당시 아주 화제에 오르고 유명했었습니다. 이분이 영문학과를 나와서 영어를 잘 하니까 정전회담에서 통역한 기억이 나요.

당시 행사에서 《조선말 큰사전》을 출판한 을유문화사, 《표준 조선말 사전》을 출판한 어문각, 여기에도 감사장을 주었습니다. 생각해보면 그때 그 행사는 그런 예가 드문 기념회, 축하회가 아니었던가 싶습니다. 그리고 행사가 끝나자 정음사 사장 최영해가 그 식당에서 만찬회를 베풀었어요. 나도 그 자리에 참석을 해서 일일이 다 봤지요.

정지용 시인이 행사를 유머러스하게 하던 기억은 지금도 눈이 선합니다. 뭐냐 하면 정지용 시인이 그 단상에서 왔다 갔다 하면서 이렇게 농담을 했어요. "제한된 지역에서 자유롭게 움직이겠다"고. 그 말이 뭐냐 하면 그때 UN에서 우리한테 총선을 하라고 그랬어요, 남북통일을 위해 총선하라 그러고 통일정부를 세운다고 했어요. 그런데 북쪽에서 반대하니까 그 무슨 사절단이 왔어요. 선거 감시하라는 사절단. 그때 UN에서 말하는 것이 그 '가능한 지역에서 자유선거'예요.

행사장에서 정지용 시인이 이를 빗대어 자신은 단상에서 벗어날 수는 없지만 자유롭게 움직이겠다고 하면서 그 이야기를 한 거예요, 그걸 관련시켜서. '제한된 지역에서 자유로운 행동', 사회자가 그렇게 말하니까 참석했던 사람들이 UN의 말이 연상이 되니까 모두 그냥 박수 치고 웃던 기억이 나요. 정지용 시인이 그런 재주가 있어요. 원래 시인은 재주가 없으면 못 하는 건데, 그렇게 사회를 잘해요.

정지용 선생은 1948년에 서울 문리대에서 시론 강의를 하셨습니다. 나는 직접 강의를 수강한 제자이지요. 근데 그분이 사변 중에 작고하셨는데 지금까지 작고한 경위가 분명하질 않아요. 정지용 선생의 자제분들이 그걸 밝히려고 애를 썼는데 일부 설에는 월북하시다가 어디선가 도중에서 폭격에 맞아서 돌아갔단 말이 있고. 근데 북쪽에는 가신 흔적이 없거든. 그러니까 어떻게 보면 참 비참하게 돌아가신 거죠.

●●● 선생님 말씀을 들으니, 조선문학가동맹에서 주최한 출간기념회는 민족 분열에 대한 우려를 표방하며 통일정부를 수립하는 것의 당위성을 설파하는 자리였을 것 같습니다.

정리해보면 이 행사가 1948년 4월 6일에 열렸는데, 조선어학회 대표였던 이극로 선생은 1948년 4월 19일부터 평양에서 열린 '전조선 정당 사회단체 대표자 연석회의'와 '남북 조선 제 정당 사회단체 지도자 협의회'에 참석하게 됩니다. 그렇다면 남북 분단 상황에서 조선어학회의 분열이 이 《큰사전》 출간기념회를 기점으로 시작되었다는 생각도 듭니다.

지금까지 말씀해주신 행사는 《큰사전》 첫째 권에 대한 출간 행사였습니다. 아직 나와야 할 사전이 다섯 권이 더 남았는데요. 《큰사전》이 완간되는 1957년까지 간행 사업은 어떻게 진행되었나요?

◆◆◆ 6·25사변으로 중단된 《큰사전》 간행은 전란 중인 1952년 5월

서울신문사에서 정태진, 유제한이 서둘러 제4권을 교정, 출판하는 것으로 이어졌습니다. 정태진 선생은 식량 구하러 고향 파주로 가다가 교통사고로 작고하는 비운도 겪었습니다.

이 4권은 정태진, 유제한 두 사람이 교정을 보았습니다. 교정이라는 게 단순히 글자 고치는 게 아니라 주석도 뜯어 고쳐야 되는 것이지요. 그런데 전란 중에 일을 급하게 해서 나중에 편찬을 재개하면서 보니까, 사전에 오자도 많고 틀린 것도 많았어요. 결국 1957년에 《큰사전》 4권의 개정판을 냈습니다.

4권을 낼 때 어려움이 많았습니다. 전쟁 중에 서울신문사에 방 하나 얻어가지고 거기서 교정보면서 그냥 빨리빨리 했으니까요. 이것도 왜 이렇게 했느냐 하면 이거 얼른 사전 완간을 해야 하겠다, 사전을 내야 이 책이 없어지지 않겠다 해서.

●●● 저희는 얼마 전에 이강로 선생으로부터 당시 사전 교정 작업이 어떻게 이루어졌는지를 들은 바 있습니다. 해방 후 찾은 52권의 원고를 당시 편찬원(정인승, 권승욱, 이강로, 정태진, 한갑수)이 나눠서 교정하고, 중간에 인원 변화가 있었지만 권승욱, 정인승, 이강로 선생이 지속적으로 편찬 작업을 하셨다고 들었습니다. 시간대를 정리해보면 선생님께서 《큰사전》 편찬 작업에는 마무리 작업 시기에 들어가신 셈인데요. 선생님께서 조선어학회 《큰사전》 편찬에 관여하시게 된 계기가 궁금합니다.

◆◆◆ 1954년 9월에 《큰사전》 편찬 사무실이 관훈동 옛날 동덕소학교로 이사했고 사전 편찬 작업이 계속되었습니다. 여기로 이사했던 배

경이 있습니다.

한글 파동 중에 나는 한글학회 사람들을 알게 되고 그때 한글학회에 입회했습니다. 그런데 나의 서울대 문리대 동창에 이민우 군이 있었습니다. 이민우 군의 아버지가 동덕학교를 세운 학봉學峯 이석구李錫九 선생입니다. 내가 동창 이민우 군을 설득해서 교주 이석구의 상속 건물을 한글학회에서 무료로 쓰게 되었습니다. 그 건물은 비어 있었는데 내 말을 들어줘서 그 건물의 교실 하나를 한글학회 사무실로 쓰게 됐습니다. 그리고 그 사무실을 《큰사전》 편찬실로 해서 사전 편찬을 했습니다.

1956년 4월에는 사전 편찬을 재개하고 오류투성이 제4권 개편부터 시작하여 1년 반 만에 드디어 전 6권의 완간을 보게 되었습니다.

《큰사전》 편찬실 재개

1956년 4월 1일 서울 종로구 관훈동 151번지 구 동덕소학교 1층 교실
편찬원: 주무 정인승
　　　　권승욱, 유제한, 이강로, 김민수(신임)
고문: 정인서(신임)
교정: 한종수, 이승화, 정재도(이상 신임)
사무: 강신경, 정환철(이상 신임)
《한글》 주간: 김민수(겸임)
《한글》 편집위원: 김민수, 유제한, 이강로, 최상수(이상 신임)

●●● 동덕학교 교주가 건물을 편찬실로 쓰게 했다는 걸 들으니, 우리말 사전이 많은 사람들의 지원과 노력의 결실이라는 걸 다시금 느끼게 됩니다. 선생님과 함께 마무리 편찬 작업을 하신 정재도 선생의 회

고담을 들은 적이 있는데, 직장을 그만둬야 하는 문제가 걸려 있어 참여를 망설이는 정재도 선생에게 편찬실 어른들이 했다는 말이 인상적이었습니다. 정재도 선생의 말씀을 그대로 옮기면 다음과 같습니다.

"'이것은 나랏일 아니냐, 네가 하는 건 신문사 일이고 개인 일이고, 사전 만드는 일은 나랏일인데 이것이 큰 일 아니냐. 사전도 12월까지 완성하니까 그동안만 있어라'는 거예요. 그래 가지고 그 어떻게 해요. '예 그러면 정리하고 오겠습니다' 하고는 내가 (호남신문사 일을) 다 정리해버리고 서울로 올라왔어요."

이처럼 자신의 직업을 바꾸면서까지 사전 편찬 작업에 참여한 걸 보면 당시 사전 편찬원들은 역사적 소명의식을 가지고 사전 편찬에 임했던 것 같습니다. 그 외에 어떤 분들이 사전 편찬의 마무리 작업에 참여하셨나요?

◆◆◆ 사전 주석을 하려면 제도에 옛날 것, 어휘가 꽤 많아요. 그래서 정인서 선생을 고문으로 모셔서 일일이 물어보는 거죠, 구시대의 제도라든가. 그리고 교정원으로 한종수. 이분은 외솔 최현배 선생의 사돈집 사람입니다. 그리고 이승화, 정재도.

참, 정재도는 일화가 있어요. 이 사람이 신문에다가 논설을 썼어요. 이 사람은 광주사범학교를 나오고 전라남도 광주에서 국민학교 교원이었습니다. 그래 이 사람이 신문에 논설을 썼는데, 아주 우리말에 대한 게 예민해요.

그래서 내가 이걸 주무 정인승 선생한테 보여주고 "이 사람 이거 괜찮다" 그러니까 정인승 선생이 "그렇다, 불러올려라." 그래서 내가 연락을 했어요. 그래서 이 사람이 와서 편찬원이 된 겁니다.

〈그림 21〉《큰사전》완성 기념사진(1957년 10월 9일)
아랫줄 오른쪽부터 한종수, 유제한, 정인승, 정인서, 권승욱, 이강로,
뒷줄 맨 왼쪽이 정재도, 맨 오른쪽이 김민수 선생이다.

그렇게 왔는데 이 사람이 갈 데가 없다 그래서 동숭동 우리 집에 방 하나를 내서 거기서 무료로 살라 그랬어요. 근데 이 사람은 그 후에 《조선일보》 어린이신문 주간까지 했어요. 하여간 아주 선천적인 재주가 있는 사람이에요.[14]

●●● 선생님이 당시 한글학회에서 하셨던 사전 편찬 일에 대해 더 자세히 이야기해주시기 바랍니다.

◆◆◆ 내가 고려대 전임이니 근무를 해야 되니까 강의할 거 하고 남는 시간에 사전 편찬하는 데에 매일 들렀어요. 다른 일도 많이 했어요. 학회에서 나보고 《한글》지 편집을 하라고 해서 상당히 장기간 내가 《한글》 편집을 했어요.

그리고 《큰사전》 전 6권이 완간됐는데 그 6권 끝에 당시 한글학회 이사장 최현배가 〈큰사전의 완간을 보고서〉라는 글을 썼는데 그 글 속에 노력한 편찬원 이름 네 명만 쓰고 내 이름은 빠뜨렸어요. 근데 왜 그거는 일부러 뺀 것 같은데 왜 뺐는지는 알 수가 없습니다. 또 최현배 선생이 작고하셨으니까 여쭤볼 수도 없고 그런 상황입니다.

●●● 최현배 선생의 《큰사전》 완간 보고서를 읽어보면 "가장 오랫동안 중심적으로 각고면려하여 오늘의 성과를 이룬" 정인승, "일제 때로부터 오늘까지 한결같이 일한" 권승욱, "해방 후로부터 오늘까지 편찬에 힘쓴" 이강로와 재정과 행정 사무를 맡은 유제한 등의 이름을 밝히고 그 외에는 "각 분야 전문어의 뜻매김에 직접 간접으로 관여하여 준 50여 전문가의 고마운 협력과 편찬과 교정에 종사한 여러분의

성스러운 협력"이라고 언급했습니다. 이렇게 선생님뿐만 아니라 정재도 선생의 이름도 빠진 것으로 보아, 보고서에 이름을 호명한 분들은 일제강점기부터 혹은 해방 직후부터 지속적으로 사전 편찬을 맡은 사람들로 보입니다. 그래도 어려운 시절에 사명감 하나로 대학교수와 편찬원의 일을 병행하신 선생님으로서는 섭섭하실 수 있겠다고 생각됩니다.

긴 시간 동안 많은 분들의 수고와 노력이 들어간 사전인데, 선생님 생각하시기에 《큰사전》 완간까지 이렇게 오래 걸린 이유는 무엇이라고 보십니까?

◆◆◆ 이 사전이 완간까지 그렇게 오래 걸린 첫째 이유는 원래 초고가 부실한 탓이었습니다. 나는 당시 편찬원으로 휴지통에 버린 일제 때 초고 일부를 우연히 집어 간행본과 대조해보고 알았습니다.

《큰사전》 초고하고 간행된 제1권의 내용을 대조해보면 참으로 천양지차가 있습니다. 초고는 원고로서 공백이 많이 있고 뒤에 써 붙인 추가가 많아서 매우 부실한 것으로 밝혀졌습니다. 또 87쪽에는 삽화를 넣는데 '일본에서 출판된 국민백과대사전 3권 199페이지를 옮겨다 넣어라' 이렇게 표시한 걸 보면 이 《큰사전》이 당시 일본 사전, 특히 삼성당의 《광사원》 1934년 신정판을 거의 베끼다시피 해서 작성된 원고라는 거를, 누구나 보면 알게 됩니다.

●●● 해방 직후부터 사전 편찬에 참여하셨던 이강로 선생께서도 해방 전에 만들어진 《큰사전》 초고가 사전 편찬에 바로 사용하기에는 문제가 있었다고 회고한 바 있습니다. 특히 해방 전 초고에서 "신무라 이즈

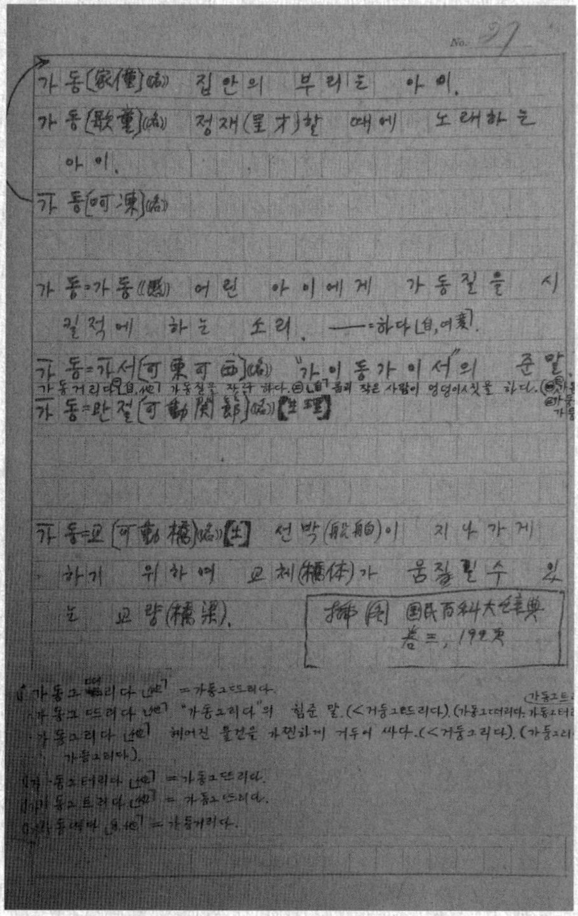

No. 27

가동(家僮)《名》 집안의 부리는 아이.

가동(歌童)《名》 정재(呈才)할 때에 노래하는 아이.

가동(可凍)《名》

가동=가동《感》 어린 아이에게 가동질을 시킬적에 하는 소리. ——=하다[自,여變].

가동=가서(可東可西)《名》 "가이동가이서"의 준말.

가동=관절(可動關節)《名》【生理】

가동=교(可動橋)《名》【土】 선박(船舶)이 지나가게 하기 위하여 교체(橋体)가 움직일수 있는 교량(橋梁).

國民百科大辭典 卷三, 199

가동그드리다 = 가동그드리다.

가동그드리다 "가동그리다"의 힘준 말.(<거둥그드리다).

가동그리다 헤어진 물건을 가뜬하게 거두어 싸다.(<거둥그리다). (가동그리다).

가동그터리다 = 가동그드리다.

가동그트리다 = 가동그드리다.

가동대다 = 가동거리다.

〈그림 22〉《큰사전》(원고)
김민수 선생 소장 《큰사전》(원고).[15]
2020년 10월 보물로 지정되었다.

루의 《사원辭苑》 내용을 뜻풀이로 사용한 부분이 있어서 다시 작성하고 원고를 또 만들어서 시간이 걸렸다"는 이야기를 해주셨습니다.

◆◆◆ (선행 사전을 참고하는) 이와 같은 사전 편찬 방법은 원래 누구나 서로 하는 일이기 때문에 그것이 결함이라고 볼 수는 없습니다. 그렇지만 이런 실상을 우리가 아는 것도 필요하다고 생각합니다.

●●● 그런 점을 감안하면, 아까 말씀하신 '일본 사전을 베끼다시피 했다'는 말씀은 오해의 소지가 있을 수 있겠네요. 사실 국어사전의 뜻풀이는 최초의 우리말 사전으로 알려진 《말모이》(1914년 완성된 원고로 추정)로부터 내려오는 흐름이 있었으니까요. 그런 점을 볼 때 해방 전 《큰사전》 편찬 시에 일본 사전의 영향을 받았다면, 일상어 뜻풀이보다는 전문어 뜻풀이에서 일본 사전의 영향을 받지 않았을까 하는 생각을 해봅니다. 선생님께서 일본 사전 영향의 한 사례로 지적하신 '일본에서 출판된 국민백과대사전 3권 199페이지를 옮겨다 넣어라'는 메모는 토목 분야 전문어인 '가동교可動橋'의 풀이와 관련한 메모였으니까요. 그렇다면 선생님께서 생각하시는 《큰사전》 완간의 국어학적 가치는 무엇인지 궁금합니다.

◆◆◆ 《큰사전》 완간의 가치는 최초로 규범 국어사전이 공표된 점에 있다고 봐야 정확한 판단일 것입니다. 국어 규범의 기준으로서, 국어 세부의 개개 규범이 확정된 것입니다. 이는 《큰사전》에서 비로소 된 겁니다. 맞춤법이니, 표준말이라든지 그 규칙을 보면 우리말 전체가 다 거기 나와 있는 건 아니거든요. 하나의 어떤 규정이 있으면 그 밑에 전형

적인 예만 몇 개 들었지 구체적인 사례가 여기 해당하나, 안 하나는 몰라요. 알 수가 없어요. 또 사람에 따라서 판단 차이가 날 수도 있어요.

그런데 《큰사전》이 완간되면서 그런 것들이 일일이 낱낱이 사전에다 결정돼 있으니까 모든 사람이 '이것이 국어의 규범 사전이다'라고 인식을 하게 되었습니다.

2-2. 《큰사전》 이후 사전의 출판과 성과

●●● 《큰사전》 출간 이후에 계속 새로운 사전이 나왔습니다. 왜 그렇게 사전이 계속 나오게 되었다고 생각하십니까?

◆◆◆ 《큰사전》이 나와서 규범이 확정되었습니다. 이 사전이 최초의 규범 국어사전입니다. 그래서 사전이 나온 이후 잇달아서 규범 사전을 편찬해야 되겠다는 의욕이 각처에서 우러나고 해서 국어사전이 나오기 시작했습니다. 먼저 국어국문학회 《국어 새 사전》이 1958년 3월에, 한글학회 《중사전》이 1958년 6월에, 신기철·신용철 《표준 국어사전》이 1958년 12월에, 김민수·홍웅선 《새 사전》이 1959년 3월에 각각 출판되어 나왔습니다.

●●● 그렇게 보면 이후에 나온 사전들은 《큰사전》의 내용들을 간추리거나 혹은 약간 확대시키거나 그런 차원이라고 해석해도 되겠습니까?

◆◆◆ 그래서 이때부터 규범 국어사전의 시대로 가게 됐다 이렇게 보는

거죠. 그때 나온 사전들은 《큰사전》을 베껴서 만든 것은 아닙니다. 표기, 표준어, 방언, 맞춤법 등 《큰사전》의 규범을 따라서 사전을 만들었습니다. 그런데 이걸 무조건 따를 수밖에 없는 것이 규범이 다르면 사전을 쓸 수 없으니까 그랬습니다. 사전마다 뜻풀이나 표제어 수는 달랐습니다.

그런데 여기서 한 가지 유의해서 볼 게 있습니다. 신기철·신용철의 《표준 국어사전》(1958년 12월 10일 을유문화사 간행)은 북한의 《조선말 사전》과 관련이 있습니다. 북한의 《조선말 사전》은 《조선말 큰사전》에 대응할 생각으로 만든 것입니다. 그런데 이것을 어떠한 기회에 입수를 했는지 그 사전을 전적으로 베낀 겁니다. 규범은 물론 《큰사전》에 따르고, 내용은 공산주의적인 주석으로 전부 바꾸고 낸 거예요.

●●● 그런데 《조선말 큰사전》에 대응할 생각으로 만들었다는 북한의 《조선말 사전》은 첫째 권이 1960년에 나오고, 6권이 완간된 때는 1962년입니다. 그런 점에서 보면 신기철·신용철의 《표준 국어사전》이 북한의 《조선말 사전》을 전적으로 베꼈다는 말씀은 시기적으로 볼 때 맞지 않습니다. 다만, 신기철·신용철의 《새 우리말 큰사전》이 1974년에 출간되니까 이 사전이 북한의 사전과 연관될 수는 있을 것 같습니다. 이 부분은 나중에 확인해야 할 것 같은데, 우선 다른 사전에 대한 말씀을 해주셨으면 합니다.

◆◆◆ 다음으로 김민수·홍웅선의 《새 사전》이 있습니다. 이 사전은 학생용으로 만들었습니다. 내 작은 아이디어였지만 사전에서, 국어사전에서, 가령 '하나' '둘' 이거 찾아보는 사람은 없단 말이에요, 학생들

이. 그리고 '하늘', '땅' 이거 찾아보는 학생 없거든요. 그래서 그건 다 빼고, 어느 기준 이상의 어휘만을 수록하는 사전을 만들고자 했지요.

아마 이런 사전이 거의 없을 거예요, 지금도. 기초 어휘라고 지칭되는 것은 빼고 만든 사전. 학생들이 교육용으로 찾아볼 만한 것들만 선정해서 어휘를 찾기 쉽게 했습니다. 그런데 사실 사전 편찬이라는 전문 분야에서 보면 흔히 다 아는 어휘가 주석 달기가 제일 힘들어요. 가령 '하나' 주석을 달려고 그래 봐. 뭐라고 그래? 둘의 반? 그럼 둘은 뭐냐? 또 하늘이라고 하면 어떻게 뜻풀이를 할 거야? 저 위에 있는 게 뭐 하늘뿐인가? 땅은?

이 사전은 당시 대한교과서주식회사에서 출판했는데 공저자 홍웅선은 당시 편수관이었어요. 교육용 사전이라 편수관 이름은 끼워넣어야 대한교과서에서 출판을 하고 또 좀 팔리게 되겠다 해서 건성으로 들어간 이름이에요. 홍웅선 선생은 바쁘고 해서 사전 편찬에 전혀 손을 못 댔어요.

●●● 그런데 그 사전이라는 게 상업적인 면도 있지 않습니까? 상업적인 목적으로 나온 사전은 학생층을 대상으로 한 학습사전인 《포켓 국어사전》(1964) 같은 경우가 있는데, 이 사전은 이후 《민중 엣센스 국어사전》(1989)으로 개정되지요. 그런 차원에서 당시에 가장 많이 팔린 사전은 어떤 사전이었을까요?

◆●◆ 그 부분은 출판계에 물어봐야지요. 대한교과서주식회사에서 나온 《새 사전》은 전혀 방향을 바꿔서 《종합 국어사전》이라고, '콘사이스'로 나오는데, 그거는 당시에도 많은 사람이 칭찬하는 얘기를 들었

어요. 근데 그 사전이 과연 얼마나 팔렸는지는 잘 모르겠네요.

●●● 저희가 한글학회 《큰사전》하고 《중사전》이 많이 팔리지 않았다는 이야기를 들은 바가 있어서 여쭤본 질문입니다.

◆◆◆ 그거는 왜 그러냐 하면 한글학회 편찬원들이 사전을 팔겠다고 한다면 사전 이용자도 생각하고, 학생들 기호도 생각하고, 이래서 팔 수 있는 아이디어를 짜내야 되는데 그때 한글학회 사람들은 그냥 원칙을 중요하게 생각했어요.

사전을 팔고자 한다면 구체적인 것으로 사전을 어떤 크기로 어떤 종이를 쓰고 또 두께를 생각해서 종이를 얇고 좋은 걸로 두께를 조절해야 하는데 한글학회 사람들은 그런 것들에 전부 무감각했습니다. 《중사전》 그 목침 같은 걸 누가 사겠어요? 《큰사전》 그 여섯 권짜리 그걸 어떻게 들고 다닐 수 있어요? 사전이라는 게 실용성을 따지면 여섯 권을 분책할 성질이 아니거든요. 그리고 활자 크기를 줄이면 권수도 줄어요.

●●● 선생님, 그때 국어국문학회에서도 《국어 새 사전》이라는 사전을 1958년에 내거든요. 국어국문학회에서 사전을 내기로 결정하게 된 계기는 어떤 게 있었는지요?

◆◆◆ 그것은 동아출판사가 아주 의욕적으로, 자기네가 인쇄공장을 가지고 출판업을 했는데, 그 동아출판사가 자꾸 사전을 내자고 했어요. 거기 박은수라고 서울 문리대 불문학과 출신인데, 남광우하고 대구사범학교 동기라고 그래요. 나도 가까이 지내서 아는데, 이 사람이

또 재주도 좋고 머리도 잘 돌아가요. 그러니까 박은수가 동아출판사 편집부 기획인데 "이때다. 사전 내야 한다" 그래요. 그러면 어떻게 내느냐. 젊은 세대로 구성된 국어국문학회를 편자로 해야 된다고 해요.

국어국문학회는 가만히 있다가 동아출판사가 돈 주면서 하자고 그러니까 학회에서 다 찬성이지 누가 반대하겠어요? 그런데 내가 그때 국어국문학회 중진인데 결국엔 사전 만드는 일에 내가 다 관여할 수밖에 없는 거지요. 젊으니까 뭐.

2-3. 한일 국어학자의 교류와 한일사전의 발간

●●● 1960년대에 국어국문학회가 주도하여 한국 국어학자들과 일본 한국어학자들과의 교류가 있었다는 이야기를 들은 바가 있습니다. 해방 이후 한일 국어학자의 첫 번째 교류라고 할 수 있는데요. 선생님께서 국어국문학회 대표로서 이 교류에 결정적인 기여를 하셨던 것으로 알고 있습니다. 이러한 교류는 어떤 계기로 이루어진 것인지요?

◆◆◆ 일본과 우리말 학계와의 첫 접촉은 1962년 10월, 임의단체인 국어국문학회 대표이사 명의의 초청장이 용케 인정돼서 덴리대 조선학과 교수가 내한함으로써 시작되었습니다. 그리고 그들과 함께 방일해 많은 학자들을 만나게 되었고요. 단순한 접촉이지만, 유학생 교환, 평가 높은 한일사전 완성으로 전개하는 등 교류의 결실을 맺어갔었지요.

●●● 그렇다면 덴리대학 조선학과 연구실에서 《현대조선어사전》(1967년

1월 26일)을 편찬한 것은 1962년 한일 교류가 계기가 된 거라고 할 수 있겠네요. 《현대조선어사전》이 어떤 과정을 거쳐 편찬되었는지 궁금해지는데, 선생님이 이 편찬 사업에 관여하게 된 계기와 함께 그 편찬 과정에 얽힌 이야기를 해주셨으면 합니다.

◆◆◆ 제가 1964년 8월 미국 하버드대학 초빙학자로 방미 도중 '재일본 한국어 관계 귀중문헌의 조사와 마이크로필름 작성'(서울 아시아재단 후원) 작업 차 방일했던 기회에 8월 14일부터 18일까지 덴리대를 예방하게 되었습니다. 이때 조선어사전 편찬에 대한 논의를 했었습니다. 그리고 1965년 7월 미국에서 귀국 도중 일본에 들러 덴리대를 재차 방문(1965년 8월 2일~13일)하게 되지요. 이때 덴리대 외인 교사였던 안길보安吉保와 손낙범孫洛範이 1963년 봄부터 번역하기 시작한 동아출판사 《동아 새 국어사전》(1959년 11월)의 약 15만 어휘 원고를 덴리대에서 출판하게 하는 방안을 협의했고, 11일간의 협의 끝에 덴리대 조선학과에서 원고를 손질해 출판하기로 합의했지요.

조선어사전 원고를 출판하기로 결정하면서 사전 편찬에 대한 협력 조인과 아울러 조선학과 교수 및 학생에 대한 특수강의 등을 하게 되었습니다. 덴리대의 기시 유이치岸勇一 학장의 초청으로 덴리대를 방문(1966년 2월 10일~19일)하여 조선학과 교수들에게 사전 편찬 및 수정 실습에 관한 특강을 했지요. 학장이 사례로 금일봉 3만 엔을 수여했는데, 한일 교류 봉사의 뜻으로 반려했어요. 여하튼 조선어사전 원고의 수정 작업은 요령 있는 연수 탓인지 매우 빠르게 진행되어갔습니다.

●●● 선생님께서는 편찬진 교수들을 대상으로 사전 편찬의 기초에

대한 교육도 하시고, 원고 수정 실습을 지도하신 거군요. 그런 연수 과정을 거쳐서인지 덴리대학 조선학과 연구실의 《현대조선어사전》 편찬은 일본의 신문에도 크게 소개되었을 정도로 많은 관심을 받았다고 들었습니다. 이 사전의 출판 과정은 어땠는지 그리고 일본에서의 평가는 어땠는지 말씀해주셨으면 합니다.

◆◆◆ 1966년 4월에 덴리대 안길보가 내한(4월 30일~5월 9일)하여 서울 '평화당 인쇄'에서 사전을 조판하기로 결정했습니다. 5~7월에 조판을 완료한 후, 옵셋 인쇄용 청쇄로 가져가서 덴리 양덕사養德社에서 초판을 발행하게 되죠. 이렇게 출판된 사전은 《조일신문》(1967년 2월 25일) 석간에 의외로 상세히 보도되었어요. 〈최초의 '본격적인 조선어사전'〉이라는 제하에 덴리대 《현대조선어사전》 출판을 보도하면서 고려대 김민수 교수는 그 일로 두 번이나 방일했다고 밝혔지요. 그런데 더 놀라운 것은 이어 매일신문사 출판문화상 특별상을 수상했다는 점입니다. 일본에서는 이런 수상이 드물어서 편자인 대학에서도 무슨 착오일 것이라고 의아해 했다고 해요.

●●●《현대조선어사전》 편찬과 관련한 말씀을 들으니, 이 사전의 편찬은 1960년대 초 한일 문화 교류의 상징적인 결과물이라고 해야 할 것 같습니다. 일본 신문에서 이 사전의 출판 소식을 크게 전하고 선생님의 참여를 특별히 밝힌 것이나, 이 사전이 일본의 권위 있는 출판문화상을 받게 된 것은 이 사전의 의의가 그만큼 컸기 때문일 겁니다. 그리고 이 사전이 해방 후 한국어의 국제적 보급을 위한 활동의 가장 두드러진 성과라는 사실도 우리가 주목해야 할 점이라 생각합니다.

3.
학교문법의 통일과
문법 파동

3-1. 학교문법 통일 문제가 부각된 계기

●●● 국어 규범화는 국어사전의 편찬과 더불어 마무리된다고 할 수 있는데, 국어사전을 완성하고 나면 학생들에게 국어 규범을 교육하는 문제가 남게 됩니다. 이때 국어 규범을 교육하는 문제는 문법 교육과 긴밀히 연관된다고 할 수 있죠. 그런 점에서 국어사전 완성 후 학교문 법의 통일이라는 과제가 대두된 것으로 알고 있습니다. 국어학계로서 는 다양한 문법이론이 경쟁하는 것을 자연스러운 과정으로 받아들였 을 텐데, 당시 학교문법 통일이 국어학계의 과제로 부각된 계기가 궁 금합니다.

◆◆◆ 일선 학교 교사들의 호소로부터 학교문법의 통일 문제가 부각

되었습니다. 1956년 5월에 보성고등학교 윤오영 교사가 먼저 요구를 했고, 이어서 12월에 서울고등학교 정휘만 교사가 거듭 요구를 한 게 발단이라고 할 수 있습니다. 당시는 대학별로 입학고사를 치렀는데 대학별로 문법 용어를 달리한 시험 문제를 내서 학생뿐만 아니라 교사에게도 큰 부담이 되었던 거죠.

●●● 대학마다 채택하는 문법체계가 달랐다면 어느 대학의 문제냐에 따라서 답이 달라질 수 있었을 테니 수험생 입장에서는 부담감이 이만저만이 아니었겠죠. 문법과목 입시 시험의 문제점을 지적한 김계곤 선생의 논의(《국어국문학》 20, 1959, 123쪽)를 보면 그 문제가 적나라하게 드러납니다. 여기에서는 1957년의 서울대 국어 문제 중 '이것은 좋은 새 책이다'라는 문장의 단어가 몇 개냐는 문제를 보이면서, 이 문제에 대한 답이 문법체계에 따라 7개(김윤경), 6개(최현배), 5개(이희승), 4개(이숭녕)일 수 있음을 지적했었지요. 이걸 보면, 당시 문법체계의 불일치에 따른 대학 입시의 혼란이 심각했을 것으로 짐작됩니다. 우리나라처럼 교육열이 높고 입시 경쟁이 치열한 사회에서 이러한 혼란은 큰 사회 문제가 되었겠죠.

◆◆◆ 무척 심각했지요. 오죽했으면 문교부장관이 대학의 총학장들에게 '대학 입시에서 문법 불일치를 해소하는 데 유념해달라'는 요청을 했겠어요. 문교부장관은 '대학입시 고시 문제 작성에 관한 건'(1958년 2월 26일)이라는 공문을 통해 "다른 체계에 의하여 된 답이라도 동등히 이를 평가할 것"을 지시했어요.

●●● 이런 맥락에서 국어국문학회가 1958년 11월에 열린 제1회 전국 국어국문학 연구발표대회에서 '학교문법 체계 문제'를 주제로 토론회를 개최한 것이군요.《국어국문학》20호에 토론회 내용이 자세하게 소개되었는데, 학습자의 부담을 경감시켜야 한다는 문제의식이 분명하더라고요. 국어국문학회 토론회가 〈학교문법통일안〉 논의의 분기점이 된 건가요?

◆◆◆ 그런데 보다 직접적인 압력은 군사정권 시절이었던 1961년 10월에 국가재건최고회의에서 문법교과서 통일을 지시한 것입니다. 그리고 1962년 1월에 최고회의가 문교부에 문법교과서 통일을 재차 지시하면서 학교문법 통일 과제가 표면화되었습니다.

3-2. 학교문법 통일 논의의 전개 과정과 그 평가

●●● 이희승 선생이 1961년에 편찬한《국어대사전》의 〈머리말〉을 보면, 문법체계와 용어 문제를 거론한 대목이 있습니다. "사전 편찬에 선행하는 문제는, 문법체계와 용어 채택을 어떻게 하느냐 하는 것이다. 이것은 편저자가 다년 연구, 검토한 나머지, 가장 과학적이요 합리적이라고 생각되는 체계(졸저《새 고등문법》참조)를 따랐으며, 용어도 우리 사회에서 가장 우선적으로 알려졌으며, 또 가장 널리 보급되어 누구든지 알기에 평이한 〈명사名詞〉, 〈동사動詞〉 식의 한자漢字로 된 말을 사용하였다"라고 했지요.

이를 보면서 학교문법을 통일하는 게 쉽지 않았겠다는 생각을 했습니다. 이희승 선생만이 아니라 당시 문법학자 대부분이 자신의 문법 체계와 용어가 '가장 과학적이고 합리적'이라고 주장했을 테니까요. 학교문법 통일을 위한 회의는 어떻게 진행되었는지요?

◆◆◆ 1962년 3월에 문교부에서 학교문법 통일 작업에 착수했습니다. 먼저 13명의 위원으로 학교문법통일준비위원회(소위원회)를 구성했지요. 이강로, 강길운, 김성배, 이훈종, 김한배, 조문제, 김형규, 윤태영, 이응백, 박목월, 박연음, 장석진, 이희복 등이 참여했습니다. 그 위원회에서 통일문법 초안을 마련했어요. '아니다, 존재사'를 형용사로, '이다'를 어미로 처리하고, 품사를 명사, 대명사, 동사, 형용사, 부사, 관형사, 감탄사, 접속사, 조사의 9품사로 한다고 했어요. 문법용어를 우리말과 한자말을 절충해서 단일화하기로 했고요.

그런데 일부의 반대로 새로 교육과정심의위원회 자문기구로 학교문법심의전문위원회를 설치하게 되었어요. 다시 구성한 위원은 16명이었는데, 김윤경, 장하일, 정인승, 최현배, 이희승, 이숭녕(외유 중, 대리 이기문), 김민수, 최태호, 강윤호, 박창해, 유제한, 김형규, 윤태영, 이응백, 이훈종, 이희복 등이었습니다. 이 위원회에서 1963년 3월부터 5월까지, 1962년 소위원회 초안을 놓고 토의했지요. 그리고 장하일, 김민수, 이응백 등 3인으로 별도의 소위원회를 구성해 새로운 초안을 만들어 11차 회의(5월 11일)에서 표결에 부쳤어요.

여기에서 '명사'식 품사명으로 가결되자, '이름씨'식 품사명을 주장한 최현배를 선두로 유제한, 김윤경, 정인승 등 4명이 퇴장했습니다. 개중에는 퇴장하면서 입에 담기 어려운 폭언을 서슴지 않은 사람도 있었죠.

●●● 품사의 분류 문제, 존재사 및 지정사의 처리 문제 등도 논쟁거리였겠지만, 당시 학교문법 통일을 위한 회의에서 가장 큰 쟁점은 품사 명칭 문제, 즉 한자어 품사명으로 통일하느냐 고유어 품사명으로 통일하느냐는 거였다고 할 수 있겠네요.

◆◆◆ 결국 그 문제였어요. 11차 회의 이후, 문법 자체의 통일보다 문법용어에 대한 대립으로 이른바 '문법파'(한자어 품사명 주장)와 '말본파'(고유어 품사명 주장)의 논쟁이 가열된 거지요. 논쟁이 계속되자 언론에서는 '문법 논쟁'이라고 해서 크게 다루었습니다. 이 문법 논쟁, 문법 파동은 성질상 어휘 순화의 이견에 대한 논쟁이었어요. 단체, 개인의 찬반 논전으로 신문 지상이 요란한 가운데, 5월 22일에 전문위원회의 마무리 12차 회의에서 매듭을 지었죠. 보고 받은 교육과정심의위에서는 6월 18일에 그 통일방안을 그대로 받아들여 확정했습니다. 그리고 이종우 문교부장관이 7월 25일 그 심의 결과를 채택한다는 담화를 발표하며 학교문법 통일을 위한 논의는 종결되었습니다.

●●● 공식적인 논의는 종결되었지만, 말본파의 반발은 계속되었던 것으로 알고 있습니다. 말본파의 반발이 거센 상황에서 〈학교문법통일안〉이 교과서에 제대로 반영되기는 어려웠을 거라는 생각이 듭니다.

◆◆◆ 〈학교문법통일안〉의 내용은 명사식을 주축으로 한 252개 문법용어와 명사, 대명사, 수사, 동사, 형용사, 관형사, 부사, 감탄사, 조사 9품사만을 강제하는 것이었어요. 부실하기 짝이 없는 통일 학교문법이었던 거지요. 말본파가 이 문제를 국회에 호소(1964년 3월)하면서

다시 문제가 되었으나, 약 1년 만에 숱한 청원서, 성명서를 남기고 덧없이 끝났어요. 드디어 1966년도 중학교 검인정 문법교과서가 〈통일안〉에 따라 시행되기 시작했는데, 불합격한 말본파 저자가 학교문법 문제를 법정으로 끌고 갔어요. 법정 다툼이 불가피했던 상황에서 말본파가 소송을 취하했고, 문교부는 1967년도 교과서 검인정 신청 접수로 이들에게 재심의 기회를 줬어요. 그 결과 1967년도 교과서에 최현배의 《새로운 말본》만 '이름씨'식 용어 병기와 지정사 설정이라는 예외를 인정받았습니다. 문교부 스스로 〈학교문법통일안〉을 뒤집고 한 개인에게만 혜택을 베푼 꼴이 돼버렸지요. 이 〈학교문법통일안〉은 1985년도 문교부 저작으로 바뀐 교과서 단일본에서 명맥을 유지하며 오늘에 이르렀습니다.

●●● 최현배 선생의 문법교과서가 검인정을 통과했지만, 〈학교문법통일안〉의 시행이라는 대세를 바꾸지는 못한 것 같습니다. 선생님께서 《국어 정책론》(464쪽)에 언급하셨듯이 "상급학교 입시에 출제하지 않는다는 것"을 검인정 통과 조건으로 붙였다는 것을 보면, 최현배 선생의 문법교과서에 예외를 인정한 것이 〈학교문법통일안〉을 파기했다고 볼 수도 없을 것 같습니다.

특히 제가 주목한 것은 조선어학회의 뒤를 이은 한글학회가 말본파의 주축이었지만 〈학교문법통일안〉 논의에서 말본파의 주장이 받아들여지지 않았다는 사실입니다. 국어국문학회가 주축을 이룬 문법파의 의견이 받아들여진 것은 국어학계의 판도가 바뀌었음을 상징하는 것이 아닐까 합니다. 선생님께서는 〈학교문법통일안〉을 둘러싼 문법 논쟁이 남긴 것은 무엇이라고 생각하시는지요?

◆◆◆ 문법 파동은 학교문법의 통일 과정에서 한글파의 난동으로 야기되었으나, 그 핵심은 1945년 이후 돌출한 한글 전용 한자 폐지의 논쟁이었습니다. 그것은 일제가 전수한 국수주의 사상의 발로로서 2천 년이나 써오던 한자를 새삼 외국문자라는 구실로 추방하자는 단순한 논리였다고 해야 할 겁니다. '명사'라면 한자가 살아나니까, 확실하게 '이름씨'로 한다는 강변이었던 것이죠.

●●● 앞서 말씀드렸듯이 이희승 선생이 자신의 문법체계가 가장 과학적이요 합리적이라고 강조하면서 국어사전의 문법체계로 채택했지만, 〈학교문법통일안〉이 결정된 이후에는 〈통일안〉의 문법체계와 용어를 받아들여 국어사전의 문법체계를 수정합니다. 〈통일안〉 채택 이후 편찬했거나 증보한 국어사전들 대부분이 〈통일안〉의 문법체계를 따랐고요. 이런 상황은 국가의 권위가 작용한 데 힘입은 바 크지만, 결과적으로 〈학교문법통일안〉의 문법체계가 관례로 자리잡았음을 말해주는 것이기도 합니다. 이런 점에서 보면 〈통일안〉은 결과적으로 문법 교육, 사전 편찬 등에 큰 영향을 끼쳤다고 평가할 수 있을 것 같습니다. 논쟁은 문법용어를 한자어로 하는 것에 대한 반발에서 시작되었지만, 그 영향은 단순히 한자냐 한글이냐를 선택하는 차원에만 머물지는 않았던 거지요.

4.
국어 정책과
국어학의 전환 맥락

4-1. 근대적 과제의 완결 후 국어 정책과 국어학의 전개

●●● 국어사전을 편찬하고 규범문법의 틀인 〈학교문법통일안〉을 수립함으로써 국어 정립이라는 근대적 과제는 완결되었다고 할 수 있습니다. 지금까지의 대화는 국어 정립이라는 근대적 과제를 완결하기까지, 즉 국어사전이 완성되고 통일적인 규범문법 서술의 틀이 마련된 1960년대 중반까지 국어 정책과 국어학 분야에서 이루어진 활동을 되짚어본 것입니다.

그 이후 국어 정책은 국어 사용의 현황을 조사하고 관리하는 방향으로 전개되었고, 국어학은 국어의 정립이라는 근대적 과제에서 벗어나 언어 분석 이론을 바탕으로 국어 현상을 설명하는 데 집중했습니다. 특히 1960년대 중반 이후 촘스키N. Chomsky의 변형생성문법 이론이 국어학계에 영향을 미치면서 국어학의 주류적 경향은 국어 정책을 위한 언어 연구와 멀어졌지요. 변형생성문법 이론에서는 민족과 민족어의 관계나 언어와 사고방식의 관계를 규명하는 것이 아니라 인간의 보편적인 언어 능력과 보편문법을 규명하는 것을 목표로 했기 때문입니다. 인간의 보편적인 언어 능력과 보편문법을 전제하는 국어학 연구에서 '민족어를 발전시키기 위하여'라는 논리가 설 자리는 없었던 것입니다.

그러나 국어학이 국어 정책과 결별한 것은 아니었습니다. 국어학이 '민족어의 발전을 위하여'라는 논리에 따라 전개된 것은 아니었지만, 국어 사용의 현황을 파악해 국어를 관리하는 일에는 여전히 국어학의 방법론이 필요했기 때문입니다. 한글 맞춤법과 표준어를 현실에 맞게 개정하기 위해서는 국어 사용에 나타난 변화의 흐름을 정확히 포착해야 했고, 국어사전의 기술 내용을 다듬기 위해서는 언어 현상을 정밀히 분석해야 했습니다. 1970년부터 국어심의회에서 '국어조사위원회'를 구성하고 맞춤법 및 표준어 개정을 위한 조사 연구 활동을 벌인 것이 그런 활동의 한 사례입니다. 그 외에도 〈학교문법통일안〉의 지침을 규범문법으로 체계화하기 위해서는 국어 문법 연구의 성과를 수렴해야 했습니다.

국어학자들은 '민족어의 발전을 위하여'라는 명분보다 과학적 방법론에 따른 국어 관리 정책의 필요성을 강조했습니다. 그리고 중립적인 국어 정책 기관의 설립을 요구했는데, 이는 국어 정책이 한자와 국어 순화 문제로 귀결되어 버리는 현실을 타개하기 위한 것이었습니다. 그런 점에서 국어 정책 기관으로서 국어연구소를 설립하라는 요구는 국어 순화 및 한글 전용에 대한 문제제기와 연동된 것이었다고 볼 수 있습니다. 한글학회가 국어연구소의 설립에 비판적이었던 것은 이 때문이었습니다.

1980년대 들어 국어국문학회와 국어학회뿐만 아니라 한국어문교육연구회와 한국국어교육연구회도 국어연구소의 설립을 강력하게 요구했고, 결국 1984년 학술원 산하에 국어연구소가 설립되었습니다. 국어연구소의 초대 소장으로 서울대학교 국어교육과 명예교수이자 학술원 원로회원이었던 김형규 선생이 임명되었고, 국어연구소 설립을 최초로 제안했던 김민수 선생은 운영위원으로 참여했습니다.

국어연구소는 설립 초기부터 교과서 어휘 사용 조사, 한자와 한자어 사용 실태 조사, 외래어 사용 실태 조사 등을 시작했습니다. 이러한 조사 사업은 어문 규범 개정안 검토 연구와 병행했는데, 국어연구소는 1980년대 언어 현실을 반영하여 표준어, 맞춤법 등의 개정안을 만들었고, 문교부는 이 개정안에 근거하여 1988년 1월 14일 한글 맞춤법과 표준어 규정의 개정을 고시하게 됩니다. 국어연구소는 1991년 문화부 소속 국립국어연구원으로 승격되면서 공식 국가연구기관이 되었고, 2004년 그 명칭을 국립국어원으로 바꿔 오늘에 이르고 있습니다.

4-2. 국어 정책 연구 기관의 설립 모색

●●● 선생님께서는 1958년 10월 1일 자 《동아일보》에 〈국어 정책의 기본 방안—국어연구소의 설치를 제안함〉이라는 글을 쓰셨습니다. 선생님께서는 "말과 글은 마치 입는 옷과 같아서 시대에 따라 변천하

게 마련이고, 다른 언어의 영향을 받으면 그의 침투가 심하여 드디어는 혼란 상태에 빠지기 쉽다. 이러한 종적, 횡적 부조화에 대한 여러 가지 과제를 국어 문제라 하여 논란의 대상으로 삼는다"고 정의하고, 국어 문제를 해결하기 위해 국어연구소를 설립해야 한다고 주장하셨습니다. 당시 선생님께서 한국 사회에 국어연구소의 설립을 제안한 배경이 궁금합니다.

◆◆◆ 그때 당시 나는 국어연구소를 국가 기관이라기보다는 재단으로 만들어야 한다고 생각했습니다. 정부가 국어연구소를 설립하는 것도 하나의 방안이 되겠지만, 지금이나 옛날이나 공무원들은 믿을 수가 없으니까. 그래서 사업가들에게 돈을 내서 연구소를 설립하라고 촉구했어요. 재단 법인체로 만들어서 정부의 감독을 받는 것이 바람직하다고 생각했어요. 그리고 내 생각을 책자로 제작했지요. 당시 삼성물산 이병철 사장에게도 보여주고 설명한 적이 있습니다.

●●● 삼성물산 이병철 사장은 어떤 계기로 만나신 건가요?

◆◆◆ 1949년 공주사대에 재직할 때 제자였던 송재주 군이 서울대 사대부고에 있었는데, 삼성물산 이병철 사장 아들인 이건희의 2학년 담임이었어요. 송 군은 2년제 공주사대를 졸업하고, 다시 서울사대에 편입을 해서 졸업했죠. 송재주 군을 통해서 그를 쉽게 만났습니다. 이병철 사장을 만나서 열변을 토한 거지.

우리나라가 이렇고, 민족어가 이러니 국어연구소를 만들어야 되겠다, 그러니 그 기금을 내라고 열변을 토했죠. 그러나 연구해 보겠다는 말만 들었죠. 실질적으로 거절당하고 그 다음에 찾은 방법이 회비제로 유지를 모으는 거였습니다. 매달 모이고 매달 회비를 내 그거를 모아서 기금으로 하겠다는 건 정성이지만 요원하지 않겠어요? 주변 사람들이 대개 교원들인데, 회비 모아 가지고 뭐가 되겠어요? 이것도 역시 실패로 끝났습니다.

●●● 선생님이 기고한 기사문을 보면 국어연구소가 어떠한 계획 밑에서 어떠한 일을 해야 할 것인가를 제시하며 1) 국어 문제 자료의 수집 및 간행, 2) 여러 국어 사실의 조사 보고를 들고, 국어연구소가 자료를 제공하면 "실증적 자료들을 문화계에 내놓아서 연구하고 비판할 기간을 줄 필요가 있다. 이렇게만 된다면, 일반 문화인의 여론을 종합하여 정책의 내용을 논단할 수 있을 것"이며 "위정자 개인의 편견으로 좌우하는 모순을 없앨 수 있을 것"이라 주장하셨습니다.

현재 국립국어원이 선생님이 계획하셨던 국어연구소에 해당한다고 볼 수 있는데, 현재 국립국어원이 당시 선생님께서 계획하셨던 국어연구소의 역할을 제대로 하고 있다고 생각하시는지요?

◆◆◆ 연구소라고 그래도 조직이나 또 사업 내용이 아주 천차만별일 수가 있습니다. 근본적으로 국어연구소가 해야 할 일은 민족어에 대한 장기적인 계획과 대비가 필요한 일이에요. 가령 정부의 국어연구소, 연구원, 국어원 모두 공무원 뽑아 월급이나 주지 뭐가 돼요? 또 어떤 대학에서 국어연구소를 설립했다 해도 그건 뭐가 되겠어요? 그러니까 아주 굳은 의지를 가지고, 사명감을 가진 사람들을 적어도 운영위원, 이사진으로 해서 거기서 승인을 해서 장기적인 계획을 세우

고 나가야 한다고 봅니다. 해외 한국어 문제, 북한어 문제 등 아무런 방안이 없어요, 계획이나 뭐가 없어요. 그래서 내가 생각하는, 내가 필요하다고 보는 국어연구소는 아직도 이루어지지 않았다고 생각합니다.

●●● 선생님께서는 국립국어원이 국가 기관이라는 점을 부정적으로 보시는 것 같습니다. 공무원이 국어 정책을 주도해서는 장기적인 계획을 세울 수 없다고 생각하시는 것 같고요. 그러나 현재 국립국어원의 경우 선생님께서 말씀하신 해외 한국어 문제, 북한어 문제 등에 대해서뿐만 아니라 한국어의 정보화, 점자, 수어 등의 특수언어 진흥 등에 대해서까지 사업 범위를 넓히며 정책을 수립하고 있습니다. 여러 구체적인 성과도 거둔 바 있고요.

물론 국가 기관인 만큼 의사 결정 구조가 경직된 측면이 있을 수 있고, 경우에 따라서는 정치 논리에 휘둘릴 위험도 있을 것 같습니다. 또 국가 기관이 나서는 만큼 일이 수월하게 추진되는 면도 있지만, 국어원이 주도하는 사업이 민간의 다양한 시도를 막는 부작용도 있을 수 있겠죠. 국립국어원의 《표준국어대사전》 편찬 사업이 그러한 예라 할 수 있는데, 《표준국어대사전》이 사전 시장의 생태계를 파괴했다는 비판이 많지요. 반면 현실적으로 민간에서 대사전을 편찬하고 유지하는 일이 쉽지 않을 것이라는 점에서 국립국어원의 적극적인 역할을 요구하는 목소리도 있는 것 같습니다. 그런 점에서 국립국어원의 역할과 발전 방향에 대한 사회적 논의가 지속적으로 이루어질 필요가 있겠다는 생각을 하게 됩니다.

4-3. 남북 언어 통일을 위한 모색

●●● 선생님께서는 앞서 해외 한국어 문제, 북한어 문제 등에 대한 장기적인 계획의 필요성을 말씀하셨습니다. 이 두 문제는 선생님께서 사명의식을 가지고 연구하면서 실천 방안을 모색한 문제이기도 하죠. 먼저 선생님께서는 고려대 아세아문제연구소 연구계획의 일환으로 1960년대 후반부터 북한어 연구를 해오셨고 그 결과물로《북한의 언어연구》(1985)를 출간하셨습니다. 이는 최초의 종합적 북한 언어 연구이면서 이후 북한어 연구의 토대가 되었던 저술이었죠. 선생님께서 연구의 물꼬를 트신 북한어 문제는 남북 언어 통일 문제와 직접적으로 연결되는 문제라 할 수 있을 텐데, 선생님께서 북한어 연구를 하시면서 언어 통일과 관련한 정책 방향에 대해 생각하신 바를 말씀해주셨으면 합니다.

◆◆◆ 지금 국어 정책에 관련되는 문제도 그렇고, 맞춤법 문제와 표준어 문제는 남북 통일을 염두에 두어야 합니다. 그래서 이런 것들에 대해서는 어떠한 이데올로기나 느낌이나 감상을 떠나 장기적으로 검토해서 계획을 세워야 됩니다. 가령 맞춤법은 반드시 합리적으로, 사용하기 쉽게 조정해야 하는 문제입니다. 또 표준어는 북측과 관련해서 역시 서로가 무리가 없는 수정이 필요합니다.

●●● 남북 통일을 염두에 두고 맞춤법과 표준어를 조정할 필요가 있다는 말씀은 선생님께서 제시하신 바 있는 남북 언어 규범 통합의 3원칙을 말씀하신 것으로 이해됩니다. 선생님께서 제시하신 남북 언어

규범 통합의 원칙은 "첫째, 남북의 규범을 공평하게 절충한다. 둘째, 절충되지 않는 것은 남북의 규범을 복수로 수용한다. 셋째, 복수로 수용되지 않는 것은 제3의 기준을 채택한다"였습니다. 선생님께서 제안하신 원칙은 대체로 2005년부터 시작한 《겨레말큰사전》 편찬 작업에도 적용된다고 할 수 있습니다. 남과 북의 언어학자들이 공동으로 집필하는 이 사전은 남과 북의 언어를 하나로 통일하는 것을 목표로 하지 않고, 남과 북의 서로 다른 규범을 존중하는 가운데 남북이 수월하게 소통할 수 있는 방안을 찾는 것을 편찬 원칙으로 하고 있으니까요.

《겨레말큰사전》 편찬 사업 이야기가 나오니까 1993년 선생님과 문익환 목사와의 만남에 동행했던 때가 생각납니다. 문익환 목사께서 1989년 방북하여 김일성 주석을 면담하면서 남북 통일사전 편찬과 관련한 이야기를 나누었고, 남으로 돌아와 옥고를 치른 후 이와 관련한 사업을 구체화하시면서, 1994년 1월 11일 선생님과 회동을 했었지요. 그 만남이 있고 얼마 뒤인 1994년 1월 18일 문 목사께서 돌아가시면서 더 이상 논의를 진척시키지 못했었습니다. 선생님께서 남기신 일기에 그날의 기록이 있군요.

◆◆◆ 1994.1.11.(火) 9:40 기상. 22층 운동. 과일 먹고 다시 누워 휴식. 옷장 정리하고 외출복 간거(골라) 놓았다. 통일원 북한주민접촉결과보고서 작성. 下午 4:30경 최경봉 군 내방, 5시경 같이 지하철로 종로구 낙원동 중앙빌딩 5층 '통일맞이 칠천만 겨레모임' 방문. 문익환 목사, 유원호, 李五德(이오덕) 인사. 통일문고 수록 위한 남북 언어에 관한 좌담회 사전 협의. 근처 '두레'(732-2919)에서 만찬. 9:30경 귀가. 한명회 (극) 시청. KBS 1TV 10:50 지방시대 녹차 시청. 술 마시고 11:40

취침.

　1994.1.18.(火) 8:40 기상. 22층 운동. 날씨가 춥다. −4℃. …… 밤 9시 뉴스, KBS 2TV 한명회 이어 뉴스쇼 시청. 미국 LA 지진의 피해가 대단하다. 조용란 내전, 내방 약속 부득이 어기게 된 사정 사과. 11:20 KBS 1TV 뉴스 24시 시청, 1주일 전에 정정한 문익환 목사 만났는데, 오늘밤 8시 서거. 木香(목향) 피우고 명복을 빌었다. 노인의 건강은 믿지 못할 일. 술 마시고 0:40경 취침.

●●● 당시 문익환 목사와 협의하신 게 '통일문고 수록 위한 남북 언어에 관한 좌담회'였었군요. 그때 저도 배석해서 들은 것 중 기억나는 것은 남북 언어의 동질성을 확인하고 이질화를 막기 위한 일을 함께하자는 말씀이었습니다. 통일문고 편찬은 그 첫 사업이었고, 남북 언어에 관한 좌담회를 통해 통일사전 편찬을 포함한 구체적인 사업을 모색해 보자는 계획을 나누셨던 것으로 기억합니다. 그런데 문 목사님의 갑작스러운 서거로 뜻을 이루지 못하셨습니다. 오늘 "목향 피우고 명복을 빌었다"는 문구를 보니 가슴이 뭉클해짐을 느낍니다.

　사실 통일사전 편찬에 대한 문제의식은 1980년대 말 북한어 연구가 붐을 이루던 시기에 나타나기 시작했습니다. 당시 서울대 국어국문학과 교수였던 고영근 선생이 주시경연구소의 《주시경 학보》 제3집에 발표한 〈남북한 언어·문자의 이질화와 그 극복방안〉이라는 논문에서 《남한인을 위한 북한어 사전》과 《북한인을 위한 남한어 사전》의 필요성을 언급하기도 했었죠. 선생님께서 탑출판사의 후원을 받아 설립하신 주시경연구소는 이처럼 남북 언어 통일과 관련한 논의가 이루어지는 장이 되었던 것 같습니다.

선생님께서 주도하신 남북 언어 통일을 위한 실천 활동으로 기억나는 것이 1994년 2월 24일에 '우리말 우리문화 동질성 회복 추진회'(이하 추진회)의 창립을 선언한 것입니다. 그런데 이 사업은 별다른 성과를 내지 못하고 흐지부지되었던 것 같습니다. 그러나 추진회의 결성 계기와 활동 내용은 남북 국어학 교류사의 한 대목으로 기억할 필요가 있을 것 같습니다. 이와 관련해 선생님께서 남기신 기록(김민수 2007, 990~1005)을 아래와 같이 요약해 정리해봤습니다.

◆◆◆ 냉전 종식과 함께 조성되기 시작한 남북통일의 기운에 도취되어 민족통일을 구호로만 외칠 것이 아니라, 민족의 동질성 회복과 향상을 도모하고, 실천할 수 있는 구체적이고 장구한 방안을 세워 통일을 굳건한 반석 위에 정착시키기 위한 토대 구축을 서둘러야 할 시기가 되었다고 판단했다. 이에 민족통일의 기초사업으로 추진회를 결성하고 남북과 국제적 연대성을 굳게 하려 했다.

1990~91년 거듭된 이중언어학회 국제학술대회를 계기로 추진회 구상이 무르익었는데, 1992년 5월 17일 신라호텔에서 유지 5명이 모인 가운데 스웨덴 스톡홀름대학 조승복 명예교수에 의해 구체적으로 제기되었다. 그리고 1992년 7월 22일 우리말 동질성 회복 및 향상 추진회 발기문을 다듬어 인쇄했으나 여건이 여의치 않아 발기 준비를 보류했다. 이후 1993년 6월 2일 조승복, 김민수, 김치홍, 박노열, 김영호 등이 한완상 통일원장관을 면담했고 한 장관은 이 자리에서 추진회의 창립과 활동에 전폭적인 동의를 표명했다. 이에 힘입어 1993년 7월 7일 결성된 창립준비위원회에서 김민수를 위원장으로 선출하고 회장단을 조직했다.

그해 8월 28일 북경에서 열린 국제고려학회에서 김민수 위원장이 북측 언어학연구소 김동찬 실장과 민족문제연구회 이철 등을 만나 추진회를 통해 민족의 동질성 회복과 향상을 위한 운동을 전개하기 위한 협의를 했다. 그리고 남북 동질성 찾기 운동을 발의한 지 21개월 만인 1994년 2월 24일에 한국학술진흥재단 5층 대강당에서 창립총회를 열고, 초대 회장으로 김민수 교수를 선출했다.

추진회는 민족어의 동질성 회복, 국내외 8천만 동포의 화합과 협동, 민족 분열 및 남북 분단의 종식을 운동 목표로 정하고, 1994년 8월 남북, 해외교포가 참가하는 '우리 말과 문화의 동질성에 관한 학술회의'를 열 것, 1995년 이후 범민족적 학술회의를 서울, 평양, 해외 등을 번갈아 가며 계속 개최할 것 등의 사업계획을 확정했다. 그러나 내부적·외부적 문제가 겹치면서 사업계획이 무기 연기되고 1996년 7월 추진회는 사실상 해체되었다.

●●● 우여곡절 끝에 남북 합의 아래 추진회를 결성했지만, 사업을 추진할 수 있는 여건을 만들지 못한 거군요. 그런 사실을 알고 나니, 2005년 '겨레말큰사전남북공동편찬사업회'가 결성된 후 〈겨레말 누리판〉(2006/07_08)에 실린 선생님의 글이 새롭게 보입니다. 선생님의 글에서 냉전 시기에 시도했던 남북 언어통합 활동에 대한 회한과 《겨레말큰사전》에 대한 기대가 느껴집니다. 선생님 말씀을 대신해 그 글 중 한 대목을 아래 제시합니다.

◆◆◆ 이런 뜻에서, 2004년 4월 남과 북이 사전 편찬 의향서를 체결하고, 《겨레말큰사전》을 공동으로 편찬하게 된 것은 남북분단 60년 환

갑을 앞두고 터진 일대 역사적 사건임이 분명하다. 이미 남북공동편찬사업회를 구성하고 편찬위원회의 실무 접촉도 이루어진 만큼, 이 사전의 전도는 매우 양양하다. 그사이 남북의 언어 통합을 위한 움직임이 적지 않았지만, 이러한 협의를 이루어낸 것은 이번이 처음이기 때문이다. 우리 민족의 성원이라면 이 거족적 사업에 성원과 찬사를 어찌 아끼겠는가?

4-4. 한국어의 세계화를 위한 모색

●●● 지금은 '한국어의 세계화'라는 표현이 너무도 자연스럽습니다만, 1980년대만 해도 '한국어의 세계화'를 상상해보지 못했던 것 같습니다. 그런 점에서 선생님께서 1981년 이중언어학회 설립의 필요성을 주장하고, 학회를 조직해 회장으로 활동하시게 된 계기 또는 문제의식이 궁금합니다.

◆◆◆ 1981년 6월 정부가 외국 이민과 유학을 자유화한다고 발표했는데, 이는 종전 정책에 대한 대전환이었다. 그때 뜻있는 사람들은 개방에 앞서 민족성을 계속 유지하게 하는 정책적 장치를 마련해야 한다고 생각했다. 1981년 6월 26일 김민수, 박영순 두 교수는 가칭 이중언어교육연구회 창립이 긴급하다는 소신을 토로했고, 7월 3일 제1차 발기회를 시발로 학회 설립을 구체화했고, 9월 26일 덕성여대에서 이중언어학회 창립 총회를 하고 임원진을 구성했다.

이중언어학회의 문제의식은 학회 설립 취지서에 다음과 같이 정리
되어 있다.

"해외에 거주하는 한국인 2세, 3세들에 대한 체계적이고도 지속적
인 국어교육은 필요불가결한 것이다. 시기적으로 늦은 감이 있지만,
더 늦기 전에 이 문제를 중점적으로 연구하고, 정부로 하여금 적극적
인 대책을 수립하는 데 이론적인 뒷받침을 하기 위한 전문기구가 절
대로 필요하다. 이에 뜻있는 사람들이 한자리에 모여 진지한 논의를
한 결과, 다음과 같은 이론적인 근거 위에 가칭 '이중언어학회'라는
학술단체를 만들기로 결의하였다."

●●● 설립 취지서를 보면 이중언어학회를 설립하실 때의 주요 문제의
식은 재외동포들에게 한국어를 가르치기 위한 이론적, 정책적 방안을
마련하는 것이었음을 알 수 있습니다. 이러한 문제의식은 오늘날 '한
국어의 세계화'라는 문제의식과 결이 좀 다른 것 같습니다. 그렇지만
재외동포들의 한국어 교육을 위한 이론적, 정책적 연구가 한국어의 세
계화를 위한 이론적, 정책적 연구로 이어졌음은 이중언어학회의 변천
과정을 통해 확인할 수 있을 것입니다. 사실 한국의 위상이 그리 높지

않았던 당시로서는 재외동포의 한국어 교육으로부터 한국어의 세계화를 모색하는 게 현실적이었겠지요. 그렇다면 해외동포를 대상으로 한 한국어 교육의 의의를 어떻게 생각하셨는지가 궁금한데요.

◆◆◆

I. 왜 해외동포의 국어교육이 필요한가?

ㄱ. 민족적인 차원에서

우리는 해외동포가 남의 민족이 되도록 방치해서는 안 된다. 자기의 민족어를 모르면 민족성도 잃고 고유문화도 잃는다. 해외동포에 대한 국어 교육의 뒷받침 없이는 해외 개방 정책은 위험한 일이다.

ㄴ. 교육적인 차원에서

유네스코 교육헌장 1조에는 "모든 어린이는 자기의 모국어로 교육을 시작해야 한다."라고 되어 있다. 누구도 이 어린이들의 기본 권리를 박탈할 수 없다. 따라서 한국어가 모국어인 어린이는 한국어로 교육을 시작하는 것이 원칙이다. 이 원칙을 전제로 하고 현실을 감안, 최선책을 강구하여야 할 것이다. 즉, 모국어와 현지어를 동시에 배워서 결국은 두 개의 언어를 똑같이 잘할 수 있도록 해야 한다. 따라서, 성인이 된 다음에 한국어를 외국어처럼 가르치는 현재의 정부나 몇 개 대학에서의 재외국민 교육은 근본적으로 수정되고 강화되어야 한다. '교육은 백년지대계'임을 다시 되새겨 민족의 먼 장래를 위한 올바른 교육 정책을 수립하여야 할 것이다.

II. 해외동포의 국어교육에서 무엇을 기대할 수 있는가?

ㄱ. 개인적인 차원에서

① 두 개의 언어를 서로 비교하면서 동시에 배우면, 이해가 빠르고

정확해질 수 있다.

② 외국인으로서 가질 수 있는 위축감이나 갈등을 없앨 수 있다.

③ 두 개의 모국어를 갖는 것은 확실히 개인적으로도 큰 힘이 되며 발전을 기대할 수 있다.

④ 모국에 돌아오고 싶을 때나, 조국이 필요로 할 때 돌아올 수 있다.

ㄴ. 국가적 차원에서

① 우리 국민이 해외에 나가 살아도 조국에 대한 긍지와 자부심을 가지고 계속 모국에 대한 관심과 애정을 가질 것이다.

② 이중언어를 보유한 국민이 많은 것은 결과적으로 국력 신장과 국위 선양이 될 것이다.

③ 해외 개방 정책의 성공이 보장된다.

●●● 설립 취지서에 나온 "자기의 민족어를 모르면 민족성도 잃고 고유문화도 잃는다"나 "해외동포에 대한 국어 교육의 뒷받침 없이는 해외 개방 정책은 위험한 일이다"라는 언급에서는 선생님의 어문민족주의적 인식을 확인할 수 있습니다. 그러나 민족어로서의 한국어 교육과 외국어로서의 한국어 교육을 구분하는 인식은 이중언어학회의 목적을 분명히 하는 계기가 된 것으로 볼 수 있을 겁니다. 현재 이중언어학회의 회칙을 보니 설립 목적을 "본 회는 이중언어학 및 이중언어교육의 이론적 연구와 응용을 통하여 국내외의 외국인 및 해외 교포들을 위한 한국어 교육 분야의 발전에 이바지함을 목적으로 한다"라고 규정하고 있더군요.

40년 전에 작성된 설립 취지서이지만 현재적 관점에서 새롭게 부각할 부분도 눈에 띕니다. '모어로 교육 받을 권리'에 대한 언급이나 "이중언어를 보유한 국민이 많은 것은 결과적으로 국력 신장과 국위 선양이 될 것"이라는 언급은 다문화사회로 나아가는 한국의 현실에서 곱씹어볼 필요가 있을 것입니다. 해외동포에 대한 모어 교육의 중요성을 강조하는 관점을 뒤집어보면, 다문화사회의 국어 정책을 한국어 교육으로만 한정하는 것의 문제점을 확인할 수 있겠지요.

에필로그

국어학자 김민수 선생과의 대화는 '해방 이후 국어 정립을 위한 학술적·정책적 활동'을 주제로 한 것이었다. 제자들이 묻고 스승이 답했던 2007년 여름의 대화는 2022년 여름에 이르러 근현대 국어학사와 국어 정책사가 되었다.

이처럼 선생과의 대화를 학술사 혹은 정책사로 재서술하다보니, 한 국어학자로서 선생의 삶과 경험을 오롯이 조명하지 못한 데 대한 아쉬움이 있었다. 더구나 국어학자로서 그리고 국어 정책학자로서 선생의 삶과 업적을 정리하는 일은 해방 이후부터 1960년대까지의 근현대 국어학사와 국어 정책사가 왜 선생의 구술을 기반으로 서술되어야 하는지를 설명하는 일이기도 했다.

그런 점에서 《오마이뉴스》(2018년 2월 23일 자)에 게재된 원광대 최경봉 교수의 추모글 〈우리가 한 국어학자의 삶을 기억해야 하는 이유〉는 "김민수 선생이 어떤 분이지요?"라는 질문과 "왜 김민수 선생의 구술이어야 하지?"라는 의문에 대한 답이 될 것이다. 이에 그 추모글을 공유하며 이 책을 마무리한다.

우리가 한 국어학자의 삶을 기억해야 하는 이유
-국어학 연구의 실용화에 기여한 국어학자 김민수 교수 부고에 부쳐-

2018년 2월 15일 저녁, 93세의 국어학자가 세상을 떠났다. 고려대 명예교수이자 동숭학술재단 이사장 김민수 선생. 선생이 이룬 업적은 산처럼 높지만, 선생이 세상을 떠났음을 알리는 기사는 짧은 부고 하나뿐.

"김민수(고려대 명예교수) 씨 별세, 전영우(국민대 명예교수·문화재위원회 천연기념물 분과위원장) 씨 장인상=15일, 고려대 안암병원 장례식장 201호, 발인 18일."

평창 동계올림픽에 관심이 집중되던 때 한국 사회는 이처럼 선생의 부고를 무심히 흘려버렸다. 그런데 아이러니하게도 선생이 세상과의 작별을 준비하던 때 한국 사회는 선생이 선구적으로 연구했던 남북의 언어 문제에 새삼 뜨거운 관심을 보였다.

"음식을 놓고 대화가 이어지는 와중에 임종석 비서실장은 '남북한 말에 어느 정도 차이가 있어도 알아들을 수 있는데 오징어와 낙지는 남북한이 정 반대더라'라고 했고 김 제1부부장은 '그것부터 통일을 해야겠다'고 말해 웃음을 자아냈다"(연합뉴스, 2018. 2. 10.).

남북의 언어 차이를 소재로 한 짧은 대화가 언론의 조명을 받을 만큼 분단시대를 사는 한국인들에게 남북의 언어 차이는 호기심을 자극하는 주제다. 그런데 남북의 언어 차이가 학문적 관심의 대상이 되고 남북의 언어 통일이 국어 정책의 주요한 문제로 부각되기까지 선생이 기울였던 노력을 기억하는 사람은 많지 않다.

남북 대립이 첨예하던 1964년, 선생은 하버드대학의 방문학자로 미국 땅을 밟았다. 선생은 하버드-옌칭 연구소에서 북의 언어학 서적을 비롯한 다양한 자료들을 접하였고, 이를 수집, 정리하면서 북의 언어 정책이 어떤 원리로 수립되었고 그 정책이 우리말에 어떤 영향을 미칠 것인지를 연구했다. 당시는 주체사상이 북의 지도이념으로 자리잡는 시기였으며 이에 맞춰 문화어 정립을 위한 말다듬기 운동이 시작되던 때였다.

선생은 이러한 상황을 언어 이질화의 초기 단계로 보고 남북 언어 규범의 통합을 목적으로 한 북한 연구를 준비했던 것이다. 시대적 한계로 우여곡절을 겪기도 했지만 선생은 20여 년 연구의 결과물인 《북한의 국어 연구》(1985)를 세상에 내놓으며 북한 언어 및 국어학 연구의 물꼬를 텄다.

그리고 젊은 학자들을 규합하여 《북한의 어학 혁명》(1989), 《북한의 조선어연구사》

(1991), 《김정일 시대의 북한 언어》(1997), 《남북의 언어 어떻게 통일할 것인가》(2002) 등을 연이어 출판하며 북한 언어 연구를 심화해 나갔다. 이 과정에서 선생은 남북 언어 규범 통합의 3원칙을 제시하기에 이르렀다.

"첫째, 남북의 규범을 공평하게 절충한다. 둘째, 절충되지 않는 것은 남북의 규범을 복수로 수용한다. 셋째, 복수로 수용되지 않는 것은 제3의 기준을 채택한다."

선생이 제안한 남북 언어 규범 통합의 3원칙은 국어 정책의 원리에 근거하여 남북 언어 통일의 방안을 모색하고, 남북 언어 통일의 관점에서 국어 정책의 방향을 찾으려 한 결과였다. 선생은 국어 정책에 대한 학문적 연구가 이루어지지 않던 시기에 《국어 정책론》(1973)을 저술하면서 국어 정책론의 기반을 닦았다.

선생은 특정 이념을 앞세워 주장하는 방식에서 벗어나 과학적이고 실증적인 조사 결과를 바탕으로 국어 정책을 수립해야 함을 강조했는데, 이는 과학적이고 실증적인 조사를 수행할 국어 연구기관을 설립해야 한다는 문제의식과 맞물려 있었다.

선생은 일찍이 언론 기고(《동아일보》 1958. 10. 1/《서울신문》 1958. 10. 11)를 통해 국어연구소를 설립하여 국어 정책의 기반을 조성할 것을 주문한 바 있었다. 1984년 국어연구소가 설립되고 오늘날 국립국어원으로 발전해 온 과정을 볼 때, 국어 정책에 대한 선생의 문제의식은 시대의 요구에 민감하게 반응한 결과였음을 알 수 있다. 선생은 말의 힘을 과장하는 관념론과 거리를 두고서, 우리말이 우리 삶에 미치는 영향을 예의주시하며 국어 정책의 방향을 모색한 현실주의자였다. 따라서 선생의 국어 정책 연구가 우리말을 정리하고 교육하는 데로 확장된 것은 당연한 귀결이었다. 선생은 국어사전과 학교문법서의 편찬을 통해 국어학 연구의 실용화에 기여하였다. 한글학회 사전 편찬원으로 1929년부터 이어져 온 《큰사전》(1957)의 편찬 사업을 마무리하는 데 기여했고, 이후 《새 사전》(1959), 《종합 국어사전》(1968), 《새 국어사전》(1972), 《원색 도해 신 국어대사전》(1974), 《금성판 국어대사전》(1992), 《우리말 어원사전》(1997)을 편찬하며 국어사전의 다양화와 혁신에 기여했다.

또한 선생은 남광우, 유창돈, 허웅 등 당대의 중견 국어학자들과 문법서를 집필하며, 전통적인 품사론 중심의 학교문법을 혁신할 것을 주장하였고, 문장론 중심으로 실용성을 강화하는 문법 교육의 방향을 제시하였다.

그리고 재외동포의 이중어 문제와 한국어의 국제적 보급 문제가 중요하게 부각될 것을 예측하며, 이 문제를 학문적으로 다룰 이중언어학회(1981)를 설립하였다. 재외동포 및 세계인을 대상으로 한 한국어 보급 사업이 활발히 이루어지는 오늘날, 40년 전 이에 대한 연구의 필요성을 제안하고 실천의 기반을 만든 선생의 선견지명에 경의를 표하지 않을 수 없다.

선생은 이처럼 시대의 요구에 예민하게 귀 기울이며 우리말과 우리 삶의 문제에 학문적인 해답을 내놓았던 국어학자였다. 언어의 내적 질서를 엄밀히 분석하고 국어 자료의 역사적 의미를 실증적으로 분석한 국어학자이면서도 현실의 문제에 답하는 것을 소명으로 생각했던 태도는 선생의 삶이 빚어낸 정체성이었다.

1926년에 출생한 선생은 엄혹했던 일제강점기에 조선어학회 기관지 《한글》을 구독하던 친형 김윤수의 영향을 받으며 청소년기를 보냈다. 공과대 진학을 꿈꾸었던 19세 청년은 1945년 해방 직후 열린 조선어학회 간사장 이극로의 강연에 감명을 받고 우리말 연구에 일생을 걸기로 결심하였다. 그리고 1945년 조선어학회 국어강습원 파견 강사 선발 시험에 응해 합격한 후 한글 보급 운동에 참여하였다.

1947년 선생이 서울대 국어국문학과에 입학하자, 박문출판사 국어사전 편찬부 편찬원으로 근무하던 형 김윤수는 선생이 국어학 연구에 매진할 수 있도록 격려와 지원을 아끼지 않았다. 한국전쟁 때 김윤수가 거제도 포로수용소에서 실종되자, 선생은 형의 뜻을 이어 국어사전을 편찬할 것을 결심하였다.

결국 선생은 일제강점기의 어문 운동을 이끌던 조선어학회의 전통을 자양으로 국어학 연구의 뜻을 세웠고, 국어학 연구 과정에서 이룬 성과를 자양으로 실천 활동의 폭을 넓혔던 것이다. 실증적이고 이론적인 연구에서 탁월한 성과를 냈던 선생이었지만, 언제나 시대적 요구를 한발 앞서 감지하고 이에 대응하는 연구를 선도했던 것은 이러한 맥락에서 이해할 수 있을 것이다.

우리말 글과 관련한 많은 것들이 선생이 이룬 학문적 성과와 실천에 기대어 시작되었고 존속되고 있다. 우리말 공동체가 지속되는 한, 남북 언어 통합을 위한 연구와 실천은 지속되어야 하고, 재외동포와 세계인을 위한 우리말 보급은 더 확대되어야 하고, 우리말 사전은 더 풍부하고 정교해져야 하고, 우리말의 원리와 작용은 더 정확히 규명되어야 한다. 이것이 우리 사회가 선생의 삶을 기억해야 할 이유다.

주석

1 고정옥의 월북 과정에 대해서는 신동흔(1995 하)에 비교적 상세히 설명되어 있다. 대략의 내용을 요약하면 6·25전쟁 이후 신중한 태도로 일관하던 고정옥이 사태를 관망하기 위해 학교에 들렀다가 거기서 북에서 온 사람들의 대열에 합류하게 되었다는 것이다. 그리고 부인인 이옥금의 행적이 강조되었는데, 이두현·이응백의 증언을 토대로 고정옥의 월북은 본래 민청 간부로 활동했고 6·25 때 여맹위원장직을 맡은 부인 이옥금의 활동과 관련되어 있다고 보았다. 한편 장사선(2014, 134)은 김하명이 고정옥의 영향으로 월북한 것으로 추측했다. 신동흔(1995 상, 291)에 나온 이두현 선생의 구술을 보면, 당시 고정옥이 교수 학생 사이에 진보적인 성향의 인물로 알려져 있었고 김하명, 김삼불 등이 관여한 서울사대와 문리대의 진보적 학생 그룹에 지도교수 형태로 관여했음을 알 수 있다.

2 1946년 8월 23일 〈군정령〉으로 강행한 국립 서울대학교의 신설안에 반대하여 일어난 동맹 휴학 사건. 미군정청은 경성대학과 경성의학전문학교·경성치과의학전문학교·경성법학전문학교·경성고등공업학교·경성고등상업학교·수원고등농업학교 등을 통합하는 국립대학안을 발표했다. 그러나 일부 교수와 학생이 주도하여 반대 투쟁을 결의했다. 반대 투쟁의 이유는 이 국립대학안이 고등교육기관의 축소를 의미하고, 총장 및 행정 담당 인사를 미국인으로 한 것은 학교 운영의 자치권을 박탈하는 것이며, 각 학교의 고유성을 해친다는 것 등이었다. 전국 대부분의 대학 및 중학교에서 동맹 휴학에 들어갔으며, 그 과정에서 수천 명의 학생이 제적되고, 수백 명의 교수가 해임되었다. 미군정이 1947년 5월 말에 수정 법령을 공포함에 따라 반대 운동은 가라앉기 시작했으며, 국대안 반대 운동은 1년 만에 일단락되었다.

³ 장덕순의 논문 〈어정대는 40대 국문학〉(《신태양》 1958년 10월호)은 이후 2년 동안 정한숙, 조윤제, 김사엽, 이민재 등이 참여한 국문학계의 세대 논쟁으로 이어졌다.

⁴ 1945년 10월에 경성대학 학장으로 학무국에서 고등교육 업무를 담당하고 있던 해군 대위 알프레드 크로프츠Alfred Crofts가 임명되었다. 허도산(1999)에 따르면 크로프츠는 미국 스탠포드대학교 영문학 박사 출신으로 미 해군 정보장교를 지냈다. 1946년에 서울대학교 초대 총장으로 해군 대위 해리 앤스테드Harry B. Ansted가 임명된다. 허도산(1999)에 따르면 앤스테드는 1944년에 Law, Washington Springs University에서 법학박사 학위를 취득했고, 서울대 총장을 지내기 전 1936년부터 1944년까지 시애틀 퍼시픽 대학Seattle Pacific University의 상과대학College of Commerce에서 학장을 역임한 바 있다.

⁵ 1945년 9월 11일 미군정청은 얼 로카드Earl N. Lockard 대위를 학무국장으로 임명했다.

⁶ 시인 고은은 당시 정한숙 선생이 왜 서울대 문리대에서 주로 활동했는지에 대해 다음과 같이 적고 있다. "그 무렵의 국문과나 또는 문학 지망 대학생들은 자주 '문예의 밤'을 열거나 문학서클 운동을 하는 것이 일종의 풍습이었다. 시내 각 대학에서 열성분자들이 서로 얼굴을 익혔던 것, 서울대의 전광용, 정한모와 고대의 정한숙은 두터워졌고 특히 그 무렵 대학생 중에서 문학적 재능으로 손발이 맞은 것이다. …… 그들은 누구나 술을 좋아했다. 그래서 '주막' 동인(서울대 전광용, 정한모, 남상규, 고려대 정한숙, 연세대 전영경)은 술로서 문학을 시작했다. 의대 구내 함춘원 숲속은 그들이 날마다 만나는 장소였다." 고은, 《1950년대─그 폐허의 문학과 인간》, 향연, 2006.

⁷ 1946년 대종교에서는 국학대학과 홍익대학을 설립했는데, 두 대학 모두 학장은 백수白水 정열모鄭烈模 선생이었다. 당시 대종교는 국학대학과 홍익대학 외에도 단국대학, 신흥대학(경희대의 전신) 등을 설립했다. 이 가운데 국학대학교는 1967년에 해체되어 우석대에 흡수되었다. 현재 국학대학교는 존재하지 않는다.

⁸ 이희승이 대학 저학년과 중등학교 고학년을 가르치기 위해 조선의 문학 작품 중 정수를 뽑아 엮은 책이다. 1938년에 인문사에서 발행되었으며 1948년에 박문출판사에서 《정정 역대조선문학정화正訂 歷代朝鮮文學精華》라는 제목으로 재출간되었다. 이후 1953년에 박문출판사에서 《역대국문학정화歷代國文學精華》로 개정되어 출판되었다.

9 일제 강점기 이왕가와 관련한 사무 일체를 담당하던 기구. 이왕직의 이李는 조선 왕실의 성인 전주 이씨를 지칭하고, 왕은 일본의 왕실 봉작제의 작위명을 의미하며, 직은 업무를 담당하는 직관職官이라는 의미이다. 해방 이후 구황실 재산관리총국으로 개편되었다가 후에 문화재관리국으로 흡수되었다.

10 이 책은 국어학자 이규영이 1907년부터 1917년까지 10년간에 걸친 한글모의 활동을 기록한 잡록이다. 한글모는 주시경과 그 제자들이 세운 국어 연구 모임이다. 1908년도에 국어 연구 학회로 시작되어 1913년에 한글모라는 이름으로 개칭되었다. 한글모는 부속 기관인 강습소를 운영했는데 이곳을 통해 최현배, 김두봉, 정열모 등 많은 국어학자들이 국어학에 입문했다. 최현배는 국어 연구 학회의 2회 졸업생이었음은 물론, 그 후 이어진 조선어강습원 중등과와 고등과의 1회 졸업생이었다. 한글학회는 학회의 역사를 소개하면서 국어연구학회와 한글모를 계승했다고 밝히고 있다.

11 해방 이후는 미군정기였고 당시 한국어 교과서와 한국어로 된 공문서의 표기법은 조선어학회의 한글 맞춤법 통일안이 반영되었다. 1945년 9월 21일부터 약 3년간 미군정과 남조선 과도정부 편수국장이었던 최현배는 미군정기 교과서와 공문서에 조선어학회의 통일안을 반영했다. 미군정기 공무원의 공문서 작성을 위한 국어 훈령용 교본에는 당시 문교부에서 채택한 한글 맞춤법이 필수 과목으로 삽입되어 편찬되기도 했다(박종연 2021, 29). 미군정에서 이승만 정부(민정)로 이양되면서 교육 정책과 어문 정책도 이양되었다.

12 《심악 이숭녕전집 15─삶과 사상》, 315~317쪽.

13 홍명희 선생은 1947년 10월에 이극로, 박용희, 김원용, 김호와 함께 민주독립당을 창당하고 대표로 활동했다. 민주독립당은 남한 단독 선거에 반대하고 국토와 민족의 분열을 방지하며 '남북통일, 자주독립'을 내세웠다. 북한에서 제의한 남북연석회의에 김구 선생과 함께 참석을 수락했다.

14 정재도 선생은 《큰사전》 편찬에 참여하게 된 계기를 다음과 같이 밝힌 적이 있다. 이하의 내용은 최경봉 외(2007)에 수록된 것을 축약한 것이다. "내가 《큰사전》에 관계한 것이 1956년 11월부터 1960년 6월 말까지입니다. 어떻게 해서 내가 한글학회를 왔냐 하면 바로 그 전까지 나는 호남신문사에 있었어요. 1956년 봄에 호남신문사 사장이셨던 노산 이은상 선생이 '(사전) 3권 나온 것에서도 혹 잘못된 것을 고친다고 하더라. 한글학회에서. 그러니까 혹 잘못된 것이 발견됐으면 알려줘라' 그래

요. 그런데 그때 내가 뭘 적어 두었냐면 맞춤법 통일안하고 《큰사전》하고 다른 거. 그리고 표준말 모음하고 사전하고 다른 거. 그리고 사전 앞뒤가 안 맞는 거 그런 걸 적어 놨어요. 박갑천(서울신문 논설위원 역임)이라고 내 제자가 있는데 그때 중앙대학 학생이었습니다. 그런데 정인승 선생님이 중앙대 교수이셨거든. 그래서 제가 제자한테 내가 적어놨던 것을 한글학회에 보내달라고 부탁을 했어요. 그런데 이 사람이 한글학회로 보낸 게 아니고 바로 정인승 선생님한테 내 편지를 주었어요. 정인승 선생님이 그거를 보고요, '아니 시골에서 이런 걸 발견할 사람이 있나', 그래서 이사회에 가서 이야기를 한 모양이에요. 사전에서 문제점을 잘 지적해왔다고. 이 정도 같으면 한글학회로 불려 올려야겠다고 한 거예요. 그래서 12월에 오니까 마침 이승호라는 사람이 한글학회 있다가 문교부 편수국에 갔어요. (사전 편찬)사무실에 가니 그 사람 자리가 비어 있어 거기에 나를 앉혀 놓는 거예요."

15 현재 남아 있는 《큰사전》(원고본) 중 1942년 조성된 원고로 출판까지의 수정 흔적이 그대로 담긴 것은 한글학회 소장 8권(분다~빛다, 시~싶, 외~우측통행, 절용~제밑, 주청사~찌그러뜨리다, ㅌ~팀파니, ㅍ~핑핑이, 핸드오르간~현훈증)과 독립기념관 소장 5권(ㅈ~잡제, 찌그러지다~진도바리, 척사윤음~청찰, 여~엿다, ㅎ~핸드백) 그리고 고 김민수 교수 소장 1권('범례' 22장과 'ㄱ 일부' 29장)으로, 400자 원고지 3,500여 장의 분량이다. 이 《원고본》은 2020년 10월 보물로 지정되었다. 《원고본》의 구체적인 분석은 최경봉(2021)을 참조할 수 있다.

참고문헌

강명숙, 《대학과 대학생의 시대》, 서해문집, 2018.

고영근, 《최현배의 학문과 사상》, 집문당, 1995.

고영근, 〈우리나라 학교 문법의 역사〉, 《새국어생활》 10-2, 2000, 27~46쪽.

고영진·김병문·조태린, 《식민지 시기 전후의 언어문제》, 소명, 2012.

국어국문학회 편, 《국어국문학회50년》, 태학사, 2002.

김민수, 《국어 정책론》, 고려대학교출판부, 1973.

김민수, 《신국어학사》(전정판), 일조각, 1980.

김민수, 《민족어의 장래》, 일조각, 1985.

김민수, 《현대어문정책론—그 실태와 개선안》, 한국문화사, 2007.

김병문, 《〈한글 마춤법 통일안〉 성립사를 통해 본 근대의 언어사상사》, 뿌리와이파리, 2022.

김양진, 〈띄어쓰기의 성립과 어절의 개념〉, 《국어국문학》 171, 2015, 1~35쪽.

김양진·오새내, 〈민간주도형 백과사전식 국어대사전의 편찬기술에 대하여〉, 《한국사전학》 16, 2010, 69~105쪽.

김양진·오새내, 〈해방 후, 최초의 국정 교과서 〈바둑이와 철수〉(박창해 저, 1948) 편찬의 국어학사적 맥락 연구〉, 《우리어문연구》 49, 2014, 283~316쪽.

김정인, 《대학과 권력—한국 대학 100년의 역사》, 휴머니스트, 2018.

김하수, 《문제로서의 언어 2: 민족과 언어》, 커뮤니케이션북스, 2008.

문교부, 《우리말 도로 찾기》, 문교부, 1948.

문교부, 《한자 안 쓰기의 이론》, 문교부, 1948.

민현식, 〈국어정책 60년의 평가와 반성〉, 《선청어문》 31, 2003, 37~74쪽.

박선영·김희용, 〈한국전쟁기 대학상황의 이해〉, 《한국학논집》 37, 2008, 341~370쪽.

박지홍, 《《한글모 죽보기》에 대하여〉, 《한힌샘주시경연구》 9, 1996, 19~36쪽.

백낙청·임형택·정승철·최경봉, 《한국어, 그 파란의 역사와 생명력》, 창비, 2020.

시정곤, 《훈민정음을 사랑한 변호사 박승빈》, 박이정, 2015.

신동흔, 〈고정옥의 삶과 학문세계(상)〉, 《민족문학사연구》 7, 1995, 270~316쪽.

신동흔, 〈고정옥의 삶과 학문세계(하)〉, 《민족문학사연구》 8, 1995, 221~241쪽.

신창순, 《국어근대표기법의 전개》, 태학사, 2007.

안예리, 《근대 한국의 언어 문제》, 역락, 2020.

오성철, 〈근대 이후 서당교육의 사회적 특질〉, 《한국초등교육》 32-1, 2021, 21~38쪽.

왕문용, 〈문법 교육 변천사〉, 《국어교육론 2》, 2005, 47~76쪽.

이관규, 〈문법 교육 연구사〉, 《국어교육론 2》, 2005, 13~46쪽.

이광정, 《국어문법연구 2—국어학사 외》, 역락, 2003.

이병근, 《국어학사—시대와 학문》, 태학사, 2022.

이상혁 외, 《한글 창제, 사용의 사회·경제적 효과》, 한글박물관, 2017.

이상혁, 〈해방 후 초기 북쪽 국어학 연구의 경향—1945~1950년 초기 국어학 연구자
를 중심으로〉, 《어문논집》 56, 2007, 5~31쪽.

이상혁, 〈한국어 명칭의 위상 변천과 그 전망—언어 환경 변화에 따른 'Korean language'
명칭 변화를 중심으로〉, 《국제어문》 46, 2009, 165~188쪽.

이상혁, 〈북쪽 국어학자의 훈민정음 연구 분석과 학문적 계보〉, 《우리어문》 39집,
2011, 275~299쪽.

이상혁, 〈홍기문의 훈민정음 번역과 국어학사의 한 경향〉, 《한국어학》 73, 2016,
111~134쪽.

이상혁, 〈북한의 훈민정음 연구 성과와 전망—해방 직후부터 2000년대까지의 연구 성
과를 중심으로〉, 《한국어문학국제학술포럼(JKC)》 40, 2018, 75~117쪽.

이숭녕, 〈국어교육계의 과제〉, 《조선교육》 1-2, 1947.

이숭녕, 〈국어학의 방향전환을 제의한다〈2〉〉, 《사조》 9월호, 1958, 91~97쪽.

이응호, 《미 군정기의 한글 운동사》, 성청사, 1974.

이준식, 〈일제 강점기의 대학 제도와 학문 체계—경성제대의 조선어문학과를 중심으
로〉, 《사회와역사》 61, 2002, 191~218쪽.

이준식, 〈지식인의 월북과 남북 국어학계의 재편: 언어 정책을 중심으로〉, 《동방학지》 168, 2014, 1~28쪽.

장사선, 〈김하명 연구〉, 《국제 한인문학 연구》 1-1, 2014, 131~180쪽.

장신, 〈조선어학회 사건의 발단과 민족 서사의 탄생〉, 《한국독립운동사연구》 53, 2015, 109~140쪽.

정승철, 〈경성제국대학과 국어학〉, 《이병근선생퇴임기념국어학논총》, 태학사, 2006, 1465~1484쪽.

정재환, 《한글의 시대를 열다―해방 후 한글학회 활동 연구》, 경인문화사, 2013.

정재환, 〈해방 후 조선어학회·한글학회 활동 연구(1945~1957년)〉, 성균관대학교 박사학위논문, 2013.

조윤제, 《국어교육의 당면한 문제》, 문화당, 1947.

조태린, 〈국어라는 용어의 비판적 고찰〉, 《국어학》 48, 2006, 363~395쪽.

조태린 외, 《언어순수주의의 발현과 전개》, 한국문화사, 2019.

최경봉 외, 《해방 이후 국어 정립을 위한 학술적·정책적 활동 양상》(국사편찬위원회 구술 채록 자료), 2007.

최경봉, 〈김수경의 국어학 연구와 그 의의〉, 《한국어학》 45, 2009, 363~385쪽.

최경봉, 〈2011년 동숭학술재단이 선정한 언어학자, 정렬모〉, 《동숭학술재단자료집》, 2011, 161~170쪽.

최경봉, 〈국어학사에서 유응호의 위상과 계보〉, 《한국어학》 54, 2012, 291~324쪽.

최경봉, 《근대 국어학의 논리와 계보》, 일조각, 2016.

최경봉, 《우리말의 탄생》(2판), 책과함께, 2019.

최경봉, 〈규범문법 수립이라는 과제와 국어학―국어학사의 관점에서 본 국어 규범문법의 특수성〉, 《한국어학》 86, 2020, 85~118쪽.

최경봉, 〈'조선말 큰 사전 원고'의 사전화 과정과 사전학적 의의〉, 《민족문화연구》 91, 2021, 9~47쪽.

최용기, 《한국어 정책의 이해》, 한국문화사, 2010.

최현배, 《들온말 적는 법》, 대한문교서적주식회사, 1952.

최호철, 〈자료 발굴과 소개: 1950년대 말 조선민주주의인민공화국에서의 조선 언어학 역사〉, 《한국어학》 17, 2002, 356~384쪽.

편찬위원회, 《문교 40년사》, 문교부, 1988.

한국학중앙연구원, 《한국민족문화대백과사전》(https://encykorea.aks.ac.kr/).

한글학회, 《한글학회 50년사》, 한글학회, 1971.

한글학회, 《한글모 죽보기》 영인, 《한힌샘주시경연구》 1, 1988, 157~203쪽.

한글학회, 《한글학회 100년사》, 한글학회, 2010.

허도산, 《자유의 어머니 이태영》, 자유지성사, 1999.

허만길, 《현대국어 정책연구》, 국학자료원, 1994.

허재영, 《우리말 연구와 문법 교육의 역사》, 보고사, 2008.

인명 색인

강한영姜漢永(1913~2009)

전라북도 완주 출생. 호 새터. 국문학자, 예술감독. 1951년 서울대학 문리과대학 국문학과를 졸업하고 1977년 한양대학교 명예 문학박사를 받았다. 숙명여대, 서울대학, 덕성여대 교수, 국립창극단 단장, 선문대학교 석좌교수 등을 역임했다. 저서에는《교주 계축일기校註癸丑日記》,《교주 판소리 사설 춘향가》등이 있다.

고노 로쿠로河野六郎(1912~1998)

일본 고베 출신. 1937년 도쿄제국대학 문학부 언어학과를 졸업하고 같은 대학에서 《朝鮮漢字音の硏究》로 문학박사 학위를 취득했다. 1940년 오구라 신페이小倉進平 교수의 추천으로 경성제대 조교로 부임한 후 1941년 경성제대 강사, 1942년 경성제대 조교수가 되었다. 일본의 패전 이후 도쿄대 문리과대학 조교수, 텐리대학 교수, 도쿄교육대학 교수를 역임했다.《朝鮮方言學試攷─鋏語攷》(1945)는 한국어 방언뿐만이 아니라 음운사 연구의 탁월한 저술로 평가받는다.

고정옥高晶玉(1911~1969)

경상남도 함양 출신. 1929년 경성제국대학에 입학하여 조선어문학을 전공했다. 해방 후 서울대학교 사범대학 국어교육과 교수로 재직하면서, 방종현, 김형규, 구자균 등과 함께 우리어문학회 회원으로 활동했다. 대학 시절부터 우리 민요 연구에 주력했는데, 그가 저술한《조선민요연구》(1949)는 민요 일반에 대한 최초의 체계적인 저술로 평가받는다. 한국전쟁 중에 월북하여 북한 구비문학 연구의 기초를 닦았다.

구자균具滋均(1912~1964)

황해도 개성 출신. 1931년 경성제국대학 예과에 입학하여 1936년에 같은 대학 법문학부 조선어문학과를 졸업했다. 해방 전에 대구사범 중등 교사를 역임했고, 1945년 보성전문학교의 교수, 1946년에 고려대 문과대학 국어국문학과 교수가 되었다. 고려대 고전국역위원회 위원, 아세아문제연구소 연구위원, 문학부장 등을 역임했다. 대학 졸업논문으로 제출한 〈조선평민문학사朝鮮平民文學史〉(1936)를 1947년 단행본으로 출간했고, 1956년《국문학사》를 저술했다.

김계곤金桂坤(1926~2014)

1951년 부산대 국어국문학과에 입학하여 1956년에 졸업했다. 경남고등학교, 보성고등학교 교사를 거쳐 1963~66년 서울대 대학원 언어학과 연구과정을 수료했다. 1966년 경인교육대학(인천교육대학교) 교수가 되었고, 1991년 퇴임했다. 2004년 한글학회 회장, 2004~2010년까지 재단법인 한글학회 이사장을 역임했다. 저서로는《국어학강의》(1972),《현대국어의 조어법 연구》(1996) 등이 있다.

김기림金起林(1908~?)

함경북도 성진 출신. 1921년 서울 보성고보에 입학하고, 1930년 일본 니혼대학 문학예술과를 졸업했다. 1939년 도호쿠제국대학 영문과를 졸업한 후 조선일보 기자로 활동했다. 해방 후 서울대, 중앙대, 연희대 등에 강사로 출강하다가 서울대 조교수가 되었다. 한국전쟁 때 납북되었다. 저서로 시집《기상도》(1936),《바다와 나비》(1946) 등, 수필집《바다와 육체》(1948), 평론집《문학개론》(1946),《시의 이해》(1949) 등이 있다.

김동욱金東旭(1922~1990)

충청남도 홍성 출신. 일본 주오대학中央大學 전문부 법과를 졸업하고 서울대 국어국문학과에 편입학, 1949년 졸업 후 1952년 동인들과 국어국문학회를 창립했다. 중앙대, 연세대, 단국대 대학원 교수를 역임했다. 주요 저서로《국문학개설》(1961),《한국가요의 연구》(1961),《춘향전연구》(1965),《한국복식사연구》(1974),《춘향전 비교연구》(1979) 등이 있다.

김동철金東喆(1927~)

전남 장성 출생. 보성 전문대학에 입학해서 후에 고려대 경제학과를 졸업했다. 이화여대 교수를 역임하고 상지전문대 학장을 지냈다. 1945년 12월, 김민수 선생이 전남 백양사에서 제1회 한글강습회를 주관할 때, 정문학 등과 함께 고등부 강습을 마쳤다.

김병제金炳濟(1905~1991)

경상북도 경주 출신. 이윤재(1888~1943)의 사위. 1930년대 후반에 배재고보의 '조선어' 교사로 근무했고, 조선어학회 회원으로 표준어 사정위원을 역임했다. 해방 이후 《조선말 큰사전》 편찬원과 국어과 지도자 및 교원 강습회 강사 등으로 조선어학회에서 활발하게 활동했다. 1948년에 이극로와 함께 월북한 후 북한 김일성대학 언어학 교수 및 사회과학원 언어학연구소 소장 등을 역임했다. 장인 이윤재 선생의 유고를 수정하고 증보하여 《표준조선말사전》(공저, 1947)을 편찬했다. 《조선어사》(공저, 1964), 《조선어학사》(1984), 《조선언어지리학시고》(1988) 등의 저술을 남겼다.

김삼불金三不(1920~?)

경북 경산 출신. 1938년 연희전문학교 문과 본과에 입학했다. 재학 중에 송몽규 등과 치안유린죄로 구속되기도 했다. 1942년 연희전문학교를 졸업한 후 1946년 9월 서울대학교 국어국문학과 신제 3학년으로 편입하여 1949년에 졸업했다. 1950년에 월북하여 김일성종합대학 어문학부 교수를 역임한 것으로 알려져 있다. 해방 후 고전문학 연구의 개척자로 《국문학참고도감》(1949, 가람 교열)을 펴낸 바 있다. 고전시가집 《해동가요》(1950), 판소리계 고소설 《배비장전》(1950)과 《옹고집전》(1950)을 발간했다. 월북 후 북한에서도 고전 국문학 연구에 매진했다.

김석득金錫得(1931~)

충청북도 괴산 출신. 연세대학교 국어국문학과를 졸업하고 프랑스 파리 제7대학교 대학원 언어학 박사를 취득했다. 연세대 교수를 지내면서 1984년 한국언어학회 회장, 1989년 연세대학교 대학원장, 1993년 외솔회 회장 등을 역임했다. 국어학사의 관점에서 《한국어연구사》(1975)를 펴냈고, 그 저술을 수정하고 보완하여 《우리말연구사》(1990)를 출간했다.

김석연金昔姸(1928~2014)

언어학자. 본명 김정숙. 서울대학교 국어국문학과를 졸업하고 1962년 김석연으로 개명했다. 1956년부터 1971년까지 서울대학교 국어국문학과 교수를 역임했다. 2002년까지 뉴욕주립대 한국학 교수로 재직하며 훈민정음을 영역한 종합 연구서《1446년의 한글*The Korean Alphabet of 1446*》(2002)을 펴냈다.

김선기金善琪(1907~1992)

전라북도 군산 출신. 1930년 연희전문학교 졸업, 1937년 영국 런던대학에서 문학석사학위를 취득했다. 1938년 연희전문학교 교수가 되었다. 1942년 조선어학회 사건으로 함흥형무소에 투옥, 1943년 기소유예로 풀려났다. 1950년 서울대학교 언어학과 주임교수로 자리를 옮겼다. 1948년부터 1970년까지 한글학회 이사를 역임했다. 1958년 문교부차관 취임, 1963년 자유민주당 중앙위원회 의장으로 정치 활동을 하기도 했다. 대표 저술로《국어 음성학*Phonetics of Korean*》(1937)이 있다.

김수경金壽卿(1918~2000)

강원도 통천 출신. 1940년 경성제국대학 철학과 졸업한 후 1944년까지 도쿄제국대학 대학원 언어학과에서 수학했다. 구조주의에 정통한 국어학자로, 해방 후 중등교원 양성을 위해 경성대학과 경성사범학교에 부설된 '임시중등교원양성소'에서 '조선어학개론'을 강의했다. 1946년 월북하여 김일성대학 조선어문학부 조선어학 강좌장을 역임하며, 문법론과 문체론 연구에 주력했다. 대표 저술로《조선어문체론》(1964),《세나라 시기 언어력사에 대한 남조선 학계의 견해에 대한 비판적고찰》(1989) 등이 있다.

김순남金順男(1917~1986)

서울 출신. 1937년 경성사범학교를 졸업하고, 1938년 일본 도쿄고등음악학원 작곡부에 입학했다. 1939년 작곡부 2년을 수료한 뒤 1940년에 도쿄고등음악학원에 피아노 전공으로 편입했다. 1944년 경성여자의학전문학교 음악 강사를 역임했다. 일본 프롤레타리아음악가동맹의 서기장을 지낸 스승의 영향으로 사회주의가 되고 1948년 월북했다. 1951년 조선음악가동맹의 부위원장을 맡았고, 해주음악전문학교 교수를 역임했다. 작품으로《산유화》(1945),《건국행진곡》(1945), 인민항쟁가(1945) 등이 있다.

김승곤金昇坤(1927~)

경남 의령 출신. 건국대학교 국어국문학과를 졸업하고, 건국대 국어국문학과 교수를 지냈다. 한말연구학회와 한글학회 회장을 역임했다. 저술로는《한국어 토씨와 씨끝》(1992),《국어통어론》(2010) 등이 있다.

김양수金良洙(1896~1971)

1896년 전남 순천 출신. 일본 와세다대학 정치경제학부를 졸업하고 미국 컬럼비아대학(1926~1927)과 영국 런던대학(1931)에서 수학하다가 중국으로 건너가서 김두봉 등과 교류하면서 한글 운동에 관하여 의견을 나누었다. 조선 귀국 후 1934년 김도연과 함께 조선흥업주식회사朝鮮興業株式會社를 창립하여 이사를 역임하면서 조선어학회의 재정을 지원했다. 1942년 10월 22일 조선어학회 사건으로 2년 3개월 간 옥고를 치렀다. 1950년 제2대 국회의원을 역임했다.

김영배金英培(1931~)

평안북도 영변 출신. 동국대학교 국어국문학과를 졸업하고 동국대학교 대학원에서 문학박사를 취득했다. 신라대학교, 상명대 조교수를 거쳐 동국대학교 국어국문학과 교수를 역임했다. 역주서로《석보상절 제23·24주해》(1972),《역주 월인석보 제20》(2004) 등이 있다.

김윤경金允經(1894~1969)

경기도 광주 출신. 서강의법학교西江懿法學校 고등과를 수료하고 상동청년학원, 연희전문학교 문과, 일본 릿쿄대학 문학부 사학과를 졸업했다. 1937년 수양동우회 사건으로 1년간 옥고를 치른 후 1938년《조선문자급어학사》를 출간하는 등 국문연구에 매진하다가 다시 1942년 조선어학회 사건으로 2년간 옥고를 치렀다. 광복 후, 조선어학회 상무간사와 국어부활강사로 활동하는 한편, 연희전문학교 접수위원·이사직을 맡았다. 연세대학교 교수, 한양대학교 문리과대학 교수를 역임했다. 저술로는《조선문자급어학사》,《나라말본》,《중등말본》 등이 있다.

김태준金台俊(1905~1949)

평안북도 운산 출신. 1926년 이리농림학교를 졸업하고 경성제대 예과를 수료하고 경성제대 법문학부에 진학하여 1931년 졸업했다. 중국문학 전공을 했지만, 1931년에 조윤제, 이희승 등과 함께 조선어문학회를 결성했다. 경학원 직원 및 명륜학원 강사도 역임했다. 1939년에는 다카하시 도루高橋亨의 후임으로 경성제대 조선문학 강좌 강사로 임명되었다. 1941년 경성콤그룹 사건으로 구속되었다. 해방 후 경성대학 총장으로 공선되기도 했다. 남로당 문화부장에 임명되었다가 1949년 이적간첩죄로 체포된 후 처형되었다. 《조선한문학사》(1931)와 《조선소설사》(1933) 등의 저술을 남겼다.

김하명金夏明(1923~1994)

평안북도 영변 출신. 평양사범학교를 졸업하고 1948년 서울대학교 사범대학 국어교육과를 졸업했다. 한국전쟁 때 인민군에 입대했다. 1951년 김일성종합대학 교원, 1958년 조선어문학부 학부장, 1964년 사회과학원 문학연구소 소장을 역임했다. 《연암 박지원》(1955), 《조선문학사》(1961, 1962, 1965, 1966) 등의 방대한 저술이 있다.

김형규金亨奎(1911~1996)

함경남도 원산 출신. 1936년 경성제국대학 법문학부 조선어문학과를 졸업했다. 1946년 보성전문학교 교수, 1952년에 서울대학교 사범대학 국어교육과 교수가 되어 1976년에 퇴임했다. 1953년 이후 국어심의회 위원으로 활동하다가 1962년에 서울대에서 문학박사 학위를 받은 후 문교부 국어심의회 한글분과 위원장을 역임했다. 1988년 국립 국어연구소장에 취임했다. 저서로 《한국방언연구》(1974) 등이 있다.

남광우南廣祐(1920~1997)

경기도 광주 출신. 1938년 3월 대구사범학교와 1950년 5월 서울대학교 문리과대학 국어국문학과를 졸업하고 경북대, 중앙대, 인하대 교수를 지냈다. 한국어문교육연구회 대표이사와 회장을 역임했다. 주요 논저에는 《고어사전古語辭典》(1960·1971·1997), 《조선한자음朝鮮漢字音 연구》(1969), 《한국어의 발음 연구》Ⅰ·Ⅱ(1984·1989) 등이 있다.

다카하시 도루高橋亨(1878~1967)

일본 니가타현 출신. 1902년 도쿄제국대학 지나(중국)철학과를 졸업한 후 1903년 대한제국 관립중학교 교사로 초빙되어 조선에 처음 왔다. 1912년 조선총독부 한글 철자법 위원, 1916년 대구고등보통학교 교장 등을 역임하고 1919년 도쿄제국대학에서 문학박사학위를 받고 1923년 경성제국대학 창립위원회 간사로 활동했다. 1926년 경성제국대 법문학부 교수가 되어 조선어문학과에서 조선유학사를 강의했다. 1939년 정년퇴임 후 일본으로 돌아가 1950년 일본 텐리대학 교수가 되어 조선학회 창립을 주도했다. 저서로 《內鮮關係政治文化思想史》(1943)가 있다.

만암曼庵(1876~1957)

속명 송종헌宋宗憲. 전북 고창 출신. 1889년 장성 백양사에서 도진 스님을 은사로 출가했다. 1910년 한국불교를 일본불교에 예속시키려 하자 한용운, 박한용 등과 함께 임제종을 설립했다. 1916년 백양사의 주지가 되어 쇠락한 백양사 도량을 현재의 규모로 일으켰다. 평소 승풍진작을 위한 선농일여禪農一如 사상을 몸소 실천했고, 불교근현대사에서 '교육'에 가장 힘을 쏟은 스님으로 알려져 있다. 1928년에 중앙불교학교(동국대학교의 전신)의 전신인 불교전수학교를 세워 초대 교장에 취임했다. 1954년 한암漢巖의 뒤를 이어 조계종 종정이 되어 종헌과 종법을 제정했다.

메논Vengalil Krishnan Krishna Menon(1897~1974)

인도의 정치가. 1924년 영국 유학 후에 인도의 독립을 위해 힘썼다. 1946년 인도인 최초의 고등 판무관으로 런던에서 활동했다. 1949년 UN 한국위원회 인도 대표로 한국에 와서 유엔 한국위원위 의장으로 활약했다. 1953년 유엔 주재 차석 대표가 되었다.

문세영文世榮(1895~1952?)

1921년 일본 동양대학을 졸업하고, 귀국 후 배재고등보통학교 교사로 재직했다. 조선어학회의 표준어 사정위원과 수정위원으로 활동하는 한편, 조선어사전 편찬에 몰두하여 최초의 우리말 사전인 약 10만 어휘의 《조선어사전》(1938)을 펴냈다. 해방 후 국어사전 편찬에 몰두하다 한국전쟁 중 행방불명되었다.

박병채朴炳采(1925~1993)

전라북도 전주 출신. 1951년 고려대학교 문과대학 국어국문학과를 졸업하고 1975년 고려대학교에서 문학박사 학위를 받았다. 고려대학교 교수를 역임했으며 저서로는 《고대 국어학 연구, 음운편》(1971), 《고려가요 어석연구》(1976), 《국어발달사》(1990) 등이 있다.

박성의 朴晟義(1917~1979)

경상북도 칠곡 출신. 1950년 고려대학교 국어국문학과를 졸업했다. 해방 직후 조선어학회의 파견 강사로 한글 보급 운동에 참여했다. 1953년부터 고려대 국어국문학과 교수로 재직하며, 조선 가사 연구에 주력했다. 《노계가사통해》(1957), 《송강가사》(1958) 등을 저술했다.

박승빈 朴勝彬(1880~1943)

강원도 철원 출신. 일본 주오中央대학 법학과를 졸업한 후 1907년 귀국하여 판사 및 검사로 활동했고 1909년부터 변호사로 개업했다. 1908년 《언문일치일본국육법전서》를 번역 출간한 것을 계기로 철자법 연구를 시작했다. 1925년 보성전문학교 교장에 취임한 후 '조선어학'을 강의하며 자신의 문법과 철자법을 체계화했고 이를 집대성해 《조선어학》(1935)을 저술했다. 조선어학회의 어문정리 방향에 반대하며, 1931년에 조선어연구회를 조직하고 기관지 《정음》을 발행했다.

박영순 朴榮順(1942~)

경상북도 예천 출신. 숙명여대 국문학과에서 학사와 석사 학위를, 미국 일리노이대학 언어학과에서 석사와 박사 학위를 받았다. 고려대 사범대학 국어교육과 교수를 지냈다. 한국어세계화재단 이사장, 한국어학회, 이중언어학회, 한국어의미학회 회장을 역임했다. 저술로는 《한국어통사론》(1985), 《이중/다중언어교육론》(1997), 《한국어 은유 연구》(2000) 등이 있다.

박종홍 朴鍾鴻(1903~1976)

평양 출신. 1920년 평양고등보통학교 졸업, 18세부터 보통학교에서 교사생활을 시작했다. 1926년 고등보통학교 교사 자격 검정 시험에 합격, 대구고등보통학교 교사로 일했고 1929년 경성제국대학 법문학부 철학과에 진학, 1934년 같은 대학 대학원 졸업과 동시 조교로 근무하다가 1935년 이화여자전문학교 강사로 옮겨 1937년 교수, 1939년 문과과장을 역임했다. 광복 후 서울대학교 철학과 교수가 되었다.

박창해 朴昌海(1916~2010)

중국 길림성 용정 출신. 해방 전에 연희전문학교 문과를 졸업하고 1945년 미군정청 문교부 편수사를 역임했다. 1948년 '철수와 영희, 바둑이'가 등장하는 첫 국민학교 국어 교과서를 집필했다. 1952년 연세대 국어국문학과 교수가 되어 1959년 연세대 한국어학당을 설립하고 초대 학감을 맡았다. 1976년에 미국 하와이대로 옮겨 가서 1988년까지 교수를 지냈다. 최현배의 《우리말본》을 저본으로 《쉬운조선말본》(1946)을 저술한 바 있다.

방종현方鍾鉉(1905~1952)

평안북도 정주 출생. 1934년 경성제국대학 법문학부 조선어문학과를 졸업하고 1945년 경성대학 예과 교수, 1946년 서울대학 교수, 1951년 문리과대학장, 한글학회 이사, 진단학회 위원, 서지학회 회장 등을 역임했다. 국어사 자료의 정리와 해석, 국어학사 연구, 방언 조사, 속담집 간행 등 다양한 분야를 연구했으며 《훈몽자회》와 《계림유사》에 대한 선구적 업적을 남겼다.

서두수徐斗銖(1907~1994)

1925년 경성제국대학 예과에 입학했다. 1927년 일본어문학으로 진입하여 1930년 졸업했다. 해방 후 한국어문학으로 전공을 바꿨다. 연희전문과 경성대학 등에서 국문학과 교수를 역임했다. 1949년 3월에 서울대 교무처장에 취임한 후 7월에 사임했다. 그후 1949년 미국 컬럼비아대학으로 유학을 떠나 1952년 박사학위를 받았다. 이후 하버드대학, 워싱턴대학에서 한국학 전공 교수로 활동했다.

서옹西翁(1912~2003)

속명 이상순李商純. 충남 논산 출신. 1932년 양정고를 졸업하고 1935년 중앙불교학교를 거쳐 1941년 일본 교토 임제대학을 졸업했다. 1974년 대한불교조계종 제5대 종정을 지냈다. 참선 수행을 강조하며 '본래 자비심이 있는 참 모습을 깨닫기 위해 수행할 것'을 역설했다. 저서로는 《임제록 연의》, 《선과 현대문명》, 《절대현재의 참사랑》, 《절대 참사랑》, 《서옹 선불법어집禪佛法語集》 등이 있다.

손낙범孫洛範(1911~1984)

충청남도 당진 출신. 1936년 경성제국대학 법문학부를 8회로 졸업했다. 해방 후에는 경성여자사범대학 교수 겸 학생과장을 역임했고, 1951년 대전 전시 연합대학 부학장으로 활동했다. 1952년부터 충남대 교수, 서울대 사범대학 교수, 국제대 교수를 지냈다. 대표적인 저술로는 《박씨부인전주해》(1956) 등이 있다.

신기철申琦澈(1922~2003)

강원도 춘천 출신. 춘천에서 민족 운동을 하던 신영철의 동생으로, 춘천고등보통학교 재학 중인 1938년 항일비밀결사인 상록회常綠會에서 활동하다가 검거되어 징역 2년 6월형을 선고 받고 옥고를 치렀다. 해방 후 성균관대학 국문학과 교수를 지냈다. 1950년대 초 교단에서 물러난 후 평생을 동생 신용철과 함께 국어사전 편찬에 전념했고, 《표준 국어사전》(1958)과 《새 우리말 큰사전》(1974)을 편찬 간행했다.

신영철申瑛澈(1916~?)

강원도 춘천 출신. 1935년 춘천고등보통학교를 졸업한 뒤 고향에서 민족 운동을 했다. 1938년 치안유지법 위반으로 검거되어 1년 6개월 형을 선고받고 옥고를 치렀다. 해방 후 조선어학회에서 기관지 《한글》 편집과 《큰사전》 편찬 업무를 담당했고, 한글 문화보급회의 위원장으로 활동하며 한글 전용의 정착을 위해 노력했다. 중앙대학교 국문학과 교수로 재직하다가 한국전쟁 중 납북되었다.

신창순(1932~?)

경상북도 안동 출신. 고려대 국어국문학과를 졸업하고, 도쿄교육대학 대학원 문학연구과 박사과정을 수료했으며, 일본 쓰쿠바대학에서 문학박사 학위를 받았다. 한국학중앙연구원 교수를 역임했다. 대표 저술로는 《국어정서법연구》(1992)가 있다.

안익태安益泰(1906~1965)

평안남도 평양 출신. 1918년 평양보통학교 졸업 후 1921년 일본으로 유학, 1926년 구니다치고등음악학원에 입학하여 첼로를 전공했다. 1930년 3월 졸업 후 미국의 신시내티음악원으로 유학했다. 1937년에 유럽으로 건너가 헝가리, 베를린으로 활동무대를 옮겨 활동했다. 1942년 만주국 건국 10주년을 축하하는 교향 환상곡 〈만주〉를 작곡했다. 말년에는 거처를 스페인 바르셀로나로 옮겨 지냈다. 1948년 대한민국 정부가 수립되면서 〈애국가〉가 국가로 지정되었다. 2009년에 친일인명사전에 등재되었다.

야마다 요시오山田孝雄(1873(또는 1875)~1958)

일본 도야마 출신. 도야마 중학교 1학년 수학이 정규 학력의 전부이다. 한학을 배우고 중학교 중퇴 이후에는 일본의 국학을 배웠다. 20세의 나이에 소학교 교원 검정 시험에 합격하여 1892년부터 소학교와 중학교에서 교사 생활을 했다. 일본대학 고등사범부, 도호쿠 대학 교수 등을 역임했다. 1929년에 문학박사 학위를 받았다. 그의 저술 《日本文法講義》(1922)는 최현배의 《우리말본》(1937)에 상당한 영향을 주었다. 1940년 진구코가쿠칸대학神宮皇學館大學 학장, 1945년 7월 국사편집원장을 역임했다.

안문구(?~?)

경상남도 의령 출신(?). 해방 전에 경성제국대학 예과에 입학했다. 1948년 서울대 문리과대학 국어국문학과 2회로 졸업했다. 1950년 이후에 월북했다. 철학자이자 국학자 안호상(1902~1999)의 조카로 알려져 있다. 대표 저술로 《국어 문법: 인민 학교 제4학년용》(1956), 《국어 문법: 인민 학교 제3학년용》(1957)이 있다.

안호상安浩相(1902~1999)

경상남도 의령 출신. 대종교에 입교하여 민족 운동에 참여했고 1922년 상해독일국립동제대학獨逸國立同濟大學에 재학하며 상해 한인 유학생회를 이끌었다. 독일로 유학하여 1929년 국립 예나Jena대학에서 철학박사학위를 받고 해방 후 서울대 문리과대학 교수를 거쳐, 1948년 초대 문교부장관을 역임하면서 대한민국의 교육이념을 홍익인간으로 정하는 데 주도적인 역할을 했다. 국회 참의원 의원, 한성대 및 경희대 이사장, 대종교 지도자(총전교)를 역임했다.

오구라 신페이小倉進平(1882~1944)

일본 센다이 출신. 1906년 도쿄제국대학을 졸업하고, 1911년 조선으로 와서 총독부에서 근무했다. 1926년 경성제국대학의 설립과 함께 교수가 되었다. 1933년부터 1944년까지 도쿄제국대학 교수를 겸했다. 식민지 시대의 조선어와 조선학 연구에 성과를 낸 대표적인 일본 어학자이다. 주요 저술은 《朝鮮語學史》(1920)와 《鄕歌及吏讀の研究》(1929) 등이 있다.

양주동梁柱東(1903~1977)

경기도 개성 출신. 1928년 일본 와세다早稻田대학 영문과를 졸업한 후 시인이자 문학 이론가로 활동하다가, 1934년 오구라 신페이小倉進平의《향가 및 이두의 연구鄕歌及び 吏讀の硏究》(1929)를 접한 후 향가와 고려가요 연구에 몰두했다. 1942년에 향가 연구를 집대성한《조선고가연구》를, 1947년에 고려가요 연구를 집대성한《여요전주麗謠箋注》를 저술했다. 1947년부터 동국대 국어국문학과 교수로 재직했다.

양재연梁在淵(1920~1973)

충청북도 음성 출신. 청주고보를 거쳐 경성제국대학 예과에 입학하여 조선어문학과를 다니다가 해방을 맞아 경성대(서울대)를 졸업했다. 1946년 경성대 공학부 강사, 1947년 중앙대 강사, 1954년 이화여대 교수, 1957년 중앙대 교수를 역임했다. 한국전쟁 중 부산에 피난하여 국어국문학회를 조직하고 초대 대표를 역임했다. 1971년 문화재관리위원회 부위원장, 1973년 성곡학술문화재단 운영위원장을 지냈다.

유억겸兪億兼(1896~1947)

서울 출신. 개화파 정치인 유길준의 차남이다. 1922년 도쿄제국대학 법학부를 졸업하고 1923년 연희전문학교 교수가 되었다. 1927년에는 신간회에 참가하기도 했다. 1934년 연희전문학교 부교장을 지냈으며, 1937년 조선체육회 회장을 역임했다. 해방 후에는 1946년 미군정청의 문교부 학무국장, 문교부장 등으로 활동했다. 2009년 친일 인명사전에 등재되었다.

유열柳烈(1917~2004)

경상남도 산청 출신. 대구사범학교 강습과 졸업하고 해방 후에 조선어학회에서 활동하면서 국어 교사 양성소 강사, 국어사전 편찬 등에 참여했다. 특히 해방 후에 부산의 수산전문학교 교수로 지내면서 부산의 한글 운동 기관지《한얼》의 발행인으로 활동했다. 1951년에 월북하여 김일성대학 교수를 지냈다. 대표 저술로《풀이한훈민정음》(1948),《세나라시기의 리두에 대한 연구》(1983) 등이 있다.

유응호柳應浩(1911~?)

충청남도 공주 출신. 1935년 도쿄제국대학 언어학과를 졸업한 후 귀국하여, 혜화전문학교惠化專門學校와 경성제국대학 예과 강사를 지냈다. 조선어학연구회에서 활동하며 역사주의 언어이론을 소개하고 국어사 관련 논문을 발표했다. 해방 후에는 서울대 언어학과 창립에 참여해 초대 학과장으로 학과의 기틀을 잡았다. 한국전쟁 중 월북하여 김일성대학 교수가 되었다가 1960년대 초 숙청당했다.

유창돈劉昌惇(1918~1966)

평안북도 의주 출신. 1943년에 일본의 주오中央대학 법학부를 중퇴했다. 해방 후 신의주에 있는 중학교의 교사가 되었고, 월남한 후 서울고등학교 교사로 있다가 1954년부터 연세대학교 국어국문학과 교수로 재직했다. 1950년부터 고어 연구에 몰두하여《이조국어사연구》(1964)와《이조어사전》(1964) 등 기념비적인 저서를 저술했다.

유창선劉昌宣(1905~1980)

평안북도 의주 출신. 평양 숭실전문학교를 나와 1933년부터 1936년까지 일본 릿쿄대학立敎大學 사학과를 다녔다. 오구라小倉進平와 양주동梁柱東에 이어 향가 해독을 시도하고,《계림유사》를 새롭게 해석하며 고대어 연구에 기여했다. 해방 후 월북하여 북한 국어학계의 고대어 연구를 선도했다. 연세대 교수를 역임한 국어학자 유창돈劉昌惇의 형이기도 하다.

이강로李江魯(1918~2012)

충청남도 아산 출신. 1945년 조선어학회 사전편찬원으로《조선말 큰사전》(1957) 편찬 작업에 참여했다. 이후 인천교대 교수, 단국대 교수, 신구전문대 재단이사장, 한글학회 이사를 역임했다.

이극로李克魯(1893~1978)

경상남도 의령 출신. 1927년 독일 베를린 대학교에서 경제학 박사학위를 취득하고 귀국하여 조선어학회에 가입했다. 1929년 조선어사전편찬회를 조직한 후 일제강점기 내내 조선어사전 편찬 사업에 몰두하다가, 1942년 조선어학회 사건으로 6년형을 선고받고 옥고를 치렀다. 해방 후 조선어학회 대표를 역임하며《조선말 큰사전》(1947) 1권을 간행했다. 1948년 남북 제정당 사회단체 연석회의 참석차 평양에 갔다가 그곳에 남아 북한 국어 정책을 주도했다.

이남덕 李男德(1920~2012)

충남 아산 출신. 1943년 이화여전 문과를 거쳐 경성제국대학 법문학부 문학과 조선어문학 전공에 선과생으로 입학했다. 이화여대 대학원 수료, 문학박사. 동아대, 숙명여대 교수를 거쳐 1958년부터 이화여대 국어국문학과 교수로 재직한 후 1986년에 퇴임했다. 주요 저술로는《15세기 국어의 서법 연구》(1971)가 있다.

이동림 李東林(1923~1997)

강원도 영월 출신. 1950년 동국대 국어국문학과를 졸업했다. 1952년부터 1955년까지 강릉상업고등학교, 한성고등학교 교사를 역임했다. 1970년 동국대에서 문학박사 학위를 받았다. 1958년부터 1988년 퇴임까지 동국대 교수로 재직했다. 대표 저서로는《주해석보상절》(1959),《동국정운연구》(1970)가 있다.

이명구 李明九(1924~2005)

서울 출신. 1942년 경성제국대학 예과를 수료, 1944년 법문학부에 진학했다. 해방 후 1947년 8월 서울대 문리과대학 국어국문학과를 1회로 졸업했다. 1947년 서울대 강사, 1949년에서 1951년까지 조교로 근무하다가 1951년 해군사관학교 교관이 되었다. 1953년 성균관대 조교수로 임명되어 1983년까지 성균관대 교수로 재직했다. 1983년 춘천 한림대로 자리를 옮겨 1994년에 정년퇴임했다. 대표 저술로《고려가요의 연구》(1973) 등이 있다.

이무영 李無影(1908~1960)

충청북도 음성 출신. 1920년 휘문고보를 중퇴하고 1926년에 소설가로 등단했다. 1935년 동아일보사 학예부 기자로 재직하다가 1939년 퇴사하고 농민소설 창작에 몰두했다. 해방 후 1946년 전국문화단체총연합회 최고위원을 지냈고, 서울대 문리대에서 소설론을 강의했다. 1958년 단국대 국어국문학과 교수를 역임했다. 대표 작품으로는《흙의 노예》(1940)가 있다. 일제 말기 친일 행위로 2009년 친일인명사전에 등재되었다.

이병기 李秉岐(1891~1968)

전북 익산 출신. 1910년 전주공립보통학교를 졸업한 후 한성사범학교에 입학했다. 한성사범 재학 중 주시경이 설립한 조선어강습원에서 문법을 공부했다. 1921년 권덕규,

신명균 등과 조선어연구회를 조직해 초대 간사를 역임했고, 이후 한글 맞춤법 통일안 제정위원과 표준어 사정위원으로 활동했다. 1942년 일어난 조선어학회 사건으로 옥고를 치렀다. 해방 후에 서울대 교수와 전북대 교수 등을 역임했다. 대표 저술로는《가람시조집》(1939),《국문학전사》(1957) 등이 있다.

이병주李丙疇(1921~2010)

경기도 고양 출신. 1950년 동국대 국어국문학과를 졸업했다. 1954년 단국대 전임 강사를 시작으로 동국대 부교수를 거쳐 1986년까지 동국대 교수로 재직했다. 대표 저술은《두시연구》(1970)로 그의 박사논문이다.

이윤재李允宰(1888~1943)

경상남도 김해 출신. 평안북도 영변의 숭덕학교 교사로 재직 중 3·1운동에 가담하여 옥고를 치렀다. 1921년 중국에 건너가 북경대학 사학과에서 수학했다. 조선어사전 편찬 사업 및 한글 맞춤법과 표준어 제정 사업을 주도하면서 민족 운동에 투신했다. 1937년 수양동우회 사건으로 옥고를 치렀고, 1942년 조선어학회 사건으로 복역 중 1943년 옥사했다. 김병제가 그의 사위로 유고를 수정하고 증보하여《표준조선말사전》(공저, 1947)을 편찬했다.

이탁李鐸(1898~1967)

경기도 양평 출신. 8세 때 한문의 기초를 닦은 후 1916년 경신학교에 입학하여 장지영에게 조선어문법 강의를 들었다. 1919년 10월 청산리 전투에 참가하여 독립 운동을 했다. 1924년《신단민사神檀民史》보급건으로 검거되어 수감, 1926년 가출옥하여 양평으로 귀향했다. 1932년 조선어학회 회원으로 한글 맞춤법 통일안 제정위원·표준말 사정위원을 맡았다. 해방 후 서울대학교 사범대학 교수로 부임하여 1961년 9월 정년 퇴직까지 국어학을 강의했다. 대표 저술로《국어학논고》(1958) 등이 있다.

이해청李海淸(1921~1952)

호적명 이해청, 본명 이광李鑛, 아명 형길. 의친왕의 서자(7남)로 서대문소학교와 경성중학교를 거쳐 일본으로 유학하여 도쿄 가쿠슈인 및 도쿄제국대학에서 수학했다. 일제의 학병 징집을 거부하고 함경남도 원산의 철공장에서 강제 노동했고, 1946년에 서울대 국어국문학과에 입학하여 2년 뒤에 졸업, 이화여고 교사, 숙명여대 국어 강사를 역임했다. 부산 피난 시절에 부산 신선대에서 수영을 하다가 익사로 사망했다.

이희승李熙昇(1896~1989)

경기도 광주 출신. 1930년 경성제국대학 법문학부 조선어문학과를 졸업했다. 조선어 학회에 가입하여 '한글 맞춤법 통일안' 제정위원과 표준어 사정위원으로 활동했다. 조선어사전을 편찬하다가 1942년 일어난 조선어학회 사건으로 옥고를 치렀다. 해방 후 출옥하여 국어 회복 운동을 펼쳤고, 서울대 국어국문학과 교수로 취임하여 학과 체 제를 확립하는 데 기여했다. 대표 저술로는《한글마춤법강의》(1946),《국어학개설》 (1955) 등이 있다. 이 책의 구술자 약천 김민수 교수와 옹서지간이다.

장덕순張德順(1921~1996)

중국 길림 용정 출신. 연희전문학교 문과를 거쳐 1949년 서울대 문리과대학 국어국문 학과를 졸업하고 공주사범대학 전임강사가 되었다. 1960년 4·19혁명 때 교수단 시위 에 참가했고, 재단과의 마찰로 연세대를 사임했다. 1963년 서울대 문리과대학 국어국 문학과에 교수로 취임하여 1986년 서울대에서 정년퇴임을 할 때까지 한국고전문학과 구비문학을 강의하고 연구했다. 대표 저술로는《구비문학개설》(1971) 등이 있다.

장준하張俊河(1918~1975)

언론인, 정치가. 평안북도 삭주 출생. 일본 도요대학東洋大學 예과를 거쳐 도쿄의 니혼 신학교日本神學校에서 수학하던 중 1944년 일본군 학도병에 강제 징집되었으나 탈출 하여 광복군, 대한민국임시정부에서 활동했다. 1951년 1·4후퇴 때 부산에 피난한 뒤 피난지에서《사상계思想界》를 창간했다. 그 후 민주화 운동에 활발하게 나섰다. 이 과 정에서 여러 차례 투옥되었으나, 옥중 당선으로 제7대 국회의원에 당선되었다. 유신 체제 반대 운동을 주도하던 중 1975년 의문의 등산 사고로 사망했다.

장지영張志暎(1887~1976)

서울 출신. 1906년 한성외국어학교 한어과를 졸업했다. 1911년 평안북도 정주의 오산 학교 교사(국어·수학), 1912년 상동청년학원 교사(국어·수학), 경신중학교 교사(국 어·수학)를 역임했다. 1931년 한글 맞춤법 통일안 제정위원과 1935년 표준말 사정위원을 지냈다. 1942년 조선어학회 사건으로 옥고를 치렀다. 1946년 미군정청 문교부 편수국 부국장, 연희전문학교 교수와 이화여대 교수를 역임했다. 대표 저술로는 《조선어전》(1924), 《이두사전》(1976) 등이 있다.

전몽수田蒙秀(?~?)

평안남도 선주 출신. 자세한 이력은 알 수 없다. 일제시대에 우리말 방언, 고어 문제에 대해 잡지 〈한글〉 잡지에 수많은 글을 남겼다. 마에마 교사쿠前間恭作와 학문적으로 교류했다. 1948년 10월, '조선어 문법'의 편찬을 위해 조선어문연구회 문법편수분과 위원회 위원장을 맡았다. 1949년 이후 김일성종합대학의 교수가 되었다. 대표 저술은 《조선어원지》(1947), 《훈민정음역해》(공저, 1949) 등이 있다.

정문학鄭文鶴(1918~?)

출신지 미상. 백양사의 스님. 《동아일보》 1939년 8월 25일 자 〈제1회 시조모집고선발표第一回時調募集考選發表〉에서 가람 이병기의 추천으로 '여름'이라는 수제首題로 시조가 당선되었다. 이후 같은 지면에 1940년 3월 1일 자, 5월 5일 자, 6월 19일 자에 연속해서 시조가 당선되었다.

정병욱鄭炳昱(1922~1982)

경상남도 남해 출신. 연희전문학교 문과를 거쳐 서울대 문리과대학 국어국문학과를 졸업하고 부산대 조교수(1948~1952), 연세대 조교수(1952~1958), 서울대 교수(1958~1985)를 역임했다. 주요 논저로 《국문학산고國文學散藁》(1959), 《한국고전시가론》(1976), 《한국의 판소리》(1981) 등이 있다.

정열모鄭烈模(1895~1967)

충청북도 보은 출신. 1912년 주시경이 설립한 조선어강습원에서 문법을 공부했다. 1921년부터 일본 와세다대학 고등사범부 국어한문과에서 일본어 문법을 연구하며 자신의 문법론을 체계화했다. 조선어학회에서 활동하다가 1942년 조선어학회 사건으로 옥고를 치렀다. 해방 후 국학전문학교장과 홍익대학장을 맡았으며, 한글문화보급회를 이끌다가 한국전쟁 중에 월북했다. 김일성대학 교수로 재직하며 북한 규범문법의 틀을 세웠다. 대표 저술로는 《현대조선문예독본》(1929), 《신편고등국어문법》(1946)이 있다.

정인보鄭寅普(1893~1950?)

서울 출신. 어려서 한문을 배우고, 1910년 경술국치 이후 중국 상해로 망명했다. 귀국 후 일본 경찰에 잡혀 옥고를 치렀다. 1936년 연희전문학교 교수가 되어 한학과 역사학을 가르쳤다. 1947년 국학대학의 학장을 맡았다. 민족사학의 대표 주자로 양명학의 대표적 연구자이자 국학자였다. 대표적인 저술로 《조선사연구》(1946) 등이 있다. 1950년 한국전쟁 당시 서울에서 인민군에 의해 납북되었다.

정인섭鄭寅燮(1905~1983)

경상남도 울주 출신. 1929년 와세다대학 영문과를 졸업했다. 1946년까지 연희전문학교 교수로 재직했으며 해방 후에는 중앙대 교수로 재직했다. 1953년 런던대학 대학원 수료했다. 1956년 서울대 대우교수 및 펜클럽한국본부 위원장을 지냈다. 현대문학 작가로 대표적인 저술은 《대한현대시영역대조집》(1948) 등이 있다. 2009년 친일인명사전에 등재되었다.

정인승鄭寅承(1897~1986)

전라북도 장수 출신. 1925년 연희전문학교 문과를 졸업한 후 고창고등보통학교 교사로 재직했다. 1936년부터 조선어학회에서 사전 편찬 실무를 맡아 활동하다가 1942년 조선어학회 사건으로 옥고를 치렀다. 해방 후 사전 편찬을 재개한 때부터 《큰사전》(1957)이 완간될 때까지 사전편찬실의 책임자로 사전 편찬을 주재했다. 중앙대, 전북대, 건국대 교수를 역임했다. 대표적인 저술로는 《표준중등말본》(1949), 《표준고등말본》(1956) 등이 있다.

정지용鄭芝溶(1902~1950?)

충청북도 옥천 출신. 휘문고등보통학교 중등과정을 이수했다. 일본으로 건너가 교토 도시샤대학 영문학과를 졸업했다. 귀국 후 휘문고등보통학교 교사를 역임했다. 해방 후에 서울대 강사, 이화여대 문학부 교수, 경향신문사 주간을 역임했다. 6·25전쟁 때 납북되어 생사를 알 수 없다. 대표적인 저술로는 《정지용시집》(1935), 《백록담》(1941) 등이 있다.

정태진丁泰鎭(1903~1952)

경기 파주坡州 출신. 연희전문 문과를 졸업한 후 1927년 미국 우스타대학 철학과를 거쳐 컬럼비아대학교 대학원을 수료했다. 1931년 함흥영생여자고등보통학교 교사, 1941년 조선어학회 사전 편찬위원 등을 지낸 후 1942년 조선어학회 사건으로 2년 10개월간 복역했다. 1952년《큰사전》의 속간을 위해 편찬사업에 힘쓰던 중 교통사고로 사망했다.

정학모鄭鶴謨(?~?)

1935년 경성제국대학 법문학부 조선어문학과를 7회로 졸업했다. 경성제국대학 조선어문학과 출신들의 학술 모임인 우리어문학회의 발기인으로 활동했다. 1946년 서울대 국어교육과 교수로 재직했다. 6·25전쟁 때 월북한 것으로 보인다.

정형용鄭亨容(?~?)

1936년 경성제국대학 법문학부 조선어문학과를 8회로 졸업했다. 경성제국대학 조선어문학과 출신들의 학술 모임인 우리어문학회의 발기인으로 활동했다. 1946년 서울대 국어교육과 교수로 재직했다. 6·25전쟁 때 월북한 것으로 보인다.

정한숙鄭漢淑(1922~1997)

평안북도 영변 출신. 해방 후에 고려대 국어국문학과를 졸업했다. 1947년 전광용·정한모 등과 '시탑'과 '주막' 동인으로 활동했다. 고려대 강사를 거쳐 1989년까지 고려대 국어국문학과 교수를 역임했다. 주요 저서로는《현대한국소설론》(1973),《현대한국문학사》(1982) 등이 있다.

정희선鄭熙璿(?~?)

1949년 서울대 문리과대학 국어국문학과를 3회로 졸업했다. 동기로 김삼불, 김동욱, 장덕순이 있다. 6·25전쟁 때 행방불명되었다. 국어학자 정열모의 아들이다.

조윤제趙潤濟(1904~1976)

경상남도 함안 출신. 1929년 경성제국대학 조선어문학과 1회로 졸업한 최초의 조선 학생이었다. 그 해 법문학부 조교가 되었다가 1932년 경성사범학교 교사를 역임했다. 해방 후에 1945년 경성대학 법문학부장에 취임했고, 1949년 서울대 문리과대학 교수 및 학장 등을 역임했다. 대표 저술로《국문학사》(1949),《국문학개설》(1955) 등이 있다.

지헌영池憲英(1911~1981)

1931년 대전공립중학교 졸업 후 연희전문학교에 입학했다. 1932년 항일 운동으로 투옥되어 연희전문학교에서 퇴교를 당했다. 1945년 해방 후에 대전중학교 교사, 1949년 전주 명륜대 교수, 1951년《중도일보》논설위원, 1952년 충남대 교수를 지냈다. 한글학회 대전지회장, 외솔회 대전지회장 등을 역임했다. 대표 저술로는《향가여요신석》(1947),《정읍사의 연구》(1961) 등이 있다.

최현배崔鉉培(1894~1970)

경남 울산 출신. 주시경이 설립한 조선어강습원에서 문법을 공부했고, 일본 히로시마 고등사범학교와 교토제국대학에서 교육학을 전공했다. 1926년부터 연희전문학교 교수로 재직하며, 우리말 문법을 집대성한《우리말본》(1937)을 저술했다. 조선어학회의 핵심 인물로 한글 맞춤법 통일안과 표준어 사정안의 제정에 기여했고, 1942년 조선어학회 사건으로 옥고를 치렀다. 해방 후 문교부 편수국장으로 재직하면서 한글 전용과 언어 정화 정책을 주도했다.

허웅許雄(1918~2004)

경상남도 김해 출신. 동래 고등보통학교 3년 때 최현배 선생의《우리말본》을 읽고 우리말을 연구하기로 결심하고, 연희전문학교에 입학했다. 흥업구락부興業俱樂部 사건으로 최현배 선생이 강단에서 내려오자 중퇴하고, 낙향하여 15세기 국어 문법을 독학했다. 해방되어 부산대, 성균관대, 연세대를 거쳐 서울대 교수로 재직했다. 한글학회 회장과 이사장을 역임하며 한글 전용 운동을 펼쳤다. 주요 저서로《국어음운론》(1958),《언어학개론》(1963),《우리 옛말본》(1975) 등이 있다.

홍기문洪起文(1903~1992)

충북 괴산 출신. 독학으로 신학문을 공부하고 조선일보 기자로 활동했다. 1930년대 조선어학회의 어문 규범화 사업을 비판하고 조선어학의 과학화를 주창했다. 조선일보가 폐간된 후 국어학 연구에 전념하여 해방 후《정음발달사》(1946)와《조선문법연구》(1947)를 저술했다. 1948년 부친인 벽초 홍명희와 함께 월북하여 김일성종합대학 교수를 지내며 북한의 국어사 연구를 이끌었다. 또한 1981년 12월《조선왕조실록》번역의 공로로 북에서 노력영웅이라는 칭호와 국기훈장 제1급을 받았다.

* 인명 색인 자료는 주로 《한국민족문화대백과사전》을 참고했다. 한국학중앙연구원, 《한국민족문화대백과사전》(https://encykorea.aks.ac.kr/).

찾아보기

우리말이 국어가 되기까지
―대화로 읽는 국어 만들기의 역사

⊙ 2023년 4월 17일 초판 1쇄 인쇄
⊙ 2023년 4월 19일 초판 1쇄 발행

⊙ 구   술   김민수
⊙ 글쓴이   최경봉·김양진·이상혁·이봉원·오새내
⊙ 펴낸이   박혜숙
⊙ 펴낸곳   도서출판 푸른역사
            우) 03044 서울시 종로구 자하문로8길 13
            전화: 02) 720-8921(편집부) 02) 720-8920(영업부)
            팩스: 02) 720-9887
            전자우편: 2013history@naver.com
            등록: 1997년 2월 14일 제13-483호

ⓒ 최경봉 외, 2023

ISBN   979-11-5612-247-0   03700